U0141225

軟體工程師
求職策略大全

ExplainThis
(王鵬傑、李俊廷、林品均)──著

透過外商面試題目演練、手把手履歷教學，
跟招募員過招、白板解題、薪資談判到入職準備，
帶讀者用最有效的方式找工作

Phase ①
學習優化履歷、經營
LinkedIn、撰寫求職
信、打造個人專案的
亮點

Phase ②
準備技術知識點面試
、電話面試、自我介
紹、白板題面試、行
為面試及談薪策略

Phase ③
入職後如何快速上手
任務、與團隊有效協
作、培養產品思維並
展示工作成果

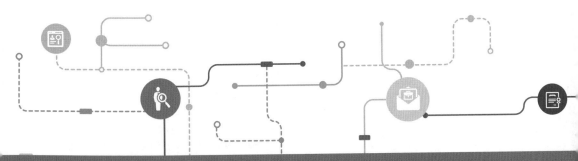

用更輕鬆有效率的方式找到理想工作

瀏覽數破百萬的《ChatGPT 指令大全》製作團隊全新力作，以實戰模擬練
習一步步拆解面試流程，從零到一帶領讀者掌握軟體工程師面試的通則、心
法和方法，邁向職涯下一個高峰！

博碩文化

本書如有破損或裝訂錯誤，請寄回本公司更換

作　　者：ExplainThis（王鵬傑、李俊廷、林品均）
責任編輯：何芃穎

董 事 長：曾梓翔
總 編 輯：陳錦輝

出　　版：博碩文化股份有限公司
地　　址：221 新北市汐止區新台五路一段 112 號 10 樓 A 棟
　　　　　電話 (02) 2696-2869　傳真 (02) 2696-2867

發　　行：博碩文化股份有限公司
郵撥帳號：17484299　戶名：博碩文化股份有限公司
博碩網站：http://www.drmaster.com.tw
讀者服務信箱：dr26962869@gmail.com
訂購服務專線：(02) 2696-2869 分機 238、519
（週一至週五 09:30 ～ 12:00；13:30 ～ 17:00）

版　　次：2024 年 10 月初版

建議零售價：新台幣 680 元
I S B N：978-626-414-003-4
律師顧問：鳴權法律事務所 陳曉鳴律師

國家圖書館出版品預行編目資料

軟體工程師求職策略大全 : 透過 FAANG、LinkedIn 實
際案例演練, 從履歷優化、白板解題、薪資談判到入
職準備, 成為面試競技場上的最後贏家 / 王鵬傑, 李俊
廷, 林品均著 . -- 初版 . -- 新北市 : 博碩文化股份有限
公司, 2024.10
　面；　公分

ISBN 978-626-414-003-4(平裝)

1.CST: 資訊軟體業 2.CST: 面試 3.CST: 職場成功法

542.77　　　　　　　　　　　　　　　113015769

Printed in Taiwan

商標聲明

本書中所引用之商標、產品名稱分屬各公司所有，本書引用
純屬介紹之用，並無任何侵害之意。

有限擔保責任聲明

雖然作者與出版社已全力編輯與製作本書，唯不擔保本書及
其所附媒體無任何瑕疵；亦不為使用本書而引起之衍生利益
損失或意外損毀之損失擔保責任。即使本公司先前已被告知
前述損毀之發生。本公司依本書所負之責任，僅限於台端對
本書所付之實際價款。

著作權聲明

本書著作權為作者所有，並受國際著作權法保護，未經授權
任意拷貝、引用、翻印，均屬違法。

序

找工作是件很不容易的事，過程中總讓人感到煎熬，讓人想要趕快脫離；這個痛我們懂，ExplainThis 的成立，正是為了解決找工作的困擾。

ExplainThis 是由共筆開始，而這個共筆存在的目的是在解決我們自身的問題，最開始的問題是求職準備。相信多數工程師可能與我們一樣，不喜歡每到要換工作時，就要重新開啟一個看似無止盡的求職準備過程。

當初我們為了免去每當要換工作時，就得重找面試題目、整理解答的麻煩，開了共筆把這些內容整理進去。而當初想說除了我們自己，應該還有許多其他工程師有相關的困擾，因此把這些共筆公開，成了第一個版本的 ExplainThis。

由這個單純的想法開始，我們慢慢地累積出上百篇技術與職涯內容，ExplainThis 也成長為一個超過五百萬次瀏覽的網站，並延伸出有數百位工程師的 E+ 成長計畫，協助多位讀者進入外商科技大廠、海外軟體新創。

一直以來，我們都相信求職是有方法的。過去我們曾協助一位讀者，原本該讀者投了超過百間的公司，拿到個位數面試，最後全部收到感謝函。經過調整履歷、透過模擬面試點出盲點後，該讀者在一個月後順利拿到 5 個工作邀約。

因為類似的經歷，讓我們確信，求職這件事，用有效的準備方式，對於提高成功率有很大幫助。

《軟體工程師求職策略大全》集結過去我們協助讀者時的精華內容，我們將求職的過程完整拆解，從求職心態、如何寫好履歷、如何準備技術與行為面試，再到面試後如何談薪水，過程中每一步驟，都有能協助讀者更妥善準備的具體方法。

不論你想申請 FAANG 軟體大廠，或者是想要加入高速成長的軟體新創，這本書將協助你，用更有效的方式，讓求職這條路走得更順利。

除了這本書，我們也誠摯地邀請讀者們加入 E+ 成長計畫，一同透過友善包容的社群、深度且系統性的內容，在軟體工程師的職涯路上持續成長，逐步發展出自己理想的樣貌。

E+ 成長計畫的詳細介紹，詳見網址：https://www.explainthis.io/zh-hant/e-plus

目錄

II 刷題篇

12 開始刷題前要知道的事情

13 資料結構

14 演算法

15 綜合實戰

PART
I
面試篇

01

介紹篇

➯ 1.1 求職總覽與流程

想要順利找到軟體工程師工作,會需要先知道整個找工作的流程長什麼樣子,然後盡可能地去突破流程中的每個關卡。因此在最開始,我們將拆解軟體工程師求職的整體流程,並且從宏觀的角度逐一討論每個階段長什麼樣子。而在後面的章節,我們將會更詳細地討論每個關卡可以如何有效準備。

▌ 1.1.1 求職總覽

1 履歷　　2 作品集　　3 求職信　　4 職缺申請

5 回家作業　　6 線上測驗　　7 面試　　8 談薪水

▲ 圖 1.1.1　求職流程總覽

圖 1.1.1 是以圖示化的方式來呈現求職的整體流程。最開始需要搜尋職缺,找到想要申請的職缺後,會投遞履歷(有些公司也會要求附上求職信,或是履歷中會附上作品集)。

通過履歷與求職信的篩選後,會進到面試的關卡,不同公司在面試階段會有的關卡可能不同,這階段可能會遇到電話面試、回家作業、線上測試或面對面的面試。

最後如果能通過面試的關卡,順利錄取後,會進一步進到談薪水的環節。若能談到滿意的薪水,也決定接受公司的邀約,最後才會入職。

從圖 1.1.1 進一步來拆解，可以看到，軟體工程師的求職流程基本上會有以下幾個
元素：

1. 履歷
2. 作品集
3. 求職信
4. 職缺申請
5. 回家作業
6. 線上測驗
7. 面試
8. 談薪水

特別注意，不同類的公司在流程上可能會有所不同。舉例來說，一般國際軟體大
廠，不太會有回家作業的關卡，且技術面試會以資料結構演算法搭配系統設計為
主；然而，許多新創類型的公司，會有回家作業的關卡，且在技術面試上會偏向實
作導向，例如前端可能會要求用 React 或 Vue 寫一個小功能，後端會要實際開發簡
單的 API。

下面我們會更進一步介紹每個流程，而後面的每個章節，則會深入談如何有效準備
每一個階段。

從流程上來看申請的不同階段

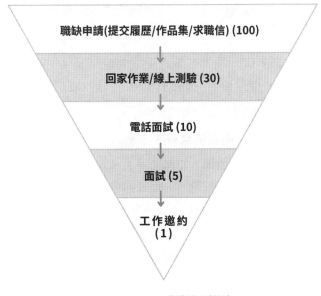

▲ 圖 1.1.2　求職流程漏斗

在圖 1.1.2 可以看到，整體流程就像一個漏斗，在每一階段都會篩掉一些人選，然後越來越窄，往下讓我們一起來看看每個階段會如何進行。

▣ 申請提交

在開始申請工作前，需要先準備好履歷（有些公司也會要求職信、作品集），通常一個職缺，都會有不少人投遞履歷。從一般公司近百人，到競爭一點的公司上千人申請，甚至在 2024 年市場比較競爭時，有國外用人主管在 LinkedIn 上分享每開一個職缺，都有至少超過三千人申請。

在這個階段，大公司通常會先用 ATS（Applicant Tracking System）來做篩選，主要會是篩選跟職位相符的關鍵字，在 ATS 篩選後才會有真人招募員來篩。而比較小規模的公司，多半會直接進到由招募員來篩選。

✍ 延伸閱讀

什麼是 ATS？

ATS 是 Applicant Tracking System（求職者追蹤系統）的縮寫。這種系統的主要功能是協助人資部門管理招聘、篩選求職候選人。

如果想了解 ATS 的運作細節，推薦可以看 Indeed 的「A Guide to Applicant Tracking Systems」Youtube 影片，裡面有十分詳盡的 ATS 介紹。

在真人招募員篩選的階段，通常仍會有一定數量（例如 30 到 60 個）履歷要篩選，這時即使每個履歷只看一分鐘，也要花半小時到一小時。因為相當耗時，所以招募員並不會真的花太多時間在篩選上。過去你可能看過一個研究，招募員在每個履歷平均只花了 7 秒鐘（如圖 1.1.3），這不是傳言，而是業界多數公司的現行做法。

▲ 圖 1.1.3　Harvard Business Review 發表一則只花 7 秒看履歷的推文

在 Chapter 2「履歷篇」，我們會詳細講解如何有效通過這個關卡。

▢ 初步篩選

在通過履歷審核後、進到正式面試之前，通常會先經過初步篩選，不同公司採用的初步篩選方式可能不同，但大多不會脫離以下的幾種類型：

- **線上測驗（online assessment）**：以多數公司來說，線上測驗多半會是難度初階到中階的程式題目，以 LeetCode 來對標的話，會是 Easy 到 Medium 難度的題目，最主要是用來確認候選人真的會寫程式。
- **回家作業（take-home assignment）**：一般大型公司比較少用這種形式篩選，多半是新創或成長型公司會用回家作業來篩。回家作業多半是以實作為主，我們在 Chapter 5「回家作業篇」有詳細討論，如何可以更順利通過這個關卡。
- **電話面試（phone screen）**：依據不同公司，電話面試通常會分成兩種，一種是招募員的篩選，主要會針對公司文化、職位適切度來篩；如果是遇到招募員

的篩選，一般不太會有太深入的技術問題。另一種是由工程師來進行的，如果是由工程師進行的電話面試，通常會像是迷你版的正式面試，所以會有技術面試，也會有行為面試。

正式面試

在通過初步篩選後，就會進到正式面試。如果是外商、海外公司，這個階段很可能會聽到 on-site（現場）或 loop（迴圈）這兩個詞，例如 on-site interview 或 interview loop，在這邊我們都把這些詞統稱為正式面試。

過去之所以會稱為現場面試（on-site interview），是因為過去電話面試通常不會需要人到現場，而現場面試則需要人實際到公司。但是隨著時代演變，現在多數公司不論電話面試或者現場面試，都是在線上進行。

在現場面試，會分成行為面試與技術面試：

- **技術面試（technical interview）**：可能會出現領域知識（例如前端領域知識或後端領域知識）、程式題目（例如前端程式題或資料結構與演算法題）以及系統設計面試。
- **行為面試（behavioral interview）**：測驗候選人在面對不同情境會有什麼行為，例如遇到有跨團隊的衝突時會如何解決，以及會測驗文化適切度，例如遇到專案卡住了，候選人會偏好先行動或多做分析。這類測驗沒有標準答案，不同公司基於不同文化會有不同偏好，所以才會說是在評估適切度。

我們將在 Chapter 6 詳細解說如何在技術面試脫穎而出。關於行為面試，我們在 Chapter 7 有詳細的解說。

工作邀約與談薪水

最後，如果你順利通過以上所有關卡，將能拿到工作邀約（offer）。許多公司會有一個工作邀約會議（offer meeting），是由招募員跟候選人宣布工作邀約的細節。細節通常會包含拿到什麼職級、薪水、分紅、股票、簽約金等。

在工作邀約會議後，即使是你很想去的公司，也建議不要馬上答應邀約。而是要主動提談薪水。我們將在 Chapter 9 詳細解說為什麼要談薪水，以及如何能有效談薪水。

▍1.1.2　求職要有策略

在看完上述的求職總覽後，現在你知道求職過程將會遇到的每個階段了。然而，知道每個階段還不夠，要讓求職更順利，你需要更有策略地求職。

什麼是有策略呢？有策略是指能夠以終為始地思考：你要清楚知道求職過程中每一個階段的通過準則是什麼，並且根據該準則來準備，這樣，最終才能順利通過每一個階段。

特別注意，「每一個階段」在這邊特別重要，過去我們看過很多例子，很多工程師想到求職，就開始大量刷 LeetCode，刷了上百上千題，讓自己基本上遇到什麼題型都能無條件反射地寫出來。

然而不幸的是，很多人在大量刷題的過程，忽略了其他部分，這造成的問題包含，有些人在最前面的階段就沒有通過履歷篩選，連面試都沒有拿到，讓刷的題都白刷了。

又或者是，有人順利進到面試關卡，題目也都有解出來，但結果最後竟然沒通過面試。這多半是因為不清楚面試看重的不只是解題，還有其他因素。

以上提的這些例子，想說明的是，在求職時務必要有策略地進行，針對每個階段，都了解該階段什麼是最重要，然後先優化該階段。如果你的目標是進大廠，在開始刷題之前，先確保你的履歷能通過讓你拿到面試；如果你的目標是進新創公司，要確保新創公司最看重的行為面試有妥善準備好。

假如你不知道每個階段的通過準則是什麼，也不用擔心，後面的章節，將針對上述提到的不同要素逐一講解，讓讀者們具體理解要如何有策略性地通過每一個階段，讓自己最終能獲得理想的工作。

▌1.1.3 求職過程中會遇到的不同角色

在上述的求職流程當中，通常會遇到一些不同的角色。以下我們會進一步解說不同的角色分別負責什麼，以及可以如何應對。

一般來說，在一個求職過程中，可能會遇到以下不同的角色：

- 獵人頭（head hunter）
- 尋才專員（sourcer）
- 招募員（recruiter）
- 招募排程協調員（coordinator）
- 面試官（interviewer）
- 用人主管（hiring manager）

◳ 獵人頭（Head Hunter）

在求職過程中，我們很常聽到的獵人頭或者獵頭，是指外部第三方招募機構，幫公司找到人才的角色。獵人頭不是公司內部的職員，而是外部公司的職員，一般來說都是公司自己內部招募員人手不足、又有短期增加招聘的需求時，會委託第三方的獵人頭來協助。

假如是比較專業的獵頭，目標會幫候選人一起爭取高薪，因為獵人頭的酬勞，通常是錄取者年薪的 10-30% 不等（高階獵人頭可能會拿更高）；因此當候選人能錄取並拿到高薪，獵人頭的酬勞也會跟著提高。

因此，為了幫助候選人，專業的獵頭會想盡辦法幫候選人。以我們自身的經驗，先前遇過的獵頭，會在面試前提點可能會被問到的題目。之所以能這樣，很常是因為候選人面試完後，獵頭會問有遇到什麼題目，然後拿這些題目去幫下一個要面試的人準備。

因此，你可以把獵人頭當成戰友，盡可能問一些對幫助準備面試有用的資訊。

🔲 尋才專員（Sourcer）

一般來說，如果你在 LinkedIn 等求職網站有遇到公司主動傳訊息給你，這類職員多數是尋才專員（或身兼尋才專員的招募員）。尋才專員的目標，是把越多潛在的人選放到篩選名單當中，讓招募員與用人主管有夠多的人選可以從中挑出合適的來面試。

因為尋才專員的目標，是找到越多符合職缺描述的人選，所以尋才專員通常會盡可能地把公司與職位描述得很好聽，提高候選人申請的意願。

建議在與尋才專員打交道時，要自己做功課，不要聽得天花亂墜就直接答應要申請，因為很有可能該公司與職位本身沒那麼好，申請也只是浪費時間。

另外，被尋才專員找和詢問，不代表你最後會拿到面試，所以在這階段的期望可以不用放太高。

🔲 招募員（Recruiter）

在有些規模比較小的公司，可能會由同一個人來擔當多個角色，所以可能同時身兼尋才專員與招募員。

招募員一般會有兩種：

- 一種是內部的招募員，這類招募員通常會是關係導向、長期導向。
- 另一種是外部招募員（或者短期合約下的招募員），這種類型招募員的主要誘因會是完成任務，所以可能會用更交易導向、短期導向的關係跟候選人互動。

在跟招募員互動時，推薦先以非同步（asynchronous）的方式；用現代的招募流程來說，會是指用電子郵件的方式。

最主要是因為，在跟招募員的互動，許多時候需要深思熟慮，雖然不是在正式面試的環節，但仍然很重要；因此如果能用非同步的方式，有時間仔細想清楚後再回覆而不用立即回覆，會讓你的回覆品質更好。

特別是到後期談薪水，因為招募員的工作讓他們每天需要接觸不同人，且經常要跟不同候選人互動，所以在與人直接互動上，通常比一般的工程師更擅長。所以如果

直接用電話或者視訊談，很可能在談話間就被帶著走。如果用非同步的方式，可以避免這種狀況。

雖然說在許多公司的求職環節中，跟招募員的關卡不會算正式面試，然而我們強烈推薦要像準備正式面試一樣來準備。因為跟招募員打好關係，在過程中展現你的積極、展現你對公司的興趣，對於最後談薪水階段也會有幫助。雖然說招募員不是最終決定是否雇用你的人（這會是用人主管的決定），但是如果用人主管最終決定聘僱你，招募員在幫你爭取更好的薪水上，是可以有幫助的。

此外，在跟招募員互動的過程中，也可以善用招募員。舉例來說，可以問：「貴公司的面試形式是什麼？會有幾輪、包含哪些種類的面試，以及有沒有推薦的準備方法？」

由於跟招募員的互動過程非常重要，在下一節 1.1.4 會分享過去我們實際與招募員互動的過程，讓大家更具體知道可以如何把握跟招募員的互動。

◪ 招募排程協調員（Coordinator）

招募排程協調員做的事情是協助排程。在整個求職過程中，會由這個角色來調查候選人有空的時間，以及調查不同面試官有空的時間，然後再協調出不同階段的時間（例如面試的時間）。

候選人與該角色不會有太多的互動，通常就是提供自己有空的時間。假如你想要盡早面試，建議可以在收到招募排程協調員的電子郵件後，盡快回信告知自己有空的時間。

◪ 用人主管（Hiring Manager）

用人主管是整個招募流程當中，最重要的一個角色，因為是由用人主管來決定要不要聘用候選人。

比較大型的公司中，在資深以下的職位，用人主管通常會是工程經理，而小型一點的公司，可能直接是由技術長甚至執行長進行面試。當然，有些公司採取先面試後

分發組別（例如 Google 是先通過面試後，才會有組別媒合），這類則不會有直接的用人主管。

如果是面對有用人主管參與面試過程的公司，在與用人主管的互動，是最需要把握的環節。一般來說，用人主管的關卡會是以履歷出發的面試，意即會針對你的履歷來提問技術與行為問題。因此在這個關卡最重要的，就是把履歷上有提到的每個點，都準備足夠深入的故事來回答。

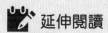 面試官（Interviewer）

在實際面試的過程中，多數公司都不只有一輪面試，且許多公司的面試是多對一的面試（多位面試官對上一位候選人），因此除了用人主管外，也會有其他的面試官。

在其他的面試官當中，多數公司會安排高標面試官（bar raiser），特別是某些外商公司，這個角色會是固定安排的。顧名思義，高標面試官的存在目的是要提高面試的門檻。這與傳統意義上的嚴厲面試官角色（俗稱扮「黑臉」的面試官）不完全一樣，因為這類面試官不會特別用黑臉的態度，而是會提出更具挑戰性的問題，並進行更深入的追問。

📝 延伸閱讀

什麼是高標面試官 (bar raiser)？

科技大廠之一的 Amazon 特別在其網站中寫了一篇文章來說明「高標面試官」的文章「What is a 'Bar Raiser' at Amazon?」，建議讀者閱讀此文以深入了解這個角色。

▎1.1.4 與招募員互動實際案例

上面提到，招募員在整個招募流程中，扮演非常重要且關鍵的角色，這邊我們會分享一個過往 ExplainThis 團隊成員跟招募員互動的實際經驗。因為互動過程都是以英

文為主，我們會去除公司資訊，並附上原文搭配中文翻譯和解説。希望透過這個實際的例子，讓讀者們對於實際的流程有更具體的理解。

▌ 在通過線上程式測驗後，收到來自招募員的信件

一般來説，跟招募員的首次接觸可能會發生在通過線上測驗後（當然，有些公司的面試環節沒有線上測驗，可能履歷篩選完後就會接觸到招募員）。這個經驗分享是有線上測驗的流程，所以招募員是在通過線上測驗後來信。讓我們先一起來看看招募員寄來的信件原文。

> Thank you for completing our coding challenge! I'm XXX, the lead recruiter for our XXX team. It's great to connect with you.
>
> I've reviewed your results and am pleased to inform you that we'd like to move forward with the next step: a phone screening with one or two of our engineers. Here's what the process looks like:
>
> 1. Online assessment
> 2. Resume review by the engineering manager
> 3. Phone screening（30 minutes）
> 4. Live coding interview（60 minutes）
> 5. Technical interview（45 minutes）
> 6. Cultural interview（45 minutes）
> 7. Final round with VP of engineering
>
> Our coordination team will reach out soon to schedule the phone screening. If the proposed time doesn't work for you, please let them know, and they will find a suitable slot.
>
> If you have any questions or run into any issues, feel free to contact me. After the phone screening, let's also arrange a time to discuss the upcoming steps in more detail.

中文翻譯：

> 恭喜完成我們的第一個程式測驗。我是 XXX 團隊的招募負責人 XXX，很高興能與你聯繫。
>
> 在審核過你的程式測驗成果後，在此希望邀請你進入下一個面試階段，我會安排你與一到兩位工程師進行電話面試。以下是我們的面試流程：
>
> 1. 線上測驗
> 2. 工程經理審核履歷
> 3. 電話面試（30 分鐘）
> 4. 線上實作面試（60 分鐘）
> 5. 技術面試（45 分鐘）
> 6. 文化面試（45 分鐘）
> 7. 與工程副總進行最終面試
>
> 我們會盡快與你聯繫，並安排電話面試。如果選定的時間你不方便參與，請讓我們知道，我們會安排其他合適的時間。如果有任何問題或遇到任何困難，請隨時與我聯繫。
>
> 在電話面試結束後，我們再另外安排時間討論後續的面試流程。

可以看到，招募員的來信中，有把接下來各個階段會有什麼不同關卡，都展開來說了。過去我們面試各家軟體大廠，大多數招募員都會在初次聯繫時就告知完整的面試流程。

如果已告知完整流程，則可以詢問下一個面試階段的資訊；如果招募員沒有直接告知完整流程，建議主動詢問（讀者可以參考附錄中的「與招募員對話的回信模版」，我們有附上回信範例）。

在通過電話面試後，招募員的來信

在通過電話面試後，接著會進到第一輪正式面試，在那之前招募員來信告知第一輪正式面試的網址，同時也分享了可以如何準備。招募員的信件原文如下。

Ahead of your upcoming live coding interview, I wanted to provide you with some helpful information and the link you'll need to join the session. Please join us at the scheduled time via Google Meet.

Google Meet: [link]

While I can't disclose specific questions due to the variety our team selects from, I can offer some general guidance:

- The interview will primarily focus on live coding. You might encounter questions on topics such as XXX. Reviewing these areas beforehand could be beneficial.
- Demonstrating strong technical communication skills is crucial.
- We encourage you to prepare a few questions for your interviewer, as there will be an opportunity to ask them at the end.

I hope you find this information useful. If you have any questions or need further assistance, feel free to reach out. I'll follow up with feedback as soon as possible after your interview.

中文翻譯：

為了協助你更充分地準備即將到來的線上實作面試，這邊提供你一些有用的資訊，面試時會使用的視訊會議連結。

請在預定的時間透過 Google Meet 加入我們：

Google Meet：[連結]

雖然我無法透露特定的題目，但我可以提供一些準備上的大方向：

- 面試將著重於線上實作、可能會遇到有關 XXX 主題的問題。建議預先複習這些主題
- 請務必在面試中展現良好的技術溝通能力
- 建議準備幾個問題向面試官提問，面試尾聲將會有機會提問

希望這些資訊對你有幫助。如果有任何問題或需要進一步的協助，請隨時與我聯繫。面試後，我會盡快跟進並提供面試相關的回饋。

這封來信中，招募員提到了第一輪正式面試的方向，同時提了幾個準備上的建議。非常推薦大家務必要重視招募員提的建議，例如這邊提到技術溝通（technical communication），很可能是因為過去的候選人，沒通過面試是因為缺乏技術溝通，而招募員為了確保未來的候選人能更順利通過，所以有特別提到這一點，因此這種建議一定要讀進去，然後在準備中加強練習。

▣ 通過第一輪面試後，招募員的來信

在通過第一輪正式面試後，收到以下來自招募員的來信。

Thank you for participating in the live coding session with XXX. We are pleased to inform you that your performance was well-received, and we would like to advance you to the next stage of the process. Here are some details to assist you in your preparation:

The next two rounds will each be 45 minutes long. The first round will be a technical interview, concentrating on system design topics. The second round will involve an engineering manager and will encompass both technical deep dives and behavioral questions.

Please be ready to discuss your goals and your understanding of our culture and values.

I would also like to review the feedback you have received so far and outline the next steps.

I hope this information is helpful for your preparation. If you have any questions, please feel free to reach out.

中文翻譯：

感謝參與 XXX 的線上程式面試。很高興在這邊通知你，你的表現獲得面試官的正面評價，我們希望安排你進入下一階段的面試流程。以下是一些細節，希望能協助你做好準備：

接下來的兩輪面試各為 45 分鐘。第一輪是技術面試，主要聚焦於系統設計相關問題。第二輪將由工程經理進行，內容包括深入的技術討論和行為面試問題。

另外，請準備職涯目標相關的問題，以及對我們公司文化和價值觀的理解。

在面試前，想跟你約時間，討論一下目前為止面試官給的回饋，並說明接下來的流程。

希望這些資訊對你的準備有幫助。如果有任何問題，歡迎隨時與我聯繫。

可以看到，在這封信件中，招募員有再提到該公司接下來流程的關卡，以及接下來兩關具體的面試方向。與此同時，有約了一個線上會議，來分享上一輪的回饋。

這種類型的線上會議，一般不會被算入正式面試，但仍需要把握，因為這對於準備後面輪次的面試會很有幫助。建議除了問前一輪次的面試回饋以外，也可以問招募員過去的候選人多半因為什麼問題導致沒有通過面試，以及有沒有需特別加強什麼讓面試準備可以更順利。

⬦ **1.2 用健康的心態看待求職**

在往下談論具體的要點前，想先與讀者們聊如何用「健康的心態」看待求職。過去我們協助過一些找 ExplainThis 團隊諮詢的讀者，發現有些讀者求職過程遇到一些不順利，因為用不健康的心態面對，導致後面自己陷入負面情緒中，反而得不償失。求職過程肯定會有不順利的時候，不要被這些不順利的片刻定義自己。

▊ **1.2.1 沒有最完美的工作，但有最適合自己的工作**

目前社群中很多人會認為 FAANG、大廠的工作是所謂的「夢幻工作」，這種心態帶來的結果，是在申請這類公司的過程遇到不如意（例如被拒絕）就意志消沈。

但事實上沒有一份工作是完美的，假如讀者有上全球軟體工程師的匿名論壇 Blind 看過，不論是 Google、Amazon 或者其他任何公司，都可以看到有人分享相對悲慘的經歷。

不同的人可能適合不同的公司，而即使是同一個人，也可能適合多家不同公司。因此，假如你被某一個原本自己認為是完美的工作拒絕了，不要覺得那會是世界末日，因為在世界上還會有其他同樣適合你的職位。

說明

什麼是 FAANG ？
FAANG 一詞是由五家美國科技大廠的名稱開頭組成，分別是臉書（Facebook）、亞馬遜（Amazon）、蘋果（Apple）、網飛（Netflix）、谷歌（Google）。

近年來隨著不同公司的估值變化，開始有不同的縮寫組合，舉例來說，GAFA 是由谷歌（Google）、亞馬遜（Amazon）、臉書（Facebook）、蘋果（Apple）的公司名稱開頭所組成。

甚至進到 AI 時代後，有由七家高市值公司組成的 Magnificent 7（七巨頭），分別是微軟（Microsoft）、亞馬遜（Amazon）、Meta（臉書母公司）、谷歌（Google）、蘋果（Apple）、特斯拉（Tesla）、輝達（NVIDIA）。

1.2.2 及早開始，不用擔心「還沒準備好」

過去許多讀者會覺得，自己還沒準備好，所以遲遲沒有開始進行求職。但是想跟大家說，可以不用擔心這點，因為技術的領域又深又廣，不太可能真的 100% 準備好，也不太可能準備到所有的題目。

相信沒有任何一個人可以把面試準備到完美，永遠有刷不完的題目、讀不完的技術問題，所以不會真的有一刻覺得自己百分之百準備好，很多人因為這樣會一拖再拖而沒有開始申請。與其一直拖，更建議只要把基本該準備的準備好，及早開始。

先前社群上有位拿到 Google 等公司工作邀約（offer）的工程師經驗分享，他提到「凡事只要『早』，就有高機率拿 offer。早一點刷題、早一點準備好 resume、早一點投履歷、約最早的面試，只要早，就很容易拿 offer」。

事實上，許多有一定規模的公司，申請的流程可能都會很長，從二到三個月都是有可能的。舉例來說，先前 ExplainThis 團隊成員面試公司的經驗，一般來說總共會經歷以下的關卡（如圖 1.2.1）：

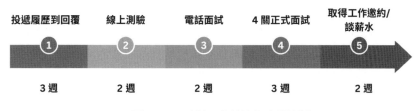

準備總時長：約三個月

投遞履歷到回覆	線上測驗	電話面試	4 關正式面試	取得工作邀約/談薪水
①	②	③	④	⑤
3 週	2 週	2 週	3 週	2 週

▲ 圖 1.2.1　申請工作的流程時長範例

以上面這些關卡來說，加上每一關到下一關之間準備時間都有約 1 到 1.5 週的時間，這是相對快的流程。先前我們也曾遇過，投遞履歷後將近一個月之後才收到面試邀約，到最後取得工作邀約和談薪水的關卡來回將近兩個月；換句話說，面試的過程等於又一直在準備狀態長達快半年。

因此假如你現在覺得還沒準備好，不要想說一次到位，可以先著眼當下要面對的那關即可，因為接下來還會有好幾週讓你能持續準備。

退一步來說，及早開始申請不代表一開始就要申請自己最想去的公司。可以先從那些就算沒有上也不會覺得可惜的公司開始申請，把這些當成練習的機會，同時培養出面試的感覺（口語表達、與面試官的互動等等），在這個過程中也要根據每次的面試做調整與優化。這樣等到要面試自己真正想去的公司時，可以拿出最好的表現。

此外，目前多數公司都有「冷凍期」的概念，意即假如你這次沒有通過，在 6 到 12 個月不等的期間，沒辦法再申請。然而換個角度看，假如你這次申請沒上，多半情況半年後就可以再次申請。換句話說，如果你覺得沒準備好，所以拖了半年後才申請，那麼比起現在申請被拒絕，半年後被解凍申請第二次，你會少一次透過真實面試練習的機會。

以 ExplainThis 團隊成員的例子來說，就有過去被拒絕、但半年後再次申請拿到工作邀約的經驗。雖然沒拿到工作邀約的感受不好，但是如果用累積經驗的角度看，及早申請還是比較推薦的。所以不要擔心自己還沒準備好，只要最基本的題目有練習，就可以開始申請了。

▋ 1.2.3 每次被拒絕都是成長的機會

在求職過程中的各個階段，都很可能被拒絕。例如履歷關卡被拒、電話面試階段被拒，或是好不容易闖入面試，最後仍被拒。被拒絕是很正常的，所以千萬不要因為被拒絕就灰心喪志，試著把每次被拒絕當成是成長的機會。

推薦 Carol Dweck 的 TED 演講《The power of believing that you can improve》，主題在談成長思維（growth mindset）。人的能力並非一成不變，而是能夠不斷成長、進化的。當被拒絕時，不要詮釋成「自己不好」，而是「自己還有地方可以改進，而且自己有能力改進來讓下次做更好」。

當能夠用成長思維看待拒絕，那麼每一次的拒絕，就能成為自己成長的養分。當然這不能只是嘴巴上的安慰自己，而是要在每次被拒絕後去覆盤，重新思考還有哪邊能做更好。

例如，如果面試關卡沒過，可以去想同樣問題可以怎麼調整，才能回答得更好。這也是為什麼我們推薦在求職最開始，可以先從不是自己理想清單中的公司開始申請，把這些當成練習機會，畢竟不是自己最理想的，沒上了也沒損失。

在找工作的過程中，有很多外在的因素，可能導致你沒有順利拿到工作；但這一切都是過程，最重要的是能從每一次的經驗當中學習與成長。從長遠的角度來看，如果能夠在每一次的拒絕中學習，會有越來越好的表現，也將讓成功的機率提高。

▋ 1.2.4 不要讓「是否獲得工作」來定義自己成功與否

在求職的過程中，有很多因素會決定你是否能夠獲得工作，即使按照本書提到的做法，每一項都盡善盡美做好，雖說能提高成功率，但也不保證能百分百獲得工作邀約，因此不要用單一結果定義自己的成功與否。

舉個 ExplainThis 團隊成員過去實際遇過的例子,先前在某家外商公司的面試過程中,覺得某一輪的面試表現得還不錯,應該有機會通過進到下一輪。然而等了兩週後都沒有收到通知,主動寄信去問後,也沒有收到回音。那時腦中出現了許多自我懷疑的聲音,開始想是不是什麼環節出錯了。結果就在幾週後,在新聞上看到該公司的大規模裁員。

看到那則新聞後突然就自我解套了,那時才真正理解,確實很多因素並非掌握在自己手上。假如某家公司原本有開缺,也正在面試候選人,但可能突然市場或公司走向改變,導致不僅不繼續面試,還開始裁員;這種狀況完全不是身為候選人的你與我能掌握的。

因此,不要把是否能獲得工作拿來定義自己的成功與否。不要因為沒有獲得某份工作就否定自己,同時也不要因為獲得工作就過度驕傲。

我們特別喜歡 Gmail 的創作者 Paul Buchheit 說的一句話,他說:「事實上,我可以簡單重新定義成功,來保證我一定能成功,如果我定義成功是能學到一些有趣的東西,這樣,我總是成功的,也會學到很多。」

如果你定義成功的方式是拿到工作邀約,那麼當沒拿到工作邀約時,就會覺得自己失敗、覺得沮喪,可能開始自我否定。但如果你定義成功的方式,跟 Paul Buchheit 一樣是學到最多,那麼即使求職過程被拒絕,也不算失敗,因為被拒絕代表能從中有反思與學習的空間,那這個拒絕對自己來說也是成功的。

◈ 1.3 海外求職

軟體工程師與其他工作職位,有一個很大的不同點,是跨國移動相對容易。因為軟體工程做的事情通則性很高,所以不會有太多因為語言或文化而產生的隔閡。

多數網路公司第一個國際化的部門,通常是軟體工程的部門;可以看到,不只是美澳這些英文為官方語言的國家,在歐洲、亞洲等國,軟體工程師是少數不用會當地

語言就能夠順利入職的工作。以 ExplainThis 團隊來說，過去待過德國、日本的公司，都是以英文進行面試、工作時工程團隊的使用語言也是英文。

因此，只要練好通用的英文，以及專精你的技術，想要找到海外工作，並沒有想像的困難。因此，在這個小節，我們會來討論一些在找海外工作時，許多人會有的問題，讓想找海外工作的讀者能夠跨出第一步。

▌1.3.1 海外求職的策略性思維

當談到海外求職，在網路上常會見到兩種極端觀點：其中一種是把出國想得太理想化，彷彿出國後一切都在粉紅泡泡中；另一種則是覺得出國太困難，還沒嘗試就直接放棄。

現實上來說，出國是一種選擇，這個選擇背後必然要面對取捨，每個取捨中會有好的一面，但也會有沒那麼理想的一面。舉例來說，很多人會覺得去美國工作好，但是美國許多州的法律規定下，公司是可以隨時裁掉某個員工，過去不乏工作表現好但仍被裁員的案例。

這時可能有人會說歐洲法規對勞工保障比較高，且工作與生活平衡比較好；但這背後代表著，在歐洲的移動性相對低，因為告知期不只是公司要遵守，員工也要，導致有些歐洲國家，離職前要有三個月的告知期，想換工作沒有那麼容易。

因為沒有絕對的好、絕對的不好，在思考海外求職時，需要有策略地進行。所謂有策略是指「以終為始」，要知道自己想去的終點在哪裡，然後根據這個終點目標，來設定如何到達的計畫。

因此，推薦在思考海外求職時，需要先知道自己想要什麼，再根據自己想要的來設定求職國家，最後再根據想去的國家，來設定自己的準備計畫。

沒有策略地思考，很有可能第一步就踩錯了，這樣的結果將會是花很多時間精力；好不容易出國了，卻發現不如預期，甚至比在原本國家更糟。

為了避免這種狀況發生，我們在下一個小節將會從「為什麼」談起，來聊聊該如何思考「要不要出國工作」，以及「該如何決定要去哪裡工作」。

▋ 1.3.2 先回答「為什麼」

想出國工作，是為了什麼？思考這個問題，才能讓你做出對職涯最有幫助的選擇，因為很可能你想追求的，根本不用出國也能獲得。舉例來說，很多人可能會說「待在現在的工作或國家，感覺自己的成長停滯，所以想要出國挑戰，讓自己成長加速」。

這樣想或許沒錯，但說不定你目前所在的工作，其實是有空間讓自己持續成長，只是自己沒去挖掘。換句話說，很可能你根本不用出國，就能達成自己的目標。

以「成長」來說，在決定轉換前，我們推薦先思考以下幾個點：

- **空間角度**：如果你在目前的公司提議說要做某種新的嘗試，公司有沒有允許你嘗試的空間？特別是很多新的嘗試，不一定會成功，公司是否有「不指責 blameless」的文化。如果有，那麼也許可以先在目前公司嘗試。
- **時間角度**：又或者你想用不同的方式做事，公司有沒有辦法接受給你一點時間去摸索？例如近期比較熱門的導入 AI 到開發流程，這需要時間去弄熟，然後帶團隊弄熟也需要時間。雖然長期有好處，但短期更耗時，公司能不能接受這種提案？如果能的話，其實也不急著要換工作，先試試看再說。

以上面的例子來說，如果你在乎的是成長，而現在所任職的公司或者現在所在國家的其他公司，能夠給你成長所需的空間與時間，或許未必真的需要出國工作才能達到你的目的。

當然，出國工作有時確實能夠獲得一些在原本國家沒有的好處，以下我們展開一些常見的優點，供讀者們參考。

🔲 常見的海外工作優點

- **薪水**：某些國家薪水會比較高，以軟體業來說，北美或新加坡都是；但有些國家則會比較低，因此在考慮薪水這個因素時，要深入比較，不要覺得出國就等於高薪。
- **語言能力提升**：語言需要大量使用才容易習得，而出國工作因為環境關係，更容易大量使用非母語的語言（當然這也很看國家），因而許多人透過出國，讓外語能力大幅提升。
- **獨特經驗累積**：跨文化合作的經驗，可能在台灣會相對難獲得，而如果出國工作，會相對容易累積。
- **生活體驗**：很多人出國，可能不是因為工作，而是為了生活。舉例來說，有些人去歐洲工作，是為了工作與生活平衡；有些人選擇去日本工作，是因為著迷於日本的文化。這些因素多半是在原本國家可能無法獲得的。

在看過上面這些優點後，回過頭看「為什麼要出國這個問題」，會發現如果能夠說清楚「為什麼」，將能幫助自己釐清最合適的國家是哪裡。

最悲劇的狀況，是你用了一個不是自己真正想要的理由出國。舉例來說，假如對你來說，薪水不是你人生看重的點，同時你熱愛生活，如果這時你去了一個能帶來高薪但是生活平衡很糟的國家，你會得到很多對自己不重要的、同時失去對自己重要的，這無疑是個悲劇。

很多人之所以會做出這種職涯選擇，是因為在做選擇時，不是真的去想對自己來說什麼重要、而是因為別人（例如社會觀點、網路上多數人認為好的觀點）才做出的選擇。因為很多人認為去 A 國比較好，於是去了 A 國，殊不知對自己來說根本不是如此。

為了避免這種狀況，務必要想清楚自己要什麼、究竟是為了什麼出國。

▌ 1.3.3 海外求職管道

假如你已經想透澈，也決定要出國了，下一步要做的是根據你設定的國家，來搜尋相關的求職管道。以下我們會介紹三種常見的管道。

1. 透過留學就業

目前最多人海外求職的管道之一，是透過海外留學在海外就業。一般來說，到當地就學，多數國家都有相對應的簽證，讓你畢業後可以先留在該國家幾年，因此透過留學來就業，是許多人找到海外工作的方法。

2. 透過內轉就業

除了透過留學，另一個常見的方式，是先加入某家跨國公司，然後透過公司的內轉制度，轉去其他國家的辦公室。很多跨國公司內部都有開放申請轉調到不同國家，也都會支援當地的簽證。

舉例來說，先前 ExplainThis 的成員面試上某家跨國軟體公司時，招募員就有提到，如果加入公司超過一年，未來想去不同辦公室，都可以申請內轉。而 ExplainThis 其他成員待過的團隊，也有從其他國家辦公室調來的同事。

3. 直接申請海外工作

最後，你也可以透過直接申請海外工作，來搬移到不同的國家。過去 ExplainThis 團隊成員，從台灣直接申請歐洲（英國、德國、荷蘭）以及亞洲其他國家（新加坡、日本），都直接獲得工作邀約，並且由公司協助辦理簽證與跨國搬家。

透過這個途徑，公司多半會補助跨國搬家的費用。不同公司的做法不同，我們待過的公司，都有負擔機票、到當地第一個月住宿、協助辦理手機、協助找租屋處，以及享有約五千到一萬美元不等的搬家補貼，可以在找好租屋處後，添購家具。

如同前面提到的，要有策略性地增加拿到工作邀約的機會，第一步驟需先增加拿到面試的機會（詳細內容在 Chapter 2 到 Chapter 5），然後第二步增加通過面試的機會（詳細內容在 Chapter 6 到 Chapter 7）。下一個章節開始，本書也會以此出發，讓讀者們能夠做到直接申請海外工作。

▍1.3.4 遠端工作的求職管道

除了上面提到的三種海外找工作管道，近年來許多人也會直接找海外的全遠端工作。以下彙整了找全遠端海外工作的推薦管道。

▊ 主流求職網站

多數的主流求職網站，都有遠端（remote）的篩選功能，例如以下幾個主流求職管道。其中比較特別的是 Otta，你需要先走過一系列問題，挑選完你的偏好後，系統會推薦相關職缺給你（在挑偏好時，可以選偏好全遠端）：

- LinkedIn：https://www.linkedin.com/
- indeed：https://www.indeed.com/
- Levels.fyi：https://www.levels.fyi/jobs
- Otta：https://otta.com/

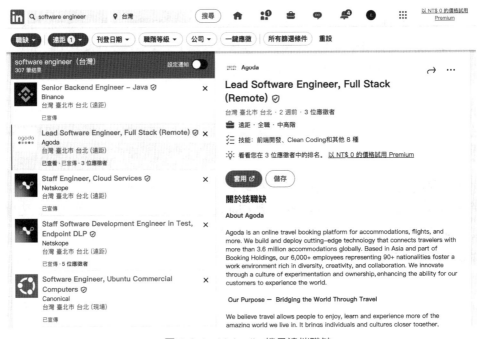

▲ 圖 1.3.1 LinkedIn 搜尋遠端職缺

專門找遠端工作的網站

除此之外，網路上有幾個比較有名的專門找遠端工作網站。目前能在亞洲區做全遠端的機會仍是相對少，多數可能會要求人在歐洲區或者北美。話雖如此，偶爾還是能看到一些不錯的全遠端機會：

- Remote.com：https://remote.com/jobs
- Flexa：https://flexa.careers/
- Working Nomads：https://www.workingnomads.com/jobs
- Remotive：https://remotive.com/
- Remote OK：https://remoteok.com/
- Arc：https://arc.dev/

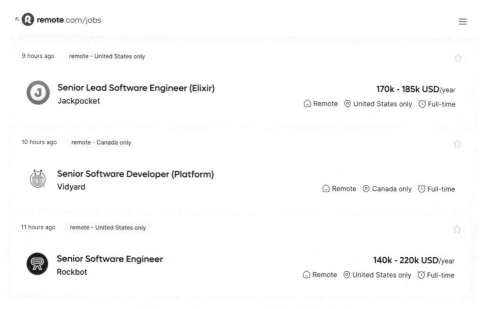

▲ 圖 1.3.2　Remote.com 遠端工作求職網站

網友彙整的遠端職缺

網路上也有好心的網友，彙整了一些全遠端公司的職缺，以下幾個清單可以參考：

- GitHub 上開源的清單 established-remote：
  https://github.com/yanirs/established-remote
- 老爹英文彙整的名單：
  https://oldpapa.dev/remote-companies-that-you-can-work-from-in-taiwan/
- PTT 上網友彙整的名單：
  https://www.ptt.cc/bbs/Soft_Job/M.1631576991.A.6E6.html

新創公司遠端工作機會

如果對國際上的新創有興趣，以下兩個網站都有遠端的新創工作：

- Y Combinator startups jobs：https://www.workatastartup.com/jobs
- Wellfound：https://wellfound.com/jobs

1.3.5 薪資查詢管道

許多人出國工作的原因之一，是因為想要有待遇更好的薪水，然而出國工作不必然代表薪水會比較高。事實上，即使同一家公司，在不同國家所開出的薪資也會很不一樣。

舉例來說，以 Levels.fyi 在 2024 年的資料來看，同樣是 L3 職級的 Google 軟體工程師，在美國的年薪整包平均約是 19 萬美元，而在新加坡是 9 萬美元，而在台灣則是 6.5 萬美元。

即使薪水不是你最看重的，有良好的個人財務規劃仍很重要，而薪水是多數人主要收入來源，因此推薦讀者們，行動前先評估你想去的國家，在薪資方面能給到什麼樣的級距、要繳多少所得稅、平常生活面的開銷會是多少。有了這些全盤性的評估，才能確保你搬到該國後，在生活與財務規劃方面，都能夠達到自己的預期。

在這個小節，我們將會介紹幾個常見的海外工作查薪水管道，推薦大家在投遞之前，可以透過這些管道的資訊，協助自己做更全面的判斷。

全球（含北美、澳洲）

目前社群中有收錄全球各地軟體工程師薪水的網站，主要有兩個，一個是 Glassdoor，另一個是 Levels.fyi。以軟體工程師來說，Levels.fyi 的資料會更齊全一點，同時資料更新的頻率也更頻繁，因此推薦在查薪水時，使用 Levels.fyi。

以圖 1.3.3 來說，如果想要找 Google 在倫敦辦公室 L3 職級的薪水相關資料，可以在公司欄位選 Google，然後搜尋 London，同時過濾為過去一年（Past Year），這樣就能夠精準找到某公司在某地區、某職級的最新薪水資料。

Latest Salary Submissions

Company Location | Date	Level Name Tag	Years of Experience Total / At Company	Total Compensation (SGD) Base | Stock (yr) | Bonus
Google London, EN, United Kingdom | 7 days ago	L4 Full Stack	4 yrs 0 yrs	S$ 215,165 206.6K | 8.6K | N/A
Google London, EN, United Kingdom | 2024/07/29	L3 Networking	4 yrs 0 yrs	S$ 302,404 259.2K | 43.2K | N/A
Google London, EN, United Kingdom | 2024/07/24	L5 Networking	7 yrs 0 yrs	S$ 216,798 173.4K | 43.4K | N/A
Google London, EN, United Kingdom | 2024/07/22	L5 Full Stack	18 yrs 12 yrs	S$ 374,319 192.9K | 145.7K | 35.6K
Google London, EN, United Kingdom | 2024/07/13	L3 Distributed Systems (Back-End)	5 yrs 2 yrs	S$ 226,365 119.3K | 84.5K | 22.6K

▲ 圖 1.3.3　Levels.fyi Google London 薪資資料

另外在看資料時，推薦搭配看公司的授予期間（vesting period），所謂的授予期間指員工獲得的限制股或選擇權，是在達到某些時間規則後，才會真正獲得。

科技公司發的年薪，多半是由底薪（base）+ 股票（stock）+ 獎金（bonus）所組成，而股票通常不會是一次直接發給你。以圖 1.3.4 來說，Google 在剛入職第一年，只會拿到 38% 的股票，而 Amazon 則是第一年 5%。假如你第一年沒待滿就跳槽，因為還沒到授予期間所約定的，這代表任何股票都拿不到。

需要看授予期間，是因為這會影響你每年實際拿到的薪水多寡，進而影響你財務規劃的實際面。因此，推薦這個資訊要同時看。

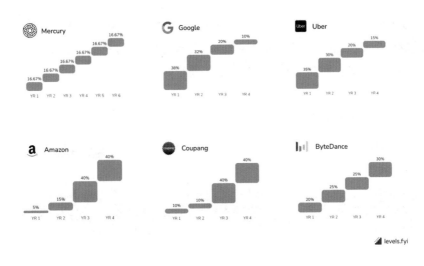

▲ 圖 1.3.4　Levels.fyi 授予期間（Vesting Period）整理資料

🔲 歐洲

歐洲多數的大公司在 Levels.fyi 的資料都相當齊全，不過一些比較小型的公司在 Levels.fyi 上面沒有太多資料，而在歐洲地區，在地型科技公司的薪資就屬 TechPays 最齊全；因此，如果想了解某間歐洲公司的薪資相關資訊，除了 Levels.fyi，也推薦可以到 TechPays（https://techpays.eu/）上面找。

▲ 圖 1.3.5　TechPays 網站

亞洲—東南亞

東南亞（例如新加坡）最熱門的求職網站 NodeFlair（https://nodeflair.com/）本身有做薪資相關的資訊彙整，如果要找東南亞相關的工作，NodeFlair 上的薪資是相對齊全的。當然，如果是找跨國公司（例如 Meta），仍是首選到 Levels.fyi 上看薪資相關資料，不過如果是找東南亞的公司，例如 Shopee、Grab、NodeFlair 或是新創公司的薪資，則推薦上 NodeFlair 找。

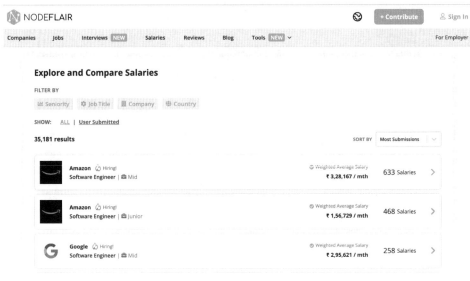

▲ 圖 1.3.6　NodeFlair 網站

🔲 亞洲—日本

日本除了 Levels.fyi 與 Glassdoor 以外，也有 OpenSalary（https://opensalary.jp/roles/software-engineer）以及 Project Comp（https://project-comp.com/）這兩個網站可以查看薪水。

如果是跨國公司（例如 Google 或 Amazon），可以上 Levels.fyi 看。如果是要找有招募外國人的日本公司，可以用 OpenSalary；如果是找仍是日本人為主的公司，則可以上 Project Comp。

▲ 圖 1.3.7　Project Comp 收録了日本各公司的薪水，包含平均、中位數以及詳細資訊

生活開銷查詢

除了查薪水外，也推薦可以查開銷水平、税收等不同因素。因為實質的生活水準除了薪水賺多少，也需要看繳税與開銷花多少。

税收相關資料，基本上搜尋關鍵字都很容易查到，例如「日本所得税級距」或「德國所得税級距」。而查生活開銷，則推薦可上 Numbeo（https://www.numbeo.com/cost-of-living/）查詢。在 Numbeo 上，你可以比較兩個不同地方的實際開銷；特別注意，比較的單位會是城市，這是因為即使在同個國家，不同城市的開銷也可能差很多。

透過 Numbeo 以及查到的所得税，你將能有一個更清楚的圖像得知當實際搬去某個國家，領到薪水後，實際生活起來是否能維持原本的生活水準，還是比原本還要好。

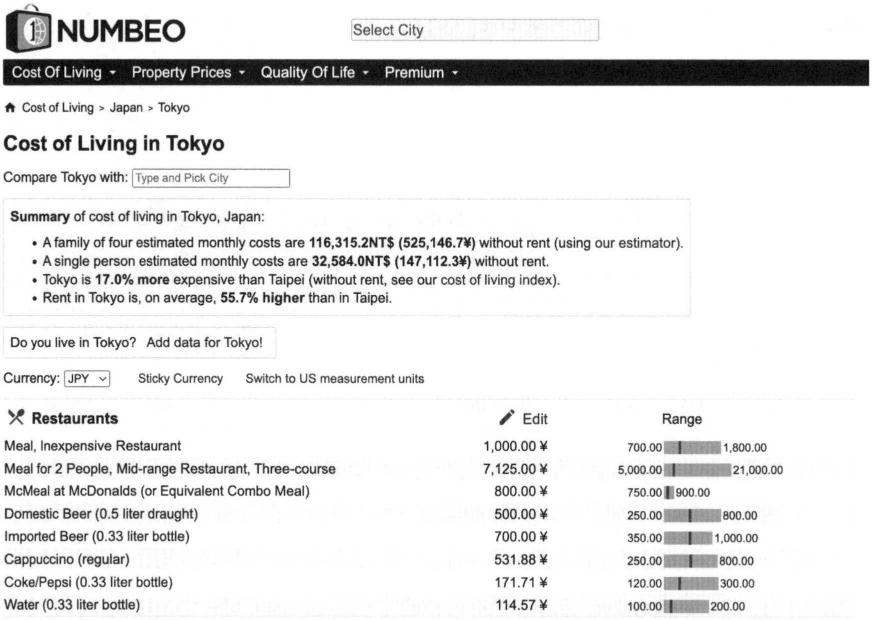

▲ 圖 1.3.8　Numbeo 網站

▎ 1.3.6　海外求職英文需要到多好？

過去我們經常收到讀者詢問：「找海外軟體工程師工作，外語能力需要到什麼程度？英文多益多少才夠海外求職？英文需要懂各國的腔調嗎？」

有蠻大一部分的人之所以對於找海外工作遲疑，不是因為技術能力不足，而是外語能力受限，因此在這個章節想與讀者們聊聊找海外工作所需的英文水準。

▢ 分數不重要，能夠清楚溝通才重要

很多人經常會以分數來衡量一個人的英語水準，例如多益幾分、托福幾分，但這些對軟體工程師海外求職來說，並不是重點。真正關鍵的重點，是你能不能清楚地表達你想講的概念。

以 ExplainThis 團隊待過的海外公司，同樣為非英語為母語的同事，在軟體工程師這職位，英文只要能夠溝通清楚即可。

換句話説，你不需要有極度流利的口條（很多工程師同事在講東西時會停頓、有各類 um/er/uh/hmm 等等填充詞）；你也不需要有完美的文法（只要不因為文法導致意思偏掉，沒人會去挑你毛病管你第三人稱動詞有沒有加 s）；你也不需要有什麼美式發音或英式發音（特別是到歐洲或新加坡的公司，真的各種口音的人都有）。

重點加強「聽」與「説」

上面提到，能清楚溝通是關鍵。如果要更進一步分析，聽與説是更關鍵的。想要找海外工作，第一個要克服的是英文面試（履歷的英文能找 AI 編修，但面試一定需要自己上場），雖然技術面試中要寫東西，但因為是寫程式碼不是寫英文，所以基本上在前面的關卡，英文讀寫不是主要難關，「聽」與「説」會是更需要重點加強的。

更進一步説，如果有幸通過面試實際入職，基本上讀跟寫也是相對不用擔心。現在翻譯軟體很多、再加上 AI 工具的協助，文件可以一鍵切到另一個語言，雖然不會百分之百精準，但對於閱讀理解來説，已經很足夠了。不只是讀，寫也一樣，多數公司現在都有用 AI 寫作助手，所以如果寫文件有文法不對，都可以透過 AI 軟體來修改，所以大部分人在「寫」這塊也不用太擔心。

因此，不論是在找工作期間或者是實際入職後，都建議以加強聽跟説為主。至於要加強到什麼程度？其實不用到非常流暢、文法與發音完美，只要表達得夠清楚就好。

真的不懂就提問釐清

假如你因為擔心「我英文會不會不夠好」而沒有跨出海外求職的那一步，也許你最大的敵人就是自己的心魔。你可能擔心，要是聽不懂面試官説什麼該怎麼辦？會不會遇到聽不懂的口音？

雖説面試中不免有這個可能性，但這不阻礙你有效地溝通。假如你真的不懂，就提問釐清。不論是在面試的時候，還是在實際跟同事合作的時候，聽不懂是很可能會發生的，但如果你願意主動提問釐清，第一次聽不懂不會是一個阻礙。

舉 ExplainThis 某位團隊成員的例子來説，在工作上遇過一位來自希臘的同事，在跟他討論某個功能時一直説「依馬幾」，聽了幾次不太懂後，就直接問他「依馬幾」是在講哪個東西，結果他説是某個元件後，才讓人恍然大悟，原來他是在説

「image」。從此之後聽到他說「依馬」或「依馬幾」，就知道他是在講圖片。這例子可以說明，溝通間的阻礙不在於口音，而是有沒有去提問跟釐清。

小結

回到最開頭的問題：「找海外軟體工程師，英文要多好？」關於這問題，我們沒辦法給一個多益幾分或托福幾分的回答，但能肯定的是，我們過去遇過很多非英文母語的同事，講得不是很流暢、發音不是很美式、文法有時會用錯，但因為能有效溝通，所以依然在他的軟體工程師職位上做得很好。如果你還是很擔心的話，多練習聽與說，真的不懂就提問釐清吧！

1.3.7 海外求職如何培養英文能力？

上一小節談了找海外工作，英文要多好。這時你可能會問，如果自己目前連基本溝通都覺得有挑戰性，有沒有什麼方法能培養自己的英文能力？在這一個小節，我們將針對這個問題，來分享幾個我們推薦的方法。

為自己打造全英文環境

很多人會說在台灣沒有學好英文的環境。從客觀層面來說，因為官方語言不是英文，所以的確在日常中沒有太多用到英文的機會，但是這不代表沒有辦法在台灣為自己創造一個可以持續精進英文的環境。

舉例來說，把手機跟電腦的系統換成英文、看 YouTube 時都看英文頻道（基本上你想得到的類型，YouTube 頻道一定有英文發音影片可找）、通勤聽 Podcast 時都聽英文節目，或者平時用社群媒體時，都追蹤英文的帳號。

一開始這樣做可能會有點不習慣，有想切回中文的衝動；然而只要能堅持下去，幾個月後就會發現有明顯的改變，會發現讀英文的速度變快、也開始能慢慢聽懂。

◨ 從有興趣的主題開始學英文

上面提到可以藉由把自己平常接觸的內容都轉換成英文，但實踐起來卻不容易。如果要讓做這件事的門檻降低，建議先從自己感興趣的主題下手。

假如你過去覺得學習英文很無聊，很難堅持下去，建議可以從感興趣的主題開始。以前很多人會說看美劇學英文，但在行動網路發達的現代，不只是美劇，幾乎任何內容都可以很輕易找到英文版。如果你喜歡看脫口秀，好笑的英文脫口秀數量絕對不會比中文少；你喜歡打網球，每場轉播都改看英文轉播，每場賽事精華都上YouTube看英文版本。

◨ 掌握軟體工程領域的英語用字

如果你想要面試海外工作，建議先多下功夫在前端或後端的領域上。找工作不像考托福，托福會有五花八門各種主題，所以需要懂不同的單字，要能在不同情境下回答口說問題；但找工作則不是，所以如果要投資報酬效益高一點，建議專注在掌握你的領域的常用字。

之前有一個影片，拿工程師用的英文單字在美國訪問路人，問他們知不知道這些單字是什麼意思，結果多數美國人也不知道那些英文單字的意思。即使是英文為母語，也不見得曉得某些特定用詞。反過來想也是一樣的，在某些特定的情境，某些用詞的出現頻率會特別高，透過精熟這些詞彙，當你在那個環境時，就比較不會有溝通障礙。

◨ 提升英語口說：跟著唸（Shadowing）

過去有些讀者來信問，假如過去沒有在英語系國家住過、沒有出國念過書，要如何提升自己的口說能力？這邊分享一個很有幫助的方法。

這個方法白話叫「跟著唸」，但也有個比較專業的名稱叫「shadowing」。簡單來說，就是聽一段英文母語人士說的內容，然後邊聽邊跟著他唸。雖然跟著唸好像沒什麼，但每天花半小時練習，一陣子後會有很明顯的口說能力提升。

當然跟著唸也不是盲目地唸,這個方法的關鍵是「重複」。重複的意思是你找一段音源,然後重複跟讀這段音源,直到你能夠跟上該音源的語速、抑揚頓挫、腔調等等。在你做到之前,請先不要換別的音源內容練習。建議找講者語速不快、抑揚頓挫又特別明顯的影片來跟讀,然後每個影片以五分鐘為單位練習,反覆跟讀那五分鐘的內容直到精熟,再換下一個影片練習。

◈ 1.4 求職網以外的找工作管道

當提到找工作,多數人第一直覺想到的,可能會是求職網。以台灣來說,像是傳統的求職網 104、1111,或者新興平台 CakeResume 與 Yourator。而找海外工作,可能第一直覺會想到老牌的 Indeed、Glassdoor,或者是新興的 LinkedIn。

然而,除了這些求職網,事實上還有許多其他的找工作管道。我們在這個小節將會詳細談幾個不同的找工作管道,讓讀者們能透過不同的管道,增加獲得面試的機會。

▌ 1.4.1 內部推薦

在找工作上,業界公認比透過求職網站或公司官網申請更有效的方式,是透過內部推薦(referral)。當你上求職網站申請,往往需要先經過前面提到的 ATS 系統,跟上百位申請者一同競爭,脫穎而出後才可能被真人招募員看到你的履歷。

然而,如果能夠被內推,將有可能跳過這個環節,直接被招募員或用人主管等真人審履歷。這雖然不代表一定會通過招募員或用人主管的篩選,但最起碼能直接省去前面的系統審核。

▢ 內推(Referral)比較容易獲得面試機會

你可能會問,為什麼內推比較容易獲得面試機會?因為,通常來自公司內部員工的推薦,表示推薦者對應徵者有一定程度的認識和信任。

與此同時，內部員工對公司文化和工作環境有比較深入的了解，所以推薦的人通常會更適合公司的需求，因此，公司較傾向相信現有員工的判斷，這讓透過內推進來的申請者，比較可能在茫茫履歷海中受到青睞。

內推管道

如果你想要找人幫你內推，在台灣的軟體工程師社群中，有歹晚郎內推互助網絡（https://bit.ly/3Flltvp）與 Nex Work（https://work.nexf.org/）等由海外軟體業前輩發起的內推網絡。此外，也可以在 LinkedIn 或是 Blind（https://www.teamblind.com/）上，搜尋 #referral 的標籤，或是找有在該公司任職的人，然後禮貌地發個私訊請對方幫忙內推。

當然，很多時候可能不會立即得到回應，又或者可能對方太忙沒回應，也不要感到氣餒，可以多詢問同一家公司中不同的人幫忙內推。

Jobs & Referrals · 6d
Amazon · referr

Referrals

Dm me with your g drive link resume for referrals. Me and my close friends are putting effort to give back to the community to the best of our abilities in these crazy times. Ideally our bandwidth is limited so please share resume first before asking any irrelevant questions as we can't answer all ... Read more

♡ 16　　💬 5　　👁 283　　　　　　　　　　🔗 Share

▲ 圖 1.4.1　Blind 搜尋 #referral 畫面

內推該注意的四個事項

在找人內推時，如果能依循某些注意事項，會比較容易讓人想幫你忙。以下我們分享幾個建議大家要遵循的原則。

1. 履歷好好寫

在各大海外公司工作的人，也知道自己公司的標準，所以不會來者不拒、盲目內推。你想提高別人內推你的意願，務必要好好寫履歷。好好寫代表著格式上要正

確,以及內容描述上要讓人覺得你有達到對方公司想要找的人才水準。假如不知道怎麼寫好履歷,可以參考 Chapter 2 的履歷撰寫相關內容。

2. 附上想被內推的職位

在多數大公司,光是一個大組可能就幾百人,比一間新創公司還大,因此除非是專職招募的招募員或者是工程經理,不然多數人其實不知道其他組現在有什麼職位開缺。所以不要找人內推時,還說什麼「你有沒有建議我申請哪些職位」,這只會讓人覺得你沒做功課。

大家平常工作已經夠忙了,沒空幫你去看你適合申請的職位,所以務必自己附上。通常大公司的職缺都會有 Job ID,可以附上你想申請的。附上你為何適合這個職位:內推的人也不會想自己在公司內的名聲臭掉,所以多半會先判斷你是不是真的適合被內推。如果你想提高別人內推你的意願,就要做到讓別人認為你適合被內推。

要做到這點,務必附上你為何適合這個你想被內推的職位。理想上也要附上為何你適合該公司(建議多做一些功課來研究該公司,進而能闡述你為何跟該公司文化契合)。花時間幫你的這件事本身就很佛心,千萬不要把別人的善意視為理所當然。

可以用的句型是在簡短自我介紹後,提及「我目前在找 XX 領域的工作,對這個職位很感興趣。過去我在 XX 領域有 OO 經歷,我相信我能對這個職位有所貢獻」。

3. 記得表達感謝

假如一個原本跟你不相識的人願意內推你,務必要表達感謝。因為大家平時工作很忙,可能還有家庭事務要兼顧,額外抽時間幫你,這件事本身就很佛心,千萬不要把別人的善意視為理所當然。

即使內推沒有讓你拿到面試機會,也要記得感謝對方。畢竟很多公司冷凍期半年,你之後還可以再嘗試,與對方維持良好關係,這次沒上之後要請對方幫忙也會讓對方更有意願。

☐ 最好的內推是強內推

雖然上一段有提到可以找人幫忙內推的管道，但如果要獲得比較有幫助的內推，或俗稱的「強內推」，建議平時就要建立起能幫自己內推的人脈。

所謂的強內推，是指對方在內推時，有註明是「強力內推」。一般來說，多數公司的內推系統，都會詢問「你跟被推薦者的熟悉程度」以及「你有多推薦這位被推薦人」。不同公司具體問的問題可能會不同，但大多不脫離這兩類問題。

而唯有這兩個問題都回答「很熟悉」、「強烈推薦」，並且推薦理由寫得很詳細，才會被認定為是強內推。

當然，一般內推已經比直接在公司網站或人力銀行網站申請來得好，只是如果能的話，獲得強內推會是更好。

至於如何獲得強內推？一個是平時有好的工作表現，可能你現在的同事，未來會去不同公司，如果跟他們合作時，做到對方發自內心會想推薦你，這時要獲得強內推就容易得多。

又或者假如你還是學生，在平常的小組作業中，盡可能地貢獻，在同組的同學心中留下好的印象，未來同學們進到不同的公司，你要找他們內推，也會容易獲得強內推。

另一個則是多參與不同的社群活動，例如貢獻到開源社群，或者是參與技術會議等，這些也是一個你能夠曝光、與他人協作的機會，在這些場合貢獻價值，也相對容易獲得強內推。

上面提到這些要獲得強內推的方式，都是需要時間去耕耘而非速成的。因此，如果你現在還沒辦法獲得任何強內推，建議從現在開始行動，而不是等到要求職時才發現沒有人能為你強內推。

▎ 1.4.2 學徒計畫

學徒計畫（Apprenticeship Program）是近期各大公司越來越盛行的一個專案，包括：LinkedIn、Microsoft 和 Google 等，都曾推出類似的計畫。

這些專案旨在招募更多元的人到科技公司，其中常見符合此計畫的人條件包含以下：

- 自學程式
- 參加過程式戰鬥營（coding bootcamp）
- 非傳統電腦科學背景
- 暫時離開工作，並嘗試重回職場

學徒計畫在經歷上的審核以及面試上，技術層面比起正職的初階工程師更簡單一點。多數的學徒計畫也都有轉正職的機制。

部落客「半路出家軟體工程師在矽谷」有一篇專門彙整各大公司學徒計畫的文章（https://brianhsublog.blogspot.com/2019/08/TechApprenticeship.html），並且時常更新，非常推薦有興趣、有需求的讀者可以去看看。

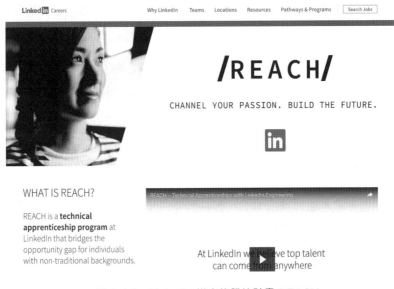

▲ 圖 1.4.2　LinkedIn 推出的學徒計畫 REACH

▎ 1.4.3 工程師的網路社群

除了上述提到的三點，網路社群是軟體工程師不可錯過的資源。這些社群不僅提供了工作機會，也能幫助你與同業交流、了解產業趨勢，以及許多面試經驗的分享。

以下是幾個會張貼工程師工作機會的熱門或相關網路社群：

- PTT Tech_Job 版：https://www.ptt.cc/bbs/Tech_Job/index.html
- PTT Soft_Job 版：https://www.ptt.cc/bbs/Soft_Job/index.html
- PTT Oversea_Job：https://www.ptt.cc/bbs/Oversea_Job/index.html
- Facebook Front-End Developers Taiwan：https://www.facebook.com/groups/f2e.tw/
- Backend 台灣（Backend Tw）：https://www.facebook.com/groups/backendtw/

▎ 1.4.4 經營 LinkedIn

對比傳統的求職網，目前新興的人脈社交媒體 LinkedIn 已經逐漸成為找工作的首選，特別是對於外商與海外求職，LinkedIn 基本上比一般專注於本土市場的求職網有更多的職缺機會。

比起求職網投遞履歷，經營 Linkedin 能夠讓獵人頭或招募員，看到你更多元、更深入的一面，以及看到你更長期的累積。現在已經有許多獵人頭與人資，會直接在 LinkedIn 上找人選，所以花心思經營 LinkedIn 將有可能讓自己獲得更多機會。

至於如何經營 LinkedIn 和經營 LinkedIn 時會遇到的常見問題，我們會在 Chapter 2 的「2.8 LinkedIn 攻略」中談到。

📷 參考資料

1. A Guide to Applicant Tracking Systems | Resume Tips | Indeed Career Tips
   https://youtu.be/DksA_vF84JA?si=0THYDT45uvEgiqq2

2. Harvard Business Review 推文
   https://x.com/HarvardBiz/status/1690368541243977728

3. What is a 'Bar Raiser' at Amazon?
   https://www.aboutamazon.eu/news/working-at-amazon/what-is-a-bar-raiser-at-
   amazon

4. Carol Dweck: The power of believing that you can improve
   https://www.ted.com/talks/carol_dweck_the_power_of_believing_that_you_
   can_improve?subtitle=en

5. [心得] 2022 New Grad 北美後疫情時代找工作
   https://www.ptt.cc/bbs/Soft_Job/M.1640031146.A.10D.html

6. 軟體工程師進入科技大公司的另類通道一學徒計畫
   https://brianhsublog.blogspot.com/2019/08/TechApprenticeship.html

7. 歹晚郎內推互助網
   https://bit.ly/3Flltvp

8. Nex Work
   https://work.nexf.org/

9. Unique New Vesting Schedules
   https://www.levels.fyi/blog/unique-vesting-schedules.html

02

履歷篇

⇨ 2.1 為何要履歷表？

在最開始，讓我們先來談為什麼需要履歷表。從公司招募的角度來說，公司面對茫茫的候選人，需要找到最適合該公司、該職位的人選，因此會需要足夠多的資訊來做判斷。

因為蒐集資訊是很花時間的過程，所以對於一家公司來說，需要分成不同階段。在一開始先小成本的做篩選，這樣可以確保之後要花大量時間詳細篩選的候選人，不會出現那種與期待偏差過大的狀況。

而履歷表的作用就是能夠在最前面公司還沒有花大量時間投入到面試上時，能夠快速做出篩選的一個手段。

▌2.1.1 從候選人的角度該如何看待履歷表

在開始準備求職的任何其他事情之前，需要先準備好你的履歷。即使你刷了上百上千題 LeetCode、即使你對於任何技術知識點掌握精熟，如果你在履歷關卡就被刷掉，那麼一切也將是徒勞無功。

在通過面試前，你需要先獲得面試機會，否則後面都是白談的。因此，如果你還沒有準備好自己的履歷，建議先把心思聚焦在寫好履歷，完成後再來準備面試。

身為候選人，在看待自己的履歷表時，有幾個重要的關鍵點。我們推薦用提問的方式，來看自己的履歷表，以下幾個是推薦一定要問的問題：

- 當 ATS 掃過我的履歷後，會抓出哪些關鍵字？
- 當招募員讀完我的履歷表，會對我留下什麼第一印象？
- 當用人主管讀完我的履歷表，會不會覺得我適合這職位？

如同前面 1.1.1 求職總覽提到，在履歷的篩選中，每一個階段都會有一定比例的人被篩掉，要能夠獲得面試，上面提的三個問題，一個都不能夠忽略，因為如果其中一個沒過關，最後的結果就會是沒過關。

從 ATS 的角度來看，要確保跟職位相關的關鍵字，都有呈現在履歷上面。一個最簡單的確認方法，就是看職缺描述（job description）中有提到的關鍵字，不論是硬技術還是軟實力，都需要出現在你的履歷上面。

而從用人主管的角度來看，因為要看的履歷很多，每個履歷並沒有太多時間可以細看。所以策略上來說，越重要的經歷要放越前面，第一眼就要抓住用人主管的目光，這樣才有可能讓自己拿到面試的機會。

2.1.2 Resume 與 CV 的差別

相信許多人在申請工作時，或多或少都會看到 resume 與 CV 這兩個字，從中文的角度看，兩個都叫履歷，但兩者有什麼不同呢？

事實上，嚴格定義來說，履歷表應該是 CV，其原文是 Curriculum Vitae，在拉丁文中意思為「生命歷程」。而 resume 在法語中是「摘要」的意思，因此如果要更精確翻譯，resume 應該是叫「簡歷」。

在說明兩者的區別前，先講講這兩者的共同點：

- 都是用來讓人快速理解你是否合適，藉此判斷是否給你面試機會
- 都需要針對申請的工作、公司客製化
- 通常不包含個人興趣愛好，而是會專注在技能與經歷

接著來聊聊兩者的區別，如其名所述，CV 是指「生命歷程」，因此 CV 通常會比較長，且涵蓋比較多細節，因此工作時間比較長的人，CV 甚至可能多達十來頁。而 resume 是簡歷，所以一般來說會盡量控制在一頁當中，即使是很資深的人也是一樣。

除了長度的區別外，resume 與 CV 的另一個主要區別是，resume 通常是在業界中使用，CV 是在學術界使用。也因此，resume 會放更多的業界經歷，CV 則會專注在學術經歷。

從軟體工程業界的角度來看，多數時候都會要求 resume，因此我們建議在撰寫履歷時，以 resume 的撰寫為主。

⇨ 2.2 履歷表會被怎麼解讀？

在討論履歷表怎麼撰寫之前，我們必須要先知道履歷表是要給誰看的，以及會被怎麼解讀。藉由不同的觀點，我們可以清楚知道該如何做客製化的微調，也能提高獲得面試的機會。

▌2.2.1 履歷表的旅程

在前面章節中我們知道，一封履歷表寄出去後，會經過不同人的手上，而每家企業的規模不同，因此階段可能稍微不同；我們可以用大部分公司的流程來看，大致會經歷這四個部分：

1. 公司內部履歷評分系統（ATS）

並非所有的公司都會導入類似的評分系統，通常是規模較大的公司，每天可能會獲得上百、上千封的履歷表，因此需要系統快速地篩選，避免浪費人員大量時間在看履歷。

2. 招募員（Recruiter）

招募員會從上一個階段評分系統篩選完的結果，或者從配合的徵才平台、獵人頭公司、信箱當中取得候選人的履歷表。此階段招募員會依據用人主管的要求，去判斷候選人履歷是否符合需求，進行過濾與淘汰。

3. 用人主管（Hiring Manager）

用人主管通常為技術部門主管，而他會向招募員提出徵才需求，因此招募員初步篩選完履歷表後，用人主管會再看過一遍，確定沒問題就會邀請候選人來面試，而面試時，用人主管的手上會拿著候選人的履歷表，依照履歷表上的內容做詢問。

4. 高階管理者（C-Suite）

未必每一家公司都有這個階段，通常是新創公司才有，經由用人主管確認好候選人技術沒問題後，就會進入到最後一關，和高級執行官或高階主管面試，通常不太會再問技術相關的問題，而是對於動機、人格特質等等再進一步詢問。

▎2.2.2 各階段不同角色的觀點

在上一小節可以知道，有三種角色的觀點我們需要關注，包含招募員、用人主管以及高階管理者。接下來，我們一一來介紹每個角色對於履歷的視角。

招募員（Recruiter）

前 FAANG 的招募員 Nikita 在一次的訪談當中提到，他與他的同事們每一份履歷表只會看 8 到 10 秒鐘，而且奉勸履歷表上不要留下任何可能的疑慮，像是如果寫得太空泛、不夠具體，都會讓人產生此人不適切的疑慮。Nikita 建議履歷盡可能地簡單、直白、完整描述，像是技術能力的描述要夠完整且具體，包含達到什麼目標、提升了多少曝光、提升了多少效能等。

此外，他提到有許多候選人，會用同一份履歷投遞多個職位，舉例來說，同一份履歷投了後端工程師、投了機器學習工程師、又投了數據分析師，這樣的做法會讓招募員產生混淆，很有可能因此錯失了機會。因此他不建議這樣操作，建議可以針對不同職位去做調整，確保每一個工作經驗與你想申請的職位是有關的，舉例來說，如果要應徵機器學習工程師的工作，那履歷上的工作經驗就必須與機器學習相關；如果放了其他不相關的內容，很有可能造成反效果。

最後，他也分享，很多人以為履歷和 LinkedIn 是相同的，但其實不同，因為 LinkedIn 的排版能夠放更多的資訊，而履歷的版面本身是受到限制的，因此建議至少兩邊的內容要一致，不讓人產生疑慮，但是 LinkedIn 還可以放更多資訊，像是參加論壇、得獎等。

另一個例子我們可以看到，曾在 Google、Groupon、Visa、Indeed、LinkedIn 擔任招募員的 Cody 表示，可以先把履歷格式以房地產的角度來看，也就是說頂部是黃

金地段,而底部則是郊區。因此一定要把重要的資訊放在頂部,因為下方資訊未必有機會讀到,因此我們需要用頂部位置去回應招募員或用人主管的問題,而這也是最難的。Cody 建議這些頂部位置需要展示自己的價值,而展現價值的方法要透過數據和數字來講述一個故事,特別是在工程領域上。

▢ 用人主管(Hiring Manager)

曾在 WhatsApp 和 Facebook 擔任軟體工程師與工程經理的 Jean 在一支履歷回饋影片當中提到,很多人說透過個人專案(side project)是找到工作的最佳方法,但他認為個人專案只是用來練習成為一名工程師,但用人主管更看重的是專業經驗,因此不要浪費時間在沒有人實際使用的個人專案,而是盡可能地將 APP 上架、將網站上架,因為一旦上架,它就變得正式,而不只是存在於 GitHub 的個人專案中。

另一個例子來自於目前擔任雲端工程師、具有十多年開發經驗的 Lou 表示,他會用履歷可信度的角度做切入,而可信度取決於兩個因素,第一個是進入門檻的難度和展示證據的深度。舉例來說,AWS 助理開發人員考試的進入門檻相對低,而哈佛大學的學位門檻就非常高;第二個是證據的深度,像是 GitHub 的專案,如果只是複製 "Hello World" 的應用,證據深度就會很低。可信度最高的經歷通常是專業經歷,像是曾在哪裡任職、參與過哪些專案等,而證書和專案可以幫助填補空白。

▢ 高階管理者(C-Suite)

如果履歷能送到這裡,通常技術面試已經通過,對新創而言,最後一關會由 C 階層的高階主管來面試,在面試前,履歷表就會先送到他們的手裡;而我們從過往的經驗當中了解到,高階主管更在意這位候選人過往的學經歷背景、職涯背景等,並進一步去看到候選人的潛力與商業價值。舉例來說,Ethan Evans 為 Amazon 的前副總裁,他在一個履歷撰寫的教學中說到:「如果你在這個職位做了五年,也只有這一份工作經驗,我很擔心你在這份工作當中並沒有任何的成長,甚至五年的經驗很有可能是五次一年的經驗,這是我所擔心的。」

雖然大部分的狀況是「能將履歷表送到高階主管的手裡，就有很大機率可以進入面試」，但可以從他們關注的事情知道，面試所需要準備的方向可能會完全不同，這是候選人需要注意的。

◈ 2.3 長期準備履歷要點

過去我們在協助讀者修改履歷時，經常遇到一個狀況：在了解履歷的撰寫要點後，讀者發現自己缺乏可以寫的內容。從這個現象可以看到，履歷不只是找工作時才寫，而是在開始求職前就要有長期的累積。

2.3.1 累積成果與影響力

如前面提到，履歷的關鍵是展示過去經歷的影響力，而要做出有影響力的成果，需要從痛點出發，先去發掘問題的根本，再回推要怎麼解決。這樣能避免「有做事情但是寫不出解決問題帶來的成果」。舉例來說，假如部署時的步驟太繁瑣是痛點，在做之前要去設定希望減少多少耗費在部署的時間，這樣達成目標後，自然會有成果可以寫。

累積技術能力關鍵字

要能通過履歷關卡，在履歷上是否有相符合的關鍵字，會是非常重要的。我們建議，要長期並且有意識地去累積那些你理想工作需要的關鍵字。

舉例來說，前端除了最基本的 HTML，可能需要有微前端（micro-frontend）、BFF（backend-for-frontend）、建構工具（build tool）、CI/CD 建置等經驗。假如你目前還沒有這些相關經歷，就要有意識地去累積。

同樣地，對於後端來說，除了基本的 API、資料庫外，還需要有雲端工具（AWS/GCP/Azure）、Message Queue、Elastic Search、Kubernetes 等經驗。因此，假如你還沒辦法在履歷上寫那些，就要透過工作或個人專案，有意識地去累積。

以上僅為部分列舉，我們更建議讀者可以直接去找自己目標的職缺，看看這些職缺的描述（JD）中，有什麼自己目前還欠缺的技術能力，然後有意識地主動培養起來。如果讀者對於需要累積哪些技能不太清楚，可以參考下方前端和後端常見的技術累積清單：

前端常見的成果累積包含：

- 提升應用程式效能
- 提升測試覆蓋率
- 提升穩定性（減少 bug、減少 JS error）
- 改善使用體驗（例如處理過多裝置、多環境的問題）
- 產品拓展國際化（處理 i18n 的經驗）
- 提升流程效率（例如建置 CI/CD）
- 提升開發效率（例如建置元件庫，讓團隊可以重複利用）
- 提升安全性

後端常見的成果累積包含：

- 效能優化
- 可用性（availability）達到幾個 9
- 成本降低
- 重構來提升可維護性
- 穩定性提升（減少錯誤率）
- 測試覆蓋率
- 提升流程效率（例如建置 CI/CD）
- 提升安全性

◰ 累積軟實力關鍵字

軟體工程師的工作日常，除了技術面，也需要許多軟實力，這包括溝通、領導、跨團隊協作等能力。要在履歷上體現軟實力，也需要長期累積。

常見的軟實力包含：

- 主動分享新技術、新趨勢
- 主動舉辦讀書會擔任導讀的人
- 主動去協助新同事或者社群中新加入的人，具體 mentorship 經驗
- 主動去導入某個流程優化
- 帶團隊的具體經驗
- 跨團隊、跨部門協作（例如跟產品、設計等不同部門協作）與領導
- 解決某個團隊上的衝突

假如目前履歷上還沒辦法寫出這些，推薦在工作上要有意識累積。假如一季累積一個，一年也可以累積出四個亮點經歷，這樣放在履歷上，就很足夠了！

▌ 2.3.2 炫耀文件（Brag Document）

除了有意識地累積上面提到的關鍵技能，業界還有一個很流行的方法叫「炫耀文件（Brag Document）」。顧名思義，這份文件是用來記錄你值得炫耀的成就，但並不是讓你真的去炫耀（這可能會引起反感）。其用意在於，當你平時有定期記錄，便能在需要時輕鬆地展示出來。

▐ 平時就記錄成果的好處

記錄自己的成果是一個長期投資，炫耀文件的本質就是這樣的記錄。如果你有定期進行，會發現這件事的投資報酬率非常高。這些記錄下的成果，不僅可以放在履歷上，還可以用在以下場合：

- 在跟主管的 1:1 會議時，加深主管對你的印象
- 在年度的績效考核時，不用花時間整理過去的成果
- 在未來的面試中，有細節足夠豐富的故事可以講

更重要的是，定期記錄成果能讓你更具體地檢視自己的成長軌跡，而不是僅憑感覺來判斷是否有持續進步。有了記錄，你可以比較現在的工作與之前的工作是否有更大的影響力。如果沒有，你就可以根據目標進一步調整。

如何記錄自己的成果？

在了解炫耀文件的重要性後，你可能會問：「該如何寫這份文件？」我們推薦以「STAR + Learning」的形式來記錄。相較於流水帳式的記錄，用這個模板會讓你能夠以更結果導向、影響力為導向的方式來記錄。

在 Chapter 7 的「7.3 行為面試框架」小節當中，我們會詳細談這個形式，這裡先簡述一下，所謂的「STAR + Learning」是指：

- S 情境（**S**ituation）
- T 任務（**T**ask）
- A 行動（**A**ction）
- R 結果（**R**esult）
- Learning 學習

特別補充，在 STAR 格式的記錄之外，額外寫下學習或反思，不僅幫助自己回顧並成長，還能在面試中應對「從這次經驗中學到什麼？未來如果再做一次，會如何做得更好？」等問題。

讓我們透過一個具體範例，來了解如何使用上述形式來記錄：

- **S 情境**：下一季團隊預計擴招至少五人，然而先前的入職流程與文件並沒有系統性的整理，導致過去入職的效率不是太好。
- **T 任務**：我主動跟工程經理提說，我想要有系統地重新梳理入職流程，並把文件化做好。工程經理也同意這件事情很重要，如果現在不先做好，到時候大量新成員加入時，會浪費很多時間。因此，工程經理同意讓我花時間來解決這問題。
- **A 行動**：我主導整個團隊的入職流程，同時找了團隊其他人，除了更新流程外，也把有缺漏、不完整的文件都補上。
- **R 結果**：在重整完入職流程與文件後的一季，新成員入職所需的上手時間縮短，從原本一週變成三天後即可開始貢獻到專案，同時，後續我帶領持續優化這個部分，讓我們目前的新成員入職，幾乎不需用到既有成員的額外時間也能順利完成。

- **Learning 學習**：在這次的經驗中，特別有感的學習點是，要讓最終的成果有效，一定要時時蒐集使用者的回饋。在完成重整後的第一個新成員入職時，我才發現原本有些設想的不如預期，所以當時該成員一邊入職，我一邊找機會訪談他，蒐集到許多有用的回饋後，再調整流程與文件，也讓後面加入的成員，整體入職流程變得更順暢。

上述形式適合在一個專案完成後做詳細記錄。但如果平時有一些相對較小但仍值得記錄的事件，建議也要順手記錄到文件中。

舉例來說，可以記錄：

- **技能和學習**：學了什麼新的技能、技術、框架。例如近期學習的 AI 相關技能，如果有進修，就可以特別記下來。
- **回饋**：獲得的回饋，例如工作中同事或主管給的回饋，不論好壞，都可以記下來，這不僅能定期檢視自我，也能在面試中提到。
- **工作外的累積**：如果有做開源貢獻，或者擔任志工（例如技術會議的志工），也可以記下來，這些經歷也能放在履歷或面試中使用。

記錄成果時要避免的事

在使用「STAR ＋ Learning 模板」記錄成果時，有一點特別需要注意，就是避免記錄無關緊要的成果。

記錄成果時，務必要以終為始，了解對自己所在的團隊和公司來說，什麼是最重要的。記錄和檢視成果時，要確保這些成果能回扣到那些最重要的事情上。

更進一步說，在做每件事前，都要先思考這件事對團隊、組織甚至是對使用者的影響力。如果發現自己講不清楚這件事的價值，就需要反思是否在做不該花時間的事，避免產出看似成果實則無關緊要的工作。

當你確保自己所做的事確實具有影響力，而非無意義的成果，那麼所記錄的每個成果，未來都能成為你在績效考核、升遷或找新工作時的重要資源。

⇨ 2.4 履歷基本要件

過去曾有一位讀者找 ExplainThis 諮詢，原因是他在找轉職後的第一份軟體開發工作，投了超過百家公司，最後全部收到感謝函。我們分了兩次先協助他調整履歷，後來在模擬面試中協助該讀者調整準備方式；最終，該讀者來信告訴我們，他接受了新工作，而自從調整後，他順利拿到五個工作邀約。

你可能會問，為什麼在諮詢之前，連面試機會都拿不到，但在諮詢之後，光是改履歷，就拿到許多面試，這之間有什麼差別呢？在這個小節，我們會先從履歷說起，來談談可以如何寫好履歷，讓自己拿到更多面試機會。

2.4.1 履歷架構

▢ 履歷範例

首先，讓我們用實際的例子來看一份履歷該怎麼架構。圖 2.4.1 這個履歷架構，雖然看似簡單，甚至有點無聊，但這種形式，仍是業界目前最推薦的形式。如同前面談到的，招募員與用人主管，一般並沒有那麼多時間可以讀一份履歷，因此保持履歷的簡單精要會很重要。

很多人在申請工作時，會附上創意履歷，這或許在行銷或媒體類的創意工作中會有加分，但在多數軟體工程的工作中，並不會額外加分。

先前一位 Meta 的工程經理分享，他看到這類履歷的第一反應是「很有創意」，但第二反應往往是「我現在沒那麼多時間，這履歷內容呈現得沒辦法第一時間看清候選人的適切度，所以暫時先讓我往下看其他候選人的履歷」，然後該工程經理最終就沒再回頭看這類的履歷。

因此，在履歷上，保持簡單、精要，會是最重要的。

當然，現在業界也有一個趨勢，是放多媒體的內容，像是照片或影片，但一般會放線上版（例如 LinkedIn），我們在後面的 2.8 小節會談到如何經營好 LinkedIn。雖說

LinkedIn 做多媒體版本很加分，但如果是要上傳到公司的職缺申請網站，仍建議用圖 2.4.1 的範例，維持一頁式、簡潔的版本，並且務必要輸出成 PDF 檔（我們在附錄也附上許多履歷模板與範本）。

City, Country
your_email@gmail.com
+886-12345678

Ming Chen

linkedin.com/in/your_linkedIn
github.com/your_github

Work Experience

Senior Software Engineer **ABC Company** Sep 2022–Present
Customer team Taipei, Taiwan

- Led the development of a Customer Relationship Management (CRM) system that integrates 20+ infrastructure services across the company's internal stack, providing a unified self-service portal and significantly improving customer data management efficiency
- Designed and implemented enhancements to the customer ID lookup tool, reducing engineers' debugging lookup time by 75% and greatly improving issue diagnosis and resolution speed
- Built an internal customer resource planning platform that serves as the single source of truth for the company's customer resource procurement and deployment plans, worth billions of dollars annually, providing critical input for strategic decision-making
- Developed a series of automation tools that cut the customer fiber sourcing team's time by 70% in planning, ordering, and deploying hundreds of millions of dollars worth of optical fibers, significantly boosting work efficiency

Frontend Engineer **DEF Company** 2020–2022
Ecommerce team Taipei, Taiwan

- Developed an innovative PWA for DEF Company, delivering a native-like mobile experience. Adopted by 500+ businesses within the first year, empowering them to enhance their mobile presence
- Introduced Jest as the primary testing framework for the frontend codebase, writing comprehensive unit and integration tests to ensure code quality and prevent regressions. Achieved 90% test coverage for critical components and successfully caught and fixed numerous bugs before production releases.
- Mentored junior frontend engineers. Conducted pair programming sessions and code reviews to foster knowledge sharing and improve overall code quality
- Created and maintained detailed documentation for frontend projects, including API references, user guides, and technical architecture diagrams

Frontend Engineer **GHI Company** 2018–2020
 Taipei, Taiwan

- Implemented a real-time collaborative editing feature using WebSockets, enhancing user engagement and resulting in a 25% increase in user retention
- Developed a reusable UI component library using React and TypeScript, reducing development time by 30% and ensuring consistent branding across products

Projects

- **ABC project -** Developed an AI-powered tool that extracts information and answers questions from large PDF files, using OpenAI's API to provide users with relevant insights. See the source on GitHub.
- **Tech Blog -** Authored popular technical articles on various software development topics, providing valuable insights to the tech community.

Skills

- Languages: JavaScript, HTML, CSS, React, Python
- Technologies: AWS, Git
- Communication Skills: Bilingual in Chinese (Native) and English (IELTS Overall 7)

Education and Certifications

- **M.Sc. Computer Science,** National Taiwan University 2015–2017
- **B.Sc. Computer Science,** National Taiwan University 2011–2015

▲ 圖 2.4.1 履歷範本

可以看到，在這個版型中最上方有放名字、聯絡方式（信箱與電話），以及 LinkedIn 還有 GitHub 的連結。這幾項是基本要放的，一般來說，也只需要放這幾項。像是照片或生日這類資訊，則不需要放在履歷上。

從範本中可以看到，履歷主要區塊分為四部分，經歷、教育、技術以及專案。這種分法基本上是業界最常見的分法，假如不想在履歷上出錯，建議直接按照這種方式來撰寫。

在最前面，推薦把跟應徵職缺相關的技術都放上（前提是你真的會這些技術）。接著把最多的篇幅放在經歷上。至於教育的部分，可以總結重點即可。

假如你是剛畢業或者剛轉職成軟體工程師的人，在經歷部分可能沒那麼多可以寫。這時可以新增一個專案（Projects）區塊，將你過去做過的專案列出。

關於履歷的撰寫細節和要注意的事項，我們會將履歷分成以下六個區塊，每個區塊會詳細介紹：

1. 個人資訊
2. 總結（summary）
3. 技術能力（skills）
4. 經歷（work experience）
5. 教育（education）
6. 其他

個人資訊

包含重要資訊

個人資訊區塊中，最少需要包含以下三種資訊：

1. 姓名
2. Email
3. 手機號碼

此外，如果有經營 GitHub 與 LinkedIn 也會推薦放，方便招募人員或用人主管更了解你的專業背景與技能。

 注意

請使用個人的電子信箱

選擇電子郵件地址時，應避免使用學校或公司的信箱，因為這些信箱將來可能無法繼續使用。

說明

設定個人化的 LinkedIn 連結

假設你要在履歷中放入 LinkedIn 的個人連結，記得要設定個人化的連結，具體操作可以參考 LinkedIn 的教學：

https://www.linkedin.com/help/linkedin/answer/a542685/manage-your-public-profile-url?lang=en

說明

確保 GitHub 頁面有完整的 README

如果放 GitHub 連結,請確保你的 GitHub 頁面有完整的 README。可以參考以下開源專案來尋找靈感:

- Awesome GitHub Profile README 開源專案:
  https://github.com/abhisheknaiidu/awesome-github-profile-readme
- Awesome README 開源專案:
  https://github.com/matiassingers/awesome-readme
- Awesome-Profile-README-templates 開源專案:
  https://github.com/kautukkundan/Awesome-Profile-README-templates

資訊呈現格式要統一

- **電話號碼**:請用正確的格式呈現電話號碼,並包含國碼,例如:+886-123-4567。
- **超連結**:若有超連結,可以用藍色文字或加上底線,這樣無論履歷是否用彩色輸出,都可以讓讀履歷的人知道那代表超連結,並且可以點擊。很多讀者會問是否要用超連結的格式,我們會推薦如果可以的話要用,讓人可以直接點,外連到更豐富的資訊對候選人是有加分的。
- **地址**:統一使用城市加上國家的格式,例如 Taipei, Taiwan。

注意

請務必確認連結是有效的

ExplainThis 團隊在過往的履歷諮詢和修改經驗中，經常發現讀者履歷上的連結是無效的。這會使審閱者對求職者的印象大打折扣。因此，請務必在提供履歷前，仔細檢查連結是否有效並正確。

總結（Summary）

非必要

在版面有限的情況下，履歷中不一定要放總結（summary）的區塊。履歷核心是展現你的過去經歷，讓人對你的能力有信心，進一步找你來面試。要分享個人總結，或者要談個人職涯目標，可以在面試階段把握，不需在履歷放上。

假如申請的多半為美商公司，基本上是不用放總結的，這也是為什麼在上面的格式範例中，我們沒有特別放。然而，確實有些國家或是公司會有放總結的習慣，在這種狀況下，推薦可遵循以下三個原則來總結：

1. **不宜過長**：總結的目的是要讓人能簡短掃過，所以盡可能精簡。精簡的另一個重要性，是讓你在後面的區塊，能有足夠多的空間。總結的目的是抓住吸引力，詳細的內容應該交給後面的工作經驗或專案的區塊。
2. **要具體且有亮點**：盡可能不要寫得太過通則，而是要具體，包含自己的經歷、擅長的技能、感興趣的方向，用具體的方式列出來，讓人一眼能看到你的亮點。

    所謂的亮點是指跟其他人不同的地方，有亮點才不會被認為是「跟其他前端或後端工程師沒兩樣」。寫完後，建議拿給他人查看，並徵求他們的回饋，看看是否真的有亮點。

3. **為每個職缺客製化**：針對每個職缺調整適當的關鍵字。例如，要申請加密貨幣相關職缺時，可以特別談到你在這部分做過的事；同理，如果是 AI 相關的職缺，應該要在總結中提及不同的技能。

⬛ 總結範例

以下提供兩種英文原文總結的寫法，分別是一個不佳的範例和一個較好的範例，以供對比。

不佳的總結範例：

> Versatile Backend Specialist with expertise in API development, microservices architecture, cloud infrastructure and full-stack web development.

- 這個總結過於概括，比較沒有突顯出任何在後端方面特別的經驗或技能。
- 雖然涵蓋了幾個方面的技能，但缺乏具體的數據或成就來支持。

好範例：

> Backend Engineer with seven years of experience designing and implementing scalable, high-performance server-side applications. Proficient in distributed systems, microservices architecture, and database optimization. Experienced in cloud technologies (AWS and GCP) and containerization (Docker and K8s). Passionate about writing clean, efficient code and solving complex backend challenges.

- 這個總結提供了具體的經驗和專長，明確指出了七年的工作經驗以及具體的技術領域，如分布式系統、微服務架構和資料庫優化
- 還列出了熟悉的雲端技術（AWS 和 GCP）及容器化技術（Docker 和 K8s）
- 強調了對撰寫乾淨、高效程式碼的熱情

- 這樣的總結比較能讓招募員更容易判斷候選人的能力
- 展示了候選人在後端開發方面的背景和專業

技術能力（Technical Skills）

精簡且分類

履歷上放的技術能力，要以跟申請的職位相關為主，且不要佔用太多空間；推薦的做法是精簡一行式寫法。假如你有很多技能，也請排定優先順序並且分類，常見分類是分成 Programming Languages 和 Technologies，如下方範例：

- Programming Languages: Java, Python, Go , SQL
- Technologies: Spring Boot, Django, Flask, Docker, Kubernetes, Apache Kafka, Redis, PostgreSQL, MongoDB, Elasticsearch, AWS, GCP

注意拼字和字母大小寫

在放技能相關的關鍵字時，請確保拼字正確以及字母大小寫正確。舉例來說，是 JavaScript 而不是 Javascript，或者 MySQL 不是 Mysql。

只放熟悉的技能

放在上面的，一定要確保自己足夠熟悉，因為都很可能被面試官問到。假如為了過履歷關卡放了不熟的技術、但在面試關卡被問倒，最後還是會過不了。

經歷（Experience）

整份履歷的重點

經歷是履歷中最重要的部分。如果是剛畢業或轉職的新鮮人，可以將過去做過的專案和實習經歷放在這部分；但假如已經有業界經驗，對工程師來說，會推薦放業界經驗為主。

格式

經歷的部分,順序由最新到最舊,越近期的經歷放在越上面。每段經歷的編排至少要有公司名稱、職稱、時間以及工作內容的列點,每一段經歷都要寫做了什麼(用過去式、強動詞),以及所做的事帶來的影響與成果。

更詳細的經歷撰寫方法可以在下一個小節「2.5 履歷撰寫要點」中找到。

教育(Education)

盡量精簡

假如已經有工作經歷的人,教育區塊一行帶過即可。如果是剛畢業的新鮮人,可以列學生時期有參加的社團、擔任的幹部等等。

其他可以在教育區塊特別提及的事項:

- **成績**:如果成績不錯(例如 GPA 滿分 4.0 中達到 3.5),可以放入;但如果 GPA 不夠高,可以略過。
- **在學期間相關經歷**:如果有與軟體工程相關的經歷,可以提及。例如,曾擔任某堂軟體工程相關課程的助教,或是某個資訊領域相關的研究助理,可以在教育區塊中簡述。
- **證照**:如果有與軟體工程相關的證照,可以提及;或是在學期間獲得了某個相關證照,也可以在教育區塊中提到。當有多個相關證照時,盡可能用一行展示就好;假使證照太多、一行放不完,挑最重要的幾個即可。

格式

教育的部分,由最新到最舊,越近的學歷放越上面,並且要包含學位、學校以及年份。

Education and Certifications

- **M.Sc. Computer Science,** National Taiwan University　　　　　　　　　2015–2017
- **B.Sc. Computer Science,** National Taiwan University　　　　　　　　　2011–2015

▲ 圖 2.4.2　履歷中的教育區塊

注意

有一定的工作經驗後，教育的篇幅不宜太長

即使過去在學時有與軟體工程相關的經歷，也不推薦花太多篇幅在教育區塊，最多提及兩點。履歷應展現你的進步與成長，過多篇幅放在過去的教育經歷會壓縮到你進入職場後的經歷展示，這對於「展現自己的成長」相對不利。

◻ 其他

履歷的其餘部分可以包含專案、個人資訊、個人興趣、獎項榮譽等內容。假如前面的區塊已經填滿整個履歷篇幅，那麼這些內容不一定需要放入。

這些內容可選擇性地加入，但如果有顯著成就，就可以包含進去。例如，如果你完成了一個有顯著成果的個人專案，就可以放入履歷中。

像 Meta 軟體工程師 Brian 將他擁有超過 83 萬瀏覽量的網站放在他的履歷中（如圖 2.4.3），因為這是非常值得展示的成就，這種情況下就很推薦加入。

Personal

I love traveling, practicing meditation, and writing blogs to share my learning and experience (830k+ total visits and 84k+ followers)

▲ 圖 2.4.3　Meta 軟體工程師 Brian 的履歷

▍2.4.2 履歷格式注意事項

在大致了解履歷的格式後，我們接著討論一些特別需要注意的要點。這些要點分別是：

- 保持一頁就好
- 風格簡單、統一

- 經歷由新到舊
- 檢查文法與拼字
- 避免放自我評分
- 寫職級之前要小心
- 放照片前要小心

◨ 格式不拘、一頁就好

履歷的格式沒有固定的標準，只要包含上一段提到的區塊即可。在本書的附錄中，我們會附上幾個來自各大軟體公司工程師的履歷範例，可以看到他們的格式不完全相同，但內容區塊大同小異，都涵蓋了技術、經歷、專案和學歷。

雖然格式不拘，但有一個原則要盡量遵守，那就是履歷應該保持在一頁。即使是資歷豐富的資深工程師，大部分也都遵循一頁的原則。如果你覺得有很多東西需要寫，試著去蕪存菁，只留最重要的部分。

具體來說，可以先把比較久遠的經歷濃縮。假如你是有八年經驗的資深工程師，在學時期的實習經驗比起在當資深工程師的工作經驗，做的事情難度與影響力，理論上會是比較小的，這時候請拿掉那些相對沒有幫助的，可以把版面讓給資深時期的經歷。

又或者，假如五年前做的某份工作本來有五個列點，就把它們濃縮成一個，或僅留最有代表性的那個就好。或是如果已經畢業一段時間，教育經歷的部分也可以改成一行帶過。

許多在社群上分享履歷的大神，即使有十年經驗，仍然只用一頁來呈現經歷。這是因為招募人員和用人主管沒有那麼多時間看好幾頁的履歷，精簡成一頁幾乎已成為業界標準。

反過來說，假如你是剛畢業或者轉職的人，可能會擔心自己的履歷放不滿一頁，這時該怎麼辦？

在這種狀況，推薦可以做幾件事：第一是在教育的區塊多放一些，第二是多做個人專案。以個人專案來說，假如原本只有一個個人專案，那麼可以再多做一個，然後盡可能把額外的那一個，多寫幾個列點，這樣就能更豐富自己的履歷。

風格簡單、統一

除了保持一頁，風格應盡量簡單，易於閱讀。前面提到，招募員和用人主管不會在每份履歷上花太多時間，因此是否能讓他們快速理解是關鍵，過度花俏有時反而適得其反（在某些領域，如創意行銷，創意的履歷可能會加分，但在軟體工程職位中，多半不會）。

整體排版要舒適好看，雖然是小細節，但很重要。有些人的履歷列點會排到第二行只有一兩個字，這可以用 ChatGPT 幫忙修一下，要不縮成一行、要不就拉長句子（推薦前者做法，因為精簡會讓人比較好讀）。無論如何，不要有第二行只有一兩個字的情況，這會讓人讀起來不舒服。

格式也要統一，例如字體應一致，常見的 Arial、Calibri、Georgia、Helvetica、Roboto 都可以，只要選定一個用到底。字體外，字的大小也要統一，忽大忽小會讓人難以閱讀。

同時，撰寫履歷時要注意風格，盡可能使用專業用字，避免過於口語化的描述。口語化的詞句可能讓人覺得你不專業。

經歷由新到舊

履歷的編排務必要把最新的經歷放在最上面，確保由新排到舊。這是因為用人主管最關心你的最新經歷，較早的經歷可能無法反映你最近的能力和技能熟悉度。

由新到舊的編排讓人第一眼就能了解你目前的狀態，讓讀履歷的人更快判斷你是否適合該職位。

▣ 檢查文法與拼字

許多招募員公開表示,看到有文法和拼字錯誤的履歷會覺得扣分,有些招募員甚至表示這會是嚴重扣分,並表示如果有任何文法與拼字錯誤,會直接不考慮。所以千萬不要輕忽文法與拼字的檢查。

正確的文法和拼字可以展現你的細心程度,如果有文法與拼字錯誤,不免讓人覺得:「這位候選人連這種細節都無法處理好,要怎麼解決更複雜、更需要關注細節的任務?」

以工程師的工作來說,要成為一名可靠的工程師,需要能夠考慮各種極端案例(edge case),因此對細節的關注是必要的。這也是為什麼,許多招募員與用人主管,會完全不考慮連基本文法與拼字都處理不好的候選人。

你可能會問,假如自己要申請海外或外商工作,但英文不是自己母語,難免會有文法與拼字錯誤,那該怎麼辦?

現在有很多 AI 工具(例如 ChatGPT 和 Claude),可以幫助你檢查文法和錯字。因此推薦,在完成履歷後,一定要用 AI 工具做最後檢查。

▣ 避免放自我評分

在過往我們做履歷諮詢時,看過不少履歷有自我評分,例如寫自己的 JavaScript 是 9 分(滿分 10 分)、Python 8 分,然後領導能力 9 分。

這類型的自我評分,建議不要放,因為這類資訊相對意義不明,放了不僅沒有加分,也會佔據額外的版面。之所以說意義不明,是因為目前業界並沒有一個公認的評分量尺,所以今天你寫 8 分,究竟是有多好,用人主管也無從得知。

比較好的做法,是透過具體成果的描述讓人知道你的能力所在。舉例來說,要展現 JavaScript 程度好,你可以寫用 JavaScript 開發出的複雜應用,或者高效能的成果,這樣能更具體讓人看出你的技術程度,這時也就不需用這種自我評分。

■ 寫職級之前要小心

很多人在寫履歷時，可能會把職級也寫上，甚至有些人在同一份工作中，會區分自己在不同職級時的經歷。這樣做沒有錯，但是如果你打算這麼做，需要小心謹慎，只有當寫職級能夠讓你的履歷變更好看時，才推薦要這麼寫。

過去聽過有些相對不理想的狀況，是自己剛升上資深工程師，然後又把經歷拆成不同職級的時期來列點，所以在資深工程師時期沒有太多經歷可以寫（畢竟才剛升上去），這導致後來拿到的面試機會，是中階而非資深的。去詢問後才發現，原來該公司認為該候選人才剛升上資深，無法判斷該候選人能否在資深職級做好，於是只發了中階的面試邀約。

■ 放照片前要小心

一般來說，不建議在履歷上面放大頭照，例如多數美商公司（各家軟體大廠）的招募員都有公開說不建議在履歷中放照片。

然而，在某些國家（如法國），履歷上放大頭照是常見的要求，在這種情況下，建議事先了解該國家的習慣。如果不確定，可以選擇預設不放照片，但在履歷中加入 LinkedIn 連結，並在 LinkedIn 上放置照片，這樣可以滿足可能的要求並豐富你的網路形象。

多數的美商公司之所以會要求不要放上照片，最主要是希望能夠避免偏見，希望更專注於候選人的經歷和能力，而非用一個人的長相或膚色去做判斷。因此，如果你放了照片，可能反而是扣分的。

雖然說，一般情況下建議履歷不要放大頭照，但在 2.8 小節會談到的 LinkedIn 經營攻略，則推薦要放大頭照，甚至在經營 LinkedIn 的貼文時，可以放大頭照以外的照片，例如參加黑客松的照片或者參加技術會議的照片，這些都能使 LinkedIn 變得更豐富。

總的來說，假如你對於申請的公司有疑問，但查不到該公司的履歷是否要放照片，那麼第一原則是建議不放，但在履歷上要放上 LinkedIn 的連結，然後連到有放照片的 LinkedIn。

◈ 2.5 履歷撰寫要點—工作經歷

在了解完履歷的基本架構、格式上要注意的事項後,接著我們要進一步來談,如果想把履歷寫好,有什麼原則可以參考。

推薦讀者們實際要寫履歷時,先根據 2.4 小節中提到的要件,有基本的履歷版本後,再用這個小節的要點來優化。

▍2.5.1 撰寫工作經驗的四原則

在有了對履歷架構、基本要件的理解後,接著我們要來談實際撰寫時,有什麼要點該注意,讓你寫起履歷時更輕鬆。

▢ 原則一:職責和成就

在下筆寫履歷時,第一個要問的問題時,在自己過去眾多經驗中,該挑哪些經歷來寫?

Django 框架的共同創作者 Jacob-Kaplan Mos 曾說:「有效的履歷需要有兩個要素:職責和成就。前者告訴讀者你的工作是什麼,後者說明你取得了什麼結果。不幸的是,大多數人在成就部分做得不夠好。」

從這句話可以得知,你要挑選來寫的點,必須是你自己真正負責過(不能是你的同事做過的),以及這件事情有成果(不能是只有做、但是寫不出成果的)。

推薦大家在回顧自己經歷時,可以問自己以下幾個問題:

- 你過去解決過哪些問題?
- 你有做什麼來為公司省成本嗎?
- 你做過什麼讓自己在同事間脫穎而出?
- 你做過什麼讓自己超越原本設定的目標?
- 你在工作職責之外,做過什麼額外的事?

透過這些問題出發來梳理經歷，通常能抓出比較有亮點與成果的，因此比較建議可以挑這些梳理出的經歷來寫。

原則二：使用強動詞 + 過去式

在實際撰寫時，推薦用強動詞 + 過去式來寫。之所以用過去式，是因為寫在履歷上的，都是自己已經做過的，所以自然是用過去式來呈現。而之所以要用強動詞，是因為這比較能抓住目光，同時能展現你的特質。

軟體工程師履歷中，常見的強動詞包含：

- led（領導）
- built（建立）
- achieved（達成）
- managed（管理）
- developed（開發）

例如，使用「led」（領導）比「assisted」（協助）更能展現你的主導地位。前者讓人知道你是領導的負責人，而後者讓人覺得你只是配角，這兩個詞帶給用人主管的第一印象，會是截然不同的。當然，你需要確實有領導經驗才能用「led」（領導）。如果你沒有帶領團隊、而只是進行實作，可以使用「built」（建立）或「developed」（開發），這比「assisted」（協助）更能突出你的貢獻。

原則三：結果導向

除了使用強動詞，履歷中常見的誤區之一是過於詳細地描述過程。如之前章節所提到的，在審核履歷時，人資不會花太多時間細讀，所以要盡可能直接講結果。

因此，應避免過多篇幅在過程描述上。例如，不要寫「在與產品部門來回溝通以及數週的開發過後，我們完成了 ABC 功能的效能優化」。這種過程的細節可以在面試時再詳細說明，不必佔用履歷的寶貴空間。

在撰寫履歷時，要強調結果，並盡可能提供有價值且量化的證據，以突出結果的價值。以上面的例子為例，可以改寫為「優化 ABC 功能，使加載速度提高 XX%，並減少使用者跳出率 XX%」。

特別注意，人資會關注量化數字，因此若能提供具體數字，務必在履歷中呈現。例如，帶領了 XX 人的團隊、網站加速了 XX%、使用者成長了 XX% 等等。

📑 原則四：不要造假

在寫履歷時，務必要確保自己寫的內容都是屬實，不要造假。在描述時，可以用強動詞，但是不要寫出你沒有實際做過的經歷。

造假讓履歷變得好看，也許能夠通過履歷關卡拿到面試，但多數時候在面試階段，面試官是可以透過連續的追問，識破是否為造假。當造假被識破時，不僅不會拿到該工作機會，還可能永久被該公司冷凍。

比起取巧地造假，踏實地充實自己的經歷會是更重要的。假如你現在的經歷還不夠豐富，多花一點時間，不論累積更多工作上的經歷或者是多做一些個人專案，等個半年一年後再申請，也絕對好過於造假經歷。

在下個段落中，我們會談優化履歷的技巧，但是在把履歷寫好看之前，先豐富自己的經歷會是更重要的，如果沒有豐富的經歷，有再多撰寫技巧也沒辦法真的讓自己脫穎而出。

▌ 2.5.2 優化履歷的七個技巧

如果你依照上一節的要點撰寫了履歷，相信你已經擁有了一份基礎良好的履歷。這份履歷或許已經包含了關鍵的內容區塊，如工作經歷、技能、專案和學歷，並且以清晰、簡潔的方式展示了你的專業能力。

然而，若你希望讓履歷更加引人注目，並在眾多申請者中脫穎而出，還有一些進一步優化的策略和技巧可以參考。

以下我們會提供給你七個優化履歷的技巧，這些技巧將有助於你打造一份更具吸引力、更具說服力的履歷，進而增加獲得面試機會的機率。

 技巧 1：關鍵字的重要

關鍵字的重要可以看 Reddit 的貼文「This resume got me an interview!」。

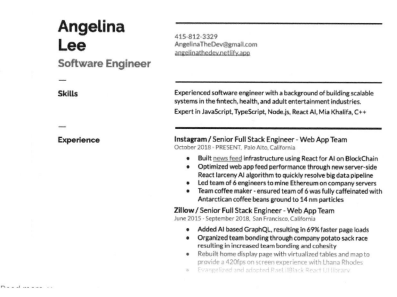

▲ 圖 2.5.1　Reddit 的貼文「This resume got me an interview!」

這篇貼文是幾年前在 Reddit 上被熱烈討論的貼文。發文的人想測試看看人資到底會不會看履歷，所以她偽造了一份充滿各種關鍵字、但是實際上讀起來毫不合理的履歷。她的測試結果是，竟然有九成的公司回覆她，其中包含知名企業像是 LinkedIn、AirBnB、Dropbox 等等。換句話說，這些公司在做初步篩選時，並沒有真的細看候選人的履歷，而是僅看關鍵字。

這很合理，因為多數的職位，可能同時有幾百個人申請，所以人資在做初步篩選時，並沒有太多時間細讀。業界流傳，一份履歷人資只會花平均七秒的時間閱讀，而要花七秒掃過一頁的履歷，一定不可能好好看完，這也是為什麼人資只會抓關鍵字的原因。

至於關鍵字該放什麼呢？關鍵字的選擇可以從工作描述（Job Description）中獲得。通常工作描述中都會提到相關的技能與需求，假如你有相對應的，一定要確保你的履歷中包含這些關鍵字。

舉例來說，要申請前端工程師的職位，而在工作描述有提到 React，那你要盡可能放你的 React 相關經歷；如果是申請後端工程，職位描述有提到要處理大流量，那你要盡可能放過去處理大流量、尖峰流量等經驗。

然而，在放關鍵字這點，要避免自己過度仰賴關鍵字。如前面所談到的，在履歷篩選時，多數公司會用 ATS 來初步篩選，很多人會因此而大量加各類關鍵字，確保自己的履歷被 ATS 的關鍵字篩選時，能夠順利通過。

但要記住，ATS 的關鍵字篩選只是其中一個關卡，最終需要通過招募員與用人主管的篩選，才可能真的拿到面試機會，所以不要過度濫用關鍵字，而是要寫出有深度的內容。我們在下一點，將會來講如何聚焦並寫出深度內容。

只是你可能會問：「要如何確定履歷是不是能被 ATS 解析？」其實很簡單，只要實際去解析看看出來的結果是什麼，就會知道好不好解析。如果解析出來的結果，跟原本履歷上的相差很多，那顯然就會是不好解析的；反之，假如解析出來的結果跟原本履歷的內容是一樣的，就是好解析的。

我們試了一些線上的履歷解析工具，大部分上傳履歷不需要付費，這些工具會給一個分數，解析如圖 2.5.2。

我們沒有特別推薦哪一個工具，基本上可以用用看適合自己的：

- **Resume Worded**: https://resumeworded.com/
- **Enhancv**: https://enhancv.com/resources/resume-checker/

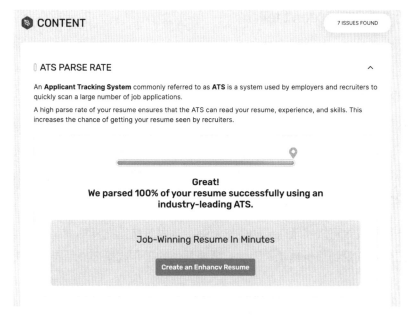

▲ 圖 2.5.2　ATS 解析工具

技巧 2：聚焦在相關與深度上

寫履歷時，要確保自己能專注在深度上，讓招募員與用人主管，可以靠到你在技術與領導力的深度上，這樣才能夠突出。要能有效專注在深度上，最好的方法是把不相關的經驗拿掉，讓版面可以留給那些相關度高的。

舉例來說，假如你是個興趣嗜好很廣的新鮮人，在過去大學時期參加很多不同類型的社團，有很豐富的社團經歷，例如有五個不同社團的經驗，但這時如果你是要申請前端或後端的工程師職位，推薦就挑最能展現你領導力的社團經驗就好。把剩下的版面聚焦在你的前端或後端技術上面，多放相關的實習經歷或個人專案經歷。

假如你在申請前端或後端工程師職位的履歷上，放了五種不同社團的經歷，而有另一個很聚焦在技術經歷的候選人，招募員同時讀這兩種履歷，或許會覺得你經歷很豐富，但會認為另一個候選人的技術更深，而這時多數招募員會選另一個候選人。

因此，即使你有很豐富的各種經歷，還是盡可能聚焦在把最相關的經歷放上，然後盡可能寫得深入一點。

▛ 技巧 3：Show, don't tell

寫履歷時有個重要的思維，叫做「Show, Don't Tell」，意即不要只是講，而是要用實際的成果展現。這就是為什麼不建議在履歷的開頭添加個人總結（Summary）或目標（Objectives）等內容。

這是因為，當你寫「我對 XXX 技術感興趣」在個人總結中，這樣的描述比較沒有加分效果，因為每個人都可以寫類似的話。然而，如果你實際上使用了這項技術開發了某個專案，或參與了相關的開源專案，或撰寫了相關的技術文章，這些具體成果能更有説服力地展示你對該技術的熱情。

當你有具體的成果可以展示時，即使你沒有明言對該技術充滿熱情，別人也能從你的實際工作中感受到這份熱忱。因此，透過具體的工作成果來展示自己是更有效的方式。

在展示（show）時，推薦要加上量化的數字，這會讓展示更有説服力。舉例來説，當你能夠把某個頁面的加載從 3 秒優化成 0.5 秒，當你寫出這個數字，不需跟別人説你擅長效能優化，別人一看到就會認為你擅長效能優化。

▛ 技巧 4：用佐證支持替代形容詞

在寫履歷時，不要只寫你做了什麼、用什麼技術，更重要的是你帶來的成果與影響力。然而，很多人都不知道該怎麼樣描述成果與影響力。前 Facebook 工程師 Jason 提出了一個要訣（見圖 2.5.3）：「如果能直接提供佐證支持，就不要用形容詞（Don't use adjectives if you can just provide evidence）。」

例如，「我用 JavaScript 開發了一個很有影響力的功能」，「很有影響力」是形容詞；改為「我用 JavaScript 開發了一個帶來五千萬營收的功能」，「帶來五千萬營收」這種表達方式就是具體的佐證支持。

這不僅適用於履歷，也適用於績效考核。要展示你的成果，不要僅寫「過去一季產品使用人數快速成長」，而應提供佐證支持，如「過去一季產品使用人數從 3,000 成長到 30 萬」。

總結來說，不要僅用形容詞，盡量提供佐證支持，會讓你的履歷和績效考核更加有說服力。

jason liu ✓
@jxnlco

One of the best pieces of advice I got from my manager at Facebook was, don't use adjectives if you can just provide evidence.

Why say "made a big impact? " when you can say drove $40 million of additional revenue.

I think if you just spend a couple days and removed every adjective and replace it with evidence, you would rather have a better piece of writing or you would realize that you have done nothing.

12:48 AM · Jan 19, 2024 · **398.2K** Views

▲ 圖 2.5.3　前 Facebook 工程師 Jason 的發文

技巧 5：多參考 LinkedIn 上的其他人履歷

越來越多人會把 LinkedIn 上的內容與履歷保持一致，這些內容可以作為非常好的參考。假如你要申請大公司的前端職位，可以在 LinkedIn 上搜尋 FAANG 各公司的前端工程師，查看他們的履歷描述方式，並根據自己的實際經歷進行修改。

這樣做可以學習他們的用詞和描述方式，但切記不要完全照抄。現在有很多履歷審核系統，如果發現你的履歷與資料庫中的描述一模一樣，可能會引發對你資歷真實性的懷疑。

技巧 6：為職位客製化履歷

許多人在寫履歷時只用一份通用履歷申請所有職位，這種做法並不推薦。更好的做法是為每個職位量身定制履歷。

舉例來說，某位前端與全端都能做的工程師，在求職時兩種類型的缺都有申請。這時如果寫一個全端的版本，拿去投純前端的缺，會很不利，因為其他候選人如果把前端寫得很深入，用人主管多半會覺得其他候選人更適合。

同樣地,如果你寫了一個偏純前端的版本,拿去申請全端的職缺,很可能會被認為經歷不相符,因為該職缺會需要後端技能,但是在純前端的版本裡沒有看到相關的能力與經歷。

因此,比較推薦可以製作兩個版本,一個投純前端、一個投全端。純前端的版本,可以把過去開發前端的深入細節寫出來;而全端的版本,則要前端與後端都放,兩者盡量做到平衡。

▌技巧 7:誠實面對空白經歷

許多人的履歷可能會有空白的經歷,例如從前一份工作離職或者被資遣後,待業了三到六個月沒有正職工作,所以那一段待業的期間變成空白經歷。過去不少讀者會詢問如何處理空白的經歷,我們推薦誠實面對就好,無須過度擔心。

從本質上來看,履歷是你的能力與經歷的濃縮,即使有段時間沒有做正職工作,不代表你的能力沒有提升,也不代表你沒有在累積經歷。

要能夠展現自己有持續在那段時間成長,推薦可以去做以下的事情:

- 做獨立接案,持續協助開發真實世界會用到的軟體
- 做個人專案,去探索新技術
- 貢獻開源,提升技術的同時發揮正向影響力

當你做了上面這些事,即使這些事不算是正職工作,也能夠展現出你有持續精進技術與能力,因此仍是可以把這些經歷寫在履歷上面。

◈ 2.6 履歷撰寫要點—個人專案

很多時候在我們的工作崗位上只能做很日常的事情,像是維護系統、修改參數、調閱日誌等,因此只能碰觸到某些特定的技能;而如果是剛畢業的學生或是正要從別的領域轉職到資訊領域的夥伴,也會因為過往所做過的專案不多,以至於在履歷表

上很難呈現自己的技術力，因此很多人會選擇做一些個人專案，並挑戰一些新的技術、運用新的工具，並將完成的經驗放到履歷表中。

而在做個人專案時會有許多眉眉角角，像是，很多人的狀況是會將個人專案做得像是大學某堂課的作業，因此加分的幅度很有限，但卻是耗費了你半年、一整年努力的心血。而更糟的狀況是，「不放還好，放上去更糟」；像是程式碼品質不佳、資安概念不足、資料庫設計邏輯有問題等等，但這可能是一個人在做個人專案時不會特別發現的。

我們這邊先分享履歷表中如果要呈現個人專案經驗時，需要放的內容與注意事項，至於怎麼做出一個好的個人專案，我們留到第 3 章再詳細介紹。

2.6.1 履歷表如何呈現個人專案內容

因為履歷表的版面和篇幅很有限，因此這邊拆成兩個部分來做說明，本小節先來介紹履歷表上可以怎麼呈現。我們可以先看看以下的案例，後續再來好好說明：

專案經歷

EchoWise - AI 智能客服機器人 https://github.com/theexplainthis/echowise

建立企業管理後台，串接生成式 AI 建立客製化文本知識庫。

- 資料庫管理：使用 PostgreSQL 資料庫來儲存和管理大量動態資料，利用其強大的事務控制和高可靠性特點確保資料一致性和安全。處理超過 500 萬條資料，每日增量達 10 萬條。
- API 開發：利用 Python 的 FastAPI 框架建構 RESTful API，FastAPI 的異步支援大幅提高了請求處理的效率，降低了伺服器負載。API 每秒處理請求數量高達 1,000 次，平均響應時間小於 200 毫秒。
- 系統監控：利用 Grafana 與 Prometheus 來監測系統狀況，異常發生時串連 Discord 做異常通知。每日監控超過 50 萬次，異常通知成功率達 99.9%。

- 自動化部署：採用 Kubernetes 來實現應用的自動化部署、擴展和管理。設計了多個微服務容器，確保各個服務的獨立運行和靈活擴展。部署時間縮短 70%，擴展時間縮短 50%。
- 開源貢獻：在 GitHub 上開源整個專案，獲得超過 100 顆星星，積極與開發者社群互動，收集回饋持續優化產品。發布版本超過 20 次，社群回饋率達 80%。
- 使用者使用：成功吸引並維持超過 20 位活躍使用者，透過實際使用案例改進產品功能，增加使用者滿意度。使用者留存率達 90%，每月活躍使用者成長 15%。

藉由以上的範例可以看到，我們可以先為專案命名，賦予它產品的概念，所以會比「復刻 Twitter」、「打工求職平台」還要更好，會讓人更以產品的角度來看這項作品。而隨後可以附上專案的連結，並緊接一段這個產品功能的描述，快速讓閱讀者大略知道這是一個什麼樣的產品與服務，有助於理解產品可能的功能與特性。

下面的列點細項可以分兩個面向來寫，第一個面向是這個專案所用到的技術、工具等，確保履歷在被審查時能通過關鍵字比對階段。而在製作個人專案的過程或許還沒有很多量化相關的資料可以寫，也不會有這麼多的時間特別為了量化資料去設計功能，因此，至少需要展現運用什麼工具、技術並達到了什麼樣的目的。

第二個面向是技術以外相關的成就，包含「如果是一個開源的服務、有多少人給星」，或者「多少人一起貢獻在此專案」；另一方面可能是「有多少人正在使用你的產品」，這都會讓這個專案賦予更多的想像力，不會把它歸類成「只是一個作業」或「只是一個半成品」的既定印象。

此外，前面章節有提到，每一個角色對於履歷表的看法都不同，而以招募員來說，大部分都不是技術背景，因此會從技術關鍵字的角度出發，去了解你所做的專案是否符合現在要找的人；再來也聽說過會從 GitHub 上的貢獻度來看對於開發是否有熱誠（以圖 2.6.1 為例），因此要放上 GitHub 連結之前，請先好好整理。

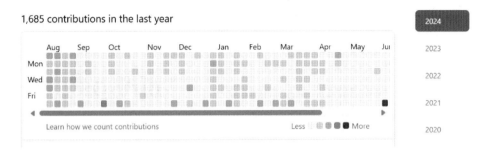

▲ 圖 2.6.1　GitHub 上的貢獻度

▌ 2.6.2 GitHub 上如何呈現專業技術力

上一個小節說明了履歷表上可以放的內容，但有更多的專案細節是沒辦法在履歷表上呈現的，像是系統架構圖、資料庫中的資料表結構甚至是一些產品使用畫面。因此，建議可以在履歷表當中放該連結，不管是人資部門或者是技術部門收到履歷表，通常也都真的會點進去逛一逛，因此這是另一個需要注意的門面。

那 GitHub 當中要放哪些內容呢？我們這邊建議針對以下內容來放，下方以後端工程師為例：

專案介紹（https://github.com/aimeos/aimeos-typo3）

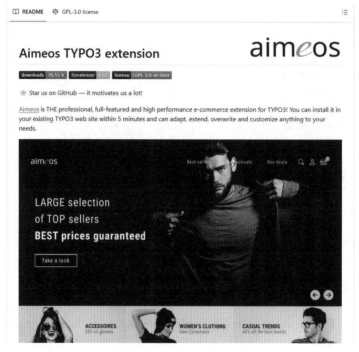

▲ 圖 2.6.2　專案介紹示意圖

- 產品畫面：截圖或 GIF 來展示服務、產品的外觀，可以加速點進來的訪問者掌握服務樣貌，如圖 2.6.2 為例，開發者 Aimeos 將他的專案畫面截圖，放置在 README.md 文件中。
- 螢幕錄影：可以透過螢幕錄影的方式，呈現產品使用的方式和步驟，可以放 YouTube 連結。
- 文字說明：詳細描述專案的目的、使用的技術、實作的功能以及關於專案的亮點與挑戰。
- 直接提供可以 Demo 的網站，並提供帳號、密碼讓訪問者可以直接使用產品。

系統架構圖

提供一個或多個架構圖，呈現資料互動的方式與流程，例如：前端、後端、資料庫、快取等之間互動的狀況，如開發者 AntonioFalcaoJr 的 EventualShop 專案

（https://github.com/AntonioFalcaoJr/EventualShop），清楚的為系統互動狀況繪製系統圖，如圖 2.6.3 所示。

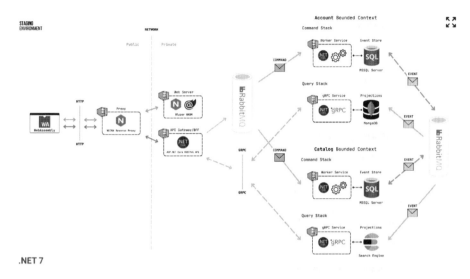

▲ 圖 2.6.3　系統架構圖示意圖

資料庫相關

- 可以分享資料庫中比較關鍵的表，包含欄位名稱、類型、索引和關聯性，這有助於理解資料的流通方式。
- 繪製實體關係圖（entity-relationship diagram），可以讓看的人一目瞭然當前資料庫狀況。

其他技術相關的成果（https://github.com/gofiber/fiber）

- 呈現單元測試完後的測試報告，或者呈現測試的覆蓋率，來加強專案的呈現完整性。
- 呈現壓力測試過後的結果報告，確保效能、優化相關的議題有被考量在系統內，如專案 fiber，他們的開發團隊，為自己的系統做效能的測試，如圖 2.6.4 所示。
- 只要有助於這個專案的成果都可以放進來，盡可能一目瞭然、淺顯易懂。

🤖 Benchmarks

These tests are performed by TechEmpower and Go Web. If you want to see all the results, please visit our Wiki.

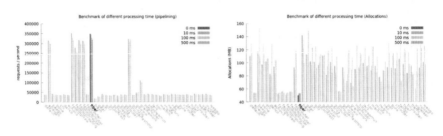

▲ 圖 2.6.4　Benchmark 示意圖

- **安裝與運行指南**：從環境安裝到如何部署與測試，都可以在這個區塊說明。
- **使用說明和文件**：提供詳細的 API 文件、使用者手冊或任何其他幫助文件，使其他開發者能夠理解和使用你的專案。
- **許可證**：包含一個 LICENSE 文件，說明其他人要如何使用你的程式碼。
- **貢獻指南**：如果你希望其他開發者對你的專案做出貢獻，應該提供一份貢獻指南（CONTRIBUTING.md），說明如何提交問題、拉取請求和其他貢獻標準。

上面雖然是以後端工程師為例，但前端工程師也可以是一樣的邏輯，但專案可能會稍微不同，可能就不需要資料庫相關的議題，更著重在前端的技術、工具，而核心重點都是在展現技術能力。

◈ 2.7　用ChatGPT修改英文履歷

這個章節會以前端工程領域的範例，來分享如何利用 AI 幫助自己修改履歷。我們主要使用 ChatGPT 作為示範，但相同原理也適用於其他 AI 工具，如 Google 的 Gemini 或 Claude。根據我們的測試，這些工具在修改履歷方面的效果大致相當，你可以選擇自己偏好的 AI 工具。

▌ 2.7.1 修改履歷的步驟

在開始使用 AI 工具前，建議你先準備一份簡單的中文或英文履歷草稿，內容不求完美，但務必基於你的真實經歷。讓 AI 從零開始生成履歷可能會產生與實際經驗不符的內容，反而越改越糟。

準備好後，你可以參考接下來書中的指令，逐步將這些經歷轉化為一份精煉的英文履歷。

要特別注意的是，雖然我們將修改過程拆解為數個步驟，但每個步驟中的指令都可以獨立使用。例如，如果你已經有一份基本的履歷，你可以直接參考「步驟 4：進一步優化履歷」中的指令，針對需要改進的部分進行修改。

▢ 步驟 1：將中文履歷翻譯成英文

把中文履歷的點丟到 Google 翻譯，先翻成英文，或透過 AI 工具下翻譯的指令。

> 請將以下履歷中的經歷，翻譯成英文
>
> [履歷]

此階段沒有要追求完美的翻譯，只需基本轉換為英文即可，所以用 Google 翻譯或簡單下個「翻譯成英文」指令都可以，避免添加額外不必要的內容。

▢ 步驟 2：讓 ChatGPT 給予改進建議

接下來，將翻譯好的經歷輸入到 ChatGPT 中，並下達以下指令：

> Critique the following experience on a resume
>
> [履歷]

這句話的意思是，請 ChatGPT 幫你查看履歷有哪些可以改進的地方。

步驟 3：讓 ChatGPT 改寫履歷

在 ChatGPT 回覆後，接著下以下的指令：

> Rewrite the above resume bullet points using the suggestions you provided

這句話的意思是，請 ChatGPT 用它剛剛給的建議來幫你改寫履歷。

步驟 4：進一步優化履歷

在初步改寫履歷後，可能還有進一步優化的空間。在這個步驟中，我們會利用之前提到的要點，請 ChatGPT 進一步優化你的履歷。

回顧之前的章節，我們討論了許多關於一份好履歷應包含的元素和技巧。現在，你可以檢視第一輪修改後的履歷，看看還有什麼需要改進的地方。

強動詞開頭

一份好的履歷要用過去式強動詞開頭撰寫經歷，這時可以下達以下指令：

> Polish the above with strong action verbs

這句的意思就是請 ChatGPT 進一步用強動詞改寫。

質性描述或量化資料

若要進一步優化質性描述或量化資料的撰寫，可下以下的指令：

> Polish the above quantitatively and qualitatively

客製化履歷

若想要針對特定職缺進行客製化，你可以使用以下指令，請 ChatGPT 給予意見：

I'll provide my current resume and a description of the job I'm targeting. Can you provide feedback on the clarity and coherence of my resume content?

My resume:

"""

[履歷]

"""

Job Description:

"""

[職缺詳情]

"""

◻ 步驟 5：精簡履歷

有時 ChatGPT 會產生過長的內容。若要請它縮短句子，可以使用以下指令：

Make it more concise

▌ 2.7.2 實戰範例：前端工程

現在我們來實際試試看。將以下的中文前端履歷改成英文履歷：

- 參與公司新產品開發，負責部分前端功能並做測試
- 與設計師合作、使用 Figma 進行設計溝通和確認
- 優化程式碼、提升了頁面加載速度
- 用 React 18 和 TailwindCSS 重構主網站並實作 RWD
- 實作搜索和篩選功能

步驟 1：將中文履歷翻譯成英文

我們在這邊，先利用 Google 翻譯進行初步翻譯：

- Participate in the company's new product development, responsible for some front-end functions and testing
- Collaborate with designers and use Figma for design communication and validation
- Optimized code and improved page loading speed
- Refactor the main website with React 18 and TailwindCSS and implement RWD
- Implement search and filter functionality

步驟 2：讓 ChatGPT 給予改進建議

將翻譯結果輸入 ChatGPT，並下達指令請它給予回饋。

Critique the following experience on a resume

[履歷]

如圖 2.7.1，可以看到 ChatGPT 給的回饋非常精闢，包含：

1. **時態的一致性**：應該在經驗已經結束時一致使用過去式
2. **量化成就**：盡可能量化成就，更周全地表達規模和影響
3. **詳細描述具體貢獻**：原本的履歷撰寫少了脈絡與細節，如果有提到功能與專案的範圍，影響力會更好
4. **突出成果**：重點強調你的工作成果

Areas for Improvement:

1. **Consistency in Tense**: Ensure that all bullet points use the same tense. Mixing present and past tense can be confusing. For example, "Refactor the main website..." and "Optimized code..." should be consistently in the past tense if the experience has concluded.

2. **Quantify Achievements**: Whenever possible, quantify the achievements to give a better sense of scale and impact. For example, "Improved page loading speed by 20%" is more impactful than just "improved page loading speed."

3. **Detail Specific Contributions**: Be more specific about the contributions. Instead of "responsible for some front-end functions and testing," specify which functions or features you worked on and what kind of testing you performed.

4. **Highlight Results**: Focus on the results of your work. For example, if the search and filter functionality led to a better user experience or increased user engagement, mention that.

▲ 圖 2.7.1　ChatGPT 給履歷的建議

步驟 3：讓 ChatGPT 改寫履歷

接著我們透過改寫指令：

Rewrite the above resume bullet points using the suggestions you provided

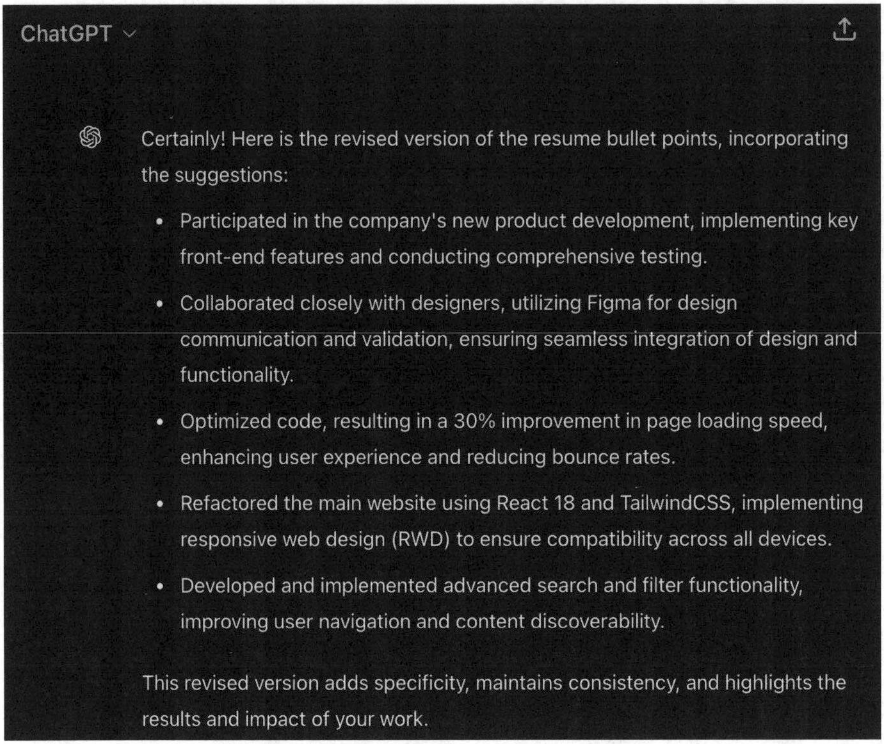

ChatGPT ⌄

Certainly! Here is the revised version of the resume bullet points, incorporating the suggestions:

- Participated in the company's new product development, implementing key front-end features and conducting comprehensive testing.

- Collaborated closely with designers, utilizing Figma for design communication and validation, ensuring seamless integration of design and functionality.

- Optimized code, resulting in a 30% improvement in page loading speed, enhancing user experience and reducing bounce rates.

- Refactored the main website using React 18 and TailwindCSS, implementing responsive web design (RWD) to ensure compatibility across all devices.

- Developed and implemented advanced search and filter functionality, improving user navigation and content discoverability.

This revised version adds specificity, maintains consistency, and highlights the results and impact of your work.

▲ 圖 2.7.2　ChatGPT 修改履歷

我們可以看到 ChatGPT 的確改進了以下項目：

1. **一致性**：ChatGPT 將所有動詞統一改為過去式，確保時態一致，如「Participated」和「Optimized」。

2. **量化成就**：在原文中，成就沒有量化。例如，原文中的「Optimized code and improved page loading speed」沒有具體說明優化的效果。ChatGPT 在這邊增加了具體數據，如「resulting in a 30% improvement」。

3. **具體貢獻**：原文中的「responsible for some front-end functions and testing」過於籠統。ChatGPT 加上說明前端功能的實作和測試的全面性。

4. **強調結果**：原文中的「Implement search and filter functionality」沒有提到這些功能的效果。ChatGPT 添加了具體結果，如「improving user navigation and content discoverability」，這樣更能體現工作的價值。

但需要注意的是，有些內容是 ChatGPT 自行補充的，例如，量化成就部分的 30%
數字是 ChatGPT 捏造的。所以要記得將這些改為實際數據，如果沒有相符的經歷，
可以找其他點並重新讓 ChatGPT 優化改寫。

🔲 步驟 4：進一步優化履歷

經過第一輪的修改後，ChatGPT 已經提供了質性或量化數據，但有些句子沒有使用
強動詞開頭，因此我們這邊可以下：

> Polish the above with strong action verbs

如果你的修改結果是沒有質性或量化資料的，需要進一步優化，還是可以使用以下
指令：

> Polish the above quantitatively and qualitatively

此外，假設已經有目標職缺，也可以透過以下指令根據目標職缺客製化履歷：

> I'll provide my current resume and a description of the job I'm targeting. Can you
> provide feedback on the clarity and coherence of my resume content?
>
> My resume:
> """
> [履歷]
> """
>
> Job Description:
> """
> [職缺詳情]
> """

例如看到圖 2.7.3 中，ChatGPT 針對給定的職缺提供更多具體的建議，像是建議強調職缺中提到的技術。

這時我們也可以再用步驟 2 中提到的指令，讓 ChatGPT 重新改寫、再產出一次履歷。

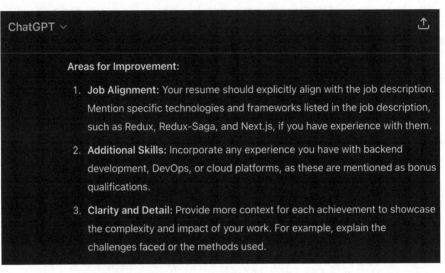

▲ 圖 2.7.3　ChatGPT 針對職缺給履歷的建議

步驟 5：精簡履歷

最後，經過兩輪編修後，履歷可能會變得過長。此時可以使用精簡的指令：

Make it more concise

來讓 ChatGPT 將這些句子縮短。成果 ChatGPT 完成後，你會得到簡短的版本。當然你可以自行用長的版本跟短的版本來組合成最適合你履歷的版面。如果是我的話，我會取兩者的中間，綜合出以下的版本：

> Implemented 5 key front-end features and introduced comprehensive testing for new product development, reaching 80% coverage rate.
>
> Collaborated with designers to ensure seamless design and functionality integration.
>
> Boosted page loading speed by 30%, enhancing user experience and reducing bounce rates by 15%.
>
> Refactored the main website with React 18 and TailwindCSS for full device compatibility, increasing mobile traffic by 40%.
>
> Developed search and filter functionality, improving content discoverability, leading to a 50% increase in session duration.

比對最初的中文版本，由 ChatGPT 修改後的英文版本不僅每句都使用了不同的強動詞開頭，還包含質性與量化支持，讓經歷看起來更專業。

從上面的例子可以看到，經過 ChatGPT 的潤飾後，看起來真的像被專業修履歷的人改過一樣。目前市面上找得到的履歷編修服務，便宜的要一千多，貴一點的三、四千，不過用 ChatGPT 這類 AI 工具，不用花錢也能有不錯的成果。

雖然以上的指令從步驟一開始示範，但其實每個指令都可以單獨使用，根據你的需求來選擇。建議多次使用指令，針對不同需求和改進點進行優化。

當然，再次強調，雖然 ChatGPT 能幫你改履歷，但履歷上的經歷還是需要靠自己累積。即使兩個人都修到寫法上最佳的狀態，也可能因為一個人量化資料上比較多而優先獲得面試的機會，例如一個處理過千萬流量等級，即使寫的方式跟只處理過十萬流量的一樣，也會比較容易得到面試機會。

◈ 2.8 LinkedIn 攻略

在現代軟體工程師的求職中，不論是找海外工作或外商工作，LinkedIn 都是非常重要的管道之一。LinkedIn 也是呈現自己履歷的另一種形式，因此，除了寫好履歷外，經營好自己的 LinkedIn 也很重要。

在這個小節，我們將講解如何善用 LinkedIn、如何優化你的 LinkedIn 頁面，讓你的求職路更順利。

▌2.8.1 LinkedIn 的重要性

LinkedIn 的重要性可以從以下幾個不同的角度來討論：

- **擴大獲得面試的可能**：不少招募員與獵人頭現在都使用 LinkedIn 來找潛在候選人。以 ExplainThis 團隊成員來說，當把 LinkedIn 設定成 Open To Work（開放找工作）的狀態時，在市場火熱時（2020-2021 年），每週有超過十個獵人頭或人資主動聯繫；就算市場相對冷（2022-2024 年），每週也有兩三個主動聯繫。
- **擴大通過面試的可能**：現在有不少面試官，在面試前除了看候選人的履歷，也會看候選人的 LinkedIn。因此，如果你的 LinkedIn 足夠豐富，能在面試前就先建立一個好的印象，這樣對於通過面試來說，是有加分的。
- **建立長遠人脈連結**：即使你現在沒有主動在找工作，在 LinkedIn 上與招募員、獵人頭互加好友，並持續保持互動，某天當你決定要主動積極求職，就會有一個現成的好友清單能夠去聯繫。這比起完全沒有相關好友、直接用公司官網或人力資源網站申請，會更有優勢。

在上面這些情境中，LinkedIn 能有效打破「傳統履歷招募員只花 7 秒看」的限制。事實上，如前面談到，會推薦在履歷上面放自己的 LinkedIn 連結。可以把履歷想成一個魚餌，在簡短的履歷中，如果能釣到招募員的目光，讓招募員去點 LinkedIn，這時就能讓招募員看到自己更完整、立體的一面。

所謂更完整、更立體的一面，是指除了履歷短短的頁面能呈現的內容外，其他更多元面向的自己。舉例來說，如果你有參加技術會議並擔任志工，在履歷上或許只能一行陳述，但是在 LinkedIn 上，你可以放上你當志工的照片、心得、學習收穫，當招募員看到這些內容，就能更深入認識你，這是相當加分的。

▌ 2.8.2 優化 LinkedIn 頁面

在談如何寫 LinkedIn 前，我們需要先了解，尋才專員與獵人頭是用什麼視角看 LinkedIn 的。

圖 2.8.1 是招募人員會如何看到 LinkedIn 上候選人的介面（備註：LinkedIn 一直有在改版，所以讀者們在閱讀當下的，可能在 UI 介面上會有些微不同，但大致概念應是不變的）。

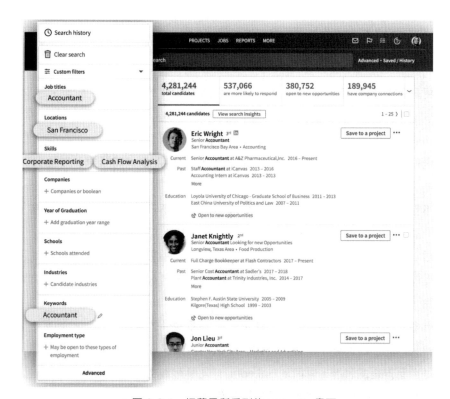

▲ 圖 2.8.1　招募員所看到的 LinkedIn 畫面

可以看到，一個招募員或獵頭在瀏覽時，會先透過左側的搜尋條件來找到相關條件的人選。因此，在寫 LinkedIn 時，**最重要的事情之一，是確保應該有的職位關鍵字，你都有寫在你的 LinkedIn 上面**。

舉例來說，如果你是找前端的缺，而且特別想找 React 的缺，那麼務必把你有用到的各類前端、React 的關鍵字都用上。最簡單的做法，是去看你想申請的職缺有哪些關鍵字，然後那些關鍵字確保都有用到。

假如你沒有相關關鍵字，即使你的能力再好，很可能根本不會出現在招募員與獵頭的搜尋結果中，這樣會相當可惜。

LinkedIn 與履歷的不同處

上一小節有提到，可以把 LinkedIn 視為多媒體版的履歷。換句話說，最基本的 LinkedIn 寫法是，至少把 LinkedIn 中的工作經歷部分寫得與履歷相近。然而，如果你願意多花一點心力，LinkedIn 能帶來的價值會更多。

舉例來說，LinkedIn 能夠：

- **更豐富立體地呈現**：前面有提到，在履歷當中盡可能不要放大頭照，但是在 LinkedIn 就不一樣了，多媒體的素材可以放在 LinkedIn 當中。雖然仍推薦 LinkedIn 的大頭照要正式的，但在 LinkedIn 上可以有更多元的呈現，讓自己變得更立體。除了大頭照外，若能在經歷中放入多媒體素材（下面段落會詳述），可以用更豐富的方式呈現自己。
- **不受頁數限制**：一般來說，履歷要盡量做到精簡，所以即使經歷再豐富，還是推薦維持在一頁就好。然而，如果是 LinkedIn，就不會受這個限制。雖然在 LinkedIn 上，每個經歷還是只放重點，但是呈現方式就可以不受條列式形式所侷限。過去看過一些不錯的 LinkedIn，在經歷描述上會跳脫列點，讓人更完整了解其經歷。
- **有多元的背書**：LinkedIn 比起履歷，有許多額外的背書，讓你的經歷更可信。舉例來說，LinkedIn 有信箱認證，所以可以確保你確實在某間公司任職，而不是自己捏造的履歷。同時，LinkedIn 有同事背書功能，如果善用，也能讓招募員看到你過去合作過的人如何正面評價你。

把 LinkedIn 當成多媒體版本的履歷

先前聽一個 Amazon 招募員分享，經營 LinkedIn 最簡單且有效的方式，是把 LinkedIn 當成多媒體版的履歷，但不要把 LinkedIn 侷限成履歷。這句話是什麼意思呢？

以下是推薦讀者們可以做的：

- **有吸引力的標題與總結**：如同上面提到的，招募員在 LinkedIn 上搜尋候選人時，看到的資訊不會是完整的，而是以經歷的職稱、個人總結為主。因此透過好的標題與總結來抓住招募員的目光是相當重要的。
- **客製化職位設定**：如前面提到，招募員用 LinkedIn 搜尋候選人時，會用關鍵字來搜尋，所以建議讀者們，可以根據你想申請的職缺來微調你使用的關鍵字。

  舉例來說，如果你原本是全端軟體工程師，想要改成申請純前端的職缺，你的經歷上就可以改成 Software Engineer（Frontend），這樣一來沒有造假，因為你仍是放軟體工程師，二來在後面加上（Frontend），會讓自己更容易被找前端工程師的招募員找到。
- **更豐富的內容**：以教育背景來說，在履歷上會建議兩行帶過學歷與 GPA，但在 LinkedIn 上，可以放更多內容。例如在學生時期，如果有擔任社團領導人，或者有參加技術相關的社團，你可以用更豐富的敘述，將這些經歷寫在 LinkedIn 上。
- **多媒體素材**：除了照片與影音外，LinkedIn 上還能放其他多媒體類的素材。舉例來說，假如你開發的產品有被媒體報導過，可以放該報導，這都能讓經歷的呈現更加豐富。
- **設定簡短且獨特的個人網址**：LinkedIn 的個人網址是可以客製化的，只要沒有被其他人用過，都可以選用，設定簡短且獨特的個人網址，讓人能快速記住。

另外，切記當你決定開始找工作時，LinkedIn 上務必設定「Open To Work」，因為如果沒有設定，你將不會出現在招募員或獵人頭的搜尋結果中。如果你不想讓非招募員的人，知道你正在找工作，可以在設定時，選擇「Recruiters Only」，這樣就能被搜尋到，同時不會公開你的求職狀態。

▍2.8.3 LinkedIn 的常見問題

會需要時時更新 LinkedIn 嗎？

如果心有餘力，建議可以定期更新、但頻率不用太過頻繁，例如每個月花時間更新一次，把最新做的成果放到現職的描述下即可。

不過，如果你已經申請工作，並且有在履歷上面放 LinkedIn 的連結，那麼會建議一定要確保 LinkedIn 更新到最新版本，不要讓 LinkedIn 與履歷有落差。過去有不少招募員談到，如果兩者有落差，會讓他們懷疑履歷上列點的真實性。

會需要在 LinkedIn 上積極發文嗎？

如果有經營會加分，但沒有的話不會扣分，因此這部分量力而為即可。假如時間有限又想讓自己在 LinkedIn 上曝光，推薦以月或季為單位，來呈現自己當月或當季的職涯亮點。

舉例來說，假如你過去一季有參加某個國際的技術會議，那麼你可以寫一篇心得，記錄你的學習，同時附上你參加時拍的照片。這樣未來如果某個招募員或用人主管瀏覽你的 LinkedIn 個人頁面時，看到那些過去的活動記錄，將能看到你積極的一面。

該在 LinkedIn 上多建立連結嗎？

通則來說，在 LinkedIn 上多建立好友連結是有好處的。特別是目前 LinkedIn 的好友人數超過 500 人時，會顯示 500+，直觀上會讓人覺得你比較活躍。

當然，不需要為了讓好友人數變多就毫無意義地加人好友。更進一步說，「少但有意義的連結」會好過「多但無意義的連結」。與其加很多人，如果你能加一些深入認識的朋友，在需要人幫你內推職位時，也會容易許多。

總的來說，如果有認識什麼人，會建議可以加一下 LinkedIn 好友，但要真的能讓 LinkedIn 的連結變得有意義，還是需要投入時間實際深入與好友們互動。

想找海外工作，可以如何善用 LinkedIn ？

如果你想透過 LinkedIn 來找海外工作，有幾個方法推薦你嘗試看看。

第一，先把你感興趣的公司加入到你感興趣工作的地區中。

第二個可以做的，是直接修改你的所在地。改所在地的作用在於，因為招募員搜尋時會有地域範圍限制，所以即使某個經歷與職缺接近百分百相符合的候選人，但若不屬於招募員的區域，那麼也不會出現在招募員的搜尋結果中。

過去我們聽過積極求職成功的案例，是透過放假時，把自己的所在地點直接改到想去求職的國家，然後人也直接飛過去；透過這做法，即使不是永久居留在該國家，但已經能說服招募員你有充足的動機想去該國家。

2.8.4 LinkedIn 的協作文章

LinkedIn 除了可以用來當作多媒體版本的線上履歷外，還有一個非常推薦、但很多人不知道的寶藏功能——協作文章（https://www.linkedin.com/pulse/topics/home），在這邊推薦給要準備求職的讀者們。

協作文章（Collaborative Articles）是由某個面試問題出發，然後會有業界資深前輩來回答。基本上各類面試常見的問題，有 Google、Amazon 等大公司的資深前輩（甚至許多是 VP、Director 層級）在上面分享他們的思路。

協作文章包含行為面試題，例如「如何處理跨團隊的溝通衝突」；也有技術面試題，像是「如何設計好維護的 API」。

在看完這些資深前輩的回答，會讓人有「原來可以這樣切入來想」的啟發感！LinkedIn 協作文章目前也有依照類別做區分，所以常見的主題，包含軟體工程、前端、後端開發都有涵蓋，可以用標籤去找。假如你要準備面試，不確定準備的回答是否有切中方向，非常推薦看這系列的協作文章。

▲ 圖 2.8.2　LinkedIn　協作文章

參考資料

1. LinkedIn 設定個人連結教學

   https://www.linkedin.com/help/linkedin/answer/a542685/manage-your-public-profile-url?lang=en

2. Meta 軟體工程師 Brian 履歷

   https://docs.google.com/document/d/1UEdoq5YOngL4YKQfMct1uYYe5z2JY9kJpHinVBIJ_jA/edit

3. This resume got me an interview!

   https://www.reddit.com/r/recruitinghell/comments/qhg5jo/this_resume_got_me_an_interview/

4. 前 Facebook 工程師 Jason 的發文

   https://twitter.com/jxnlco/status/1748024650708210119?s=20

5. New LinkedIn Recruiter Features That Will Make You More Productive and Efficient

   https://www.linkedin.com/business/talent/blog/product-tips/new-linkedin-recruiter-features-that-will-make-you-more-productive

6. LinkedIn 協作文章

   https://www.linkedin.com/pulse/topics/home

Note

_____

_____

_____

_____

_____

_____

_____

_____

_____

_____

_____

_____

_____

_____

_____

_____

_____

_____

_____

_____

_____

_____

03

個人專案從零到一

⬦ 3.1 個人專案開始前

在開始進行個人專案之前，我們必須明確知道做專案的目的、可能的限制、甚至了解如何挑選題目，這樣才能做更好的規劃和準備，也避免陷入開了頭卻無法收尾的地步，最糟的狀況是花了時間卻也沒辦法放到履歷表上呈現，就會非常的可惜。

▍3.1.1 事前準備

過去我們團隊內部做過許多大大小小的專案，也歸納了一些為何有些專案可以順利進行、有些卻默默地消失的原因，或許可以從通常會失敗的因素來做出發：

1. **量能不足**：這邊的量能可以從不同角度來看，像是個人的時間以及體力的分配，如果是有正職工作的夥伴，甚至上班處在一個高壓的狀態，下班其實就累得要死了，甚至還要加班，那麼下班後是很難靜下心以及有體力去進行個人專案。

2. **能力不足**：這會和一開始設定的專案目標有關，舉例來說，可能會想要復刻一個交友軟體出來，並增添一些有趣的功能成為個人專案，但如果是一位後端工程師，可能就會卡在對於前端不熟，所以做不出網站；而前端工程師可能會覺得自己美感不足，無法設計好看的 UI 或好的 UX。而一旦遇到自己不熟悉的領域，在生活與工作的雙重轟炸之下，很容易就會放棄。

3. **虎頭蛇尾**：這會與專案的開發流程有關，很多人會用瀑布流的方式來進行，例如：專案最終會有十個模組功能，那一開始就先花一個月的時間，把十個模組之間的關係想清楚設計好，想好後再花一個月來設計每一個模組所需要的資料表結構。為了要把每一個步驟想得很清楚，可能過兩、三個月才真的進到開發，而開發的過程可能又花了好幾個月，整個完成可能要歷時一年。但我們的生活和工作，並不會一帆風順，只要任何一個時間段突然忙起來，個人專案很有可能會被丟到一旁，以至於很多人個人專案到後來都做不下去、甚至沒做完。

還有很多情況會依據每個人的狀態不同，可能會有所差異，但可以確定的事情是，在開始專案前需要設定專案的範疇以及執行專案的方式，由於會需要花大量心力，因此做好時間上和心態上的準備至關重要。

▍3.1.2 專案範疇與時程規劃

依據每一個人的能力以及動機不同，可能有所差異，建議整個專案從開始到結束不要超過 180 個小時，也就是說，如果當全職在做的話，大概可以做一個月，下班兼職做的話大概兩到三個月要完成。一旦時間拖長，不僅會拖到自己去面試的時程，也會增加後期失去動力而無法完成的風險。

而有了時程之後，我們就可以來設計專案範疇。可能會分成兩種類型：第一種是過往開發經驗比較少，會需要透過個人專案來證明技術能力，可能需要在專案當中運用較多的工具和技術，通常是為了應徵初階工程師為主；第二種是已經有一定的工作經驗了，只是為了因應未來公司的技術或者想藉由個人專案學習新的技術，通常會想要應徵中階或是資深工程師的職位。這兩種方向在設計個人專案的範疇時，就會有些許的不同。

▢ 第一種類型：應徵初階工程師職位

需要專注在接觸更多不同的技術，以後端工程師來說，基礎是資料庫、API 開發，但需要再去接觸雲端部署、快取優化、訊息佇列解耦、監控工具等，並且需要去開發吸睛的功能吸引面試官的注意。而若是相同的技術就不需要做到完整，像是第三方登入功能只要串一個即可，不需要串到五、六個，因為邊際效益不高，但成本很高；異常通知只要能夠串接一個地方就好，不需要所有平台都串一遍。

▢ 第二種類型：應徵中階或資深工程師職位

專注在把一個功能、技術摸熟為主，以生成式 AI 的專案為例，如果是後端工程師，可以用 LINE 作為使用者前端輸入介面，但其背後串接的架構需要摸熟，像是如何做快取、如何優化資料庫比對，或是提示詞的優化流程、建立流程等，甚至非常了解系統當下的瓶頸、風險以及防範方式，這都會是需要花更多時間的地方。

雖然兩者之間有些許的差異，但相同的點都是要做「完整的專案」，而什麼叫做完整的專案，我們會在 3.2 章詳細介紹。

▌ 3.1.3 如何挑選題目

以做專案的目標來說，都是希望可以藉由此專案來豐富自己的履歷表，因此會需要能夠持續地堅持兩、三個月把專案做完整，因此挑題目會至關重要，建議不要為了技術或功能特別去找一個題目來做，例如，為了想要學習資料處理的流程，因此特別去搜集很多資料集來建立 ETL 的流程，刻意建立一個假想情境去學習 ETL 的流程和工具。

不這樣做的原因在於：若對於正在做的專案本身不感興趣，很有可能會做到一個段落後就覺得差不多了，少了迭代、優化的動力；再來也會因為本來就不感興趣，做久了就覺得無聊進而放棄；或者，可能有幸做完了，但在面試時無法說明為什麼要做這件事，因為用「學習」的角度來說明動機可能不是最加分的說法。

因此建議這邊可以用三個步驟來挑選出適合自己的題目。

1. 挑選有興趣的主題。
2. 針對類似的主題，尋找相關的服務或產品試用。
3. 針對既有的缺乏功能、痛點做優化。

舉例來說，如果對旅遊很感興趣，先去了解目前身邊的人都是怎麼規劃旅遊行程，可能會發現大家都提到用 Google Maps 做景點的搜尋與路線規劃。但很常遇到的問題在於，為了能夠有最佳體驗，因此都會想安排當地最有名、最好吃、最好玩的景點，而這些資訊並無法在 Google Maps 呈現，因此還需要去 YouTube 上面找網紅推薦哪些餐廳、去 Instagram 看大部分的人都去哪裡打卡，甚至還要去找相關的部落格，最後才能彙整出一個旅遊行程。因此，針對這個問題，如果有一個服務能夠去整合這些景點相關的資訊，就能夠節省大量旅遊前的資料整理時間，提升使用者的旅程規劃體驗。

而在以上的範例中，我們找到了一個情境，並且找到了可能的使用者，最重要的是找到了一個可能痛點，不只是做一個專案，而更像是一個產品。詳細的打造產品流程會在下一章來分享。

 說明

什麼是 ETL ？

ETL 是「Extract, Transform, Load」的縮寫，指的是資料處理流程中的三個基本步驟：提取、轉換和加載。這是資料倉庫營運中非常關鍵的一個過程，用於從不同來源收集資料，將其轉換成統一格式，然後將其儲存到中央資料倉庫或資料湖中以供後續分析和查詢。

◈ 3.2 打造產品的流程

個人專案建議可以用產品的角度來建立，會讓整個專案有一個具體的使用情境、脈絡甚至是使用者，不僅在說故事上變得更容易，在產品開發的過程中也可以依據使用者需求來做迭代和調整，因此這個章節會分享如何打造一個產品。

▍3.2.1 使用者為中心

學生作業和產品最大的差別，就在於這個服務有沒有一個合理的使用者和使用情境。舉例來說，學生可能會被指定要做一個電商系統出來，但這個系統可能使用者流程不順、使用者體驗不佳，甚至顏色、字的大小都不符合現代人的習慣；它確實該有的功能都有，但就會讓人有一種「只是作業交差」的感覺。

而當我們把使用者考慮進來時，就會讓一切朝著正確或者說正常的方向前進。舉例來說，上述的電商系統是要給長輩使用的，因此在顏色的對比度、文字的大小，甚

至在系統的簡化度都有經過一定的調整，確保這些設計需求都是專門為這些受眾設計，甚至在灌入假資料的時候，會有更多長輩喜歡的商品，而不是隨意灌入假資料。

因此在挑選完題目時，可以多想一個步驟：我現在要做的這個東西，誰會是使用者？建議這個使用者是你身邊可以觸及到的使用者，這樣就可以進一步去問問看他們對於即將要做的產品，有沒有過類似的使用經驗，讓產品在發想功能和做的時候會有更精準的方向。

舉例來說，如果今天想要做一個 AI 客服機器人，我可能會對自己進行這樣一連串的靈魂拷問：

1. 我的 AI 客服機器人是要運用在哪一個情境？
    （舉例：電商退換貨、銀行客服、交通資訊查找、美食推薦等）
2. 我的 AI 客服機器人可以分成不同族群嗎？
    （舉例：小資族、12 歲以下小朋友、不常使用 3C 產品的長輩、大學生等）
3. 第二題的受眾，在第一題的狀況下，列出十點他們可能遇到的問題。
    （舉例：不常使用 3C 產品的長輩在使用電商時，如果退換貨遇到狀況想要諮詢客服時，會遇到哪些問題？）
4. 我的 AI 客服機器人可以怎麼優化、做哪些功能，來改善第三題遇到的這些困難？

幸運的話，身邊或許就有這些受眾存在，或是特地從自己身邊的人當中設定為產品的受眾，就可以進一步在產品製作過程中針對需求去訪談，也可以在產品做完後讓使用者試用，進一步迭代產品。

▍3.2.2 MVP 概念

在開發產品之前，我們要先有最簡可行產品（minimum viable product, MVP）的概念，MVP 用於快速驗證產品概念的有效性，同時最小化初期開發的時間和投入成本。MVP 著重於建立一個具備核心功能的產品版本，這些功能足夠展示產品的基本概念並吸引早期使用者，但不包括額外的功能和修飾，這些可以在產品經過市場驗證後根據使用者回饋逐步添加。用 Henrik Kniberg 的圖來說明，如圖 3.2.1 所示：

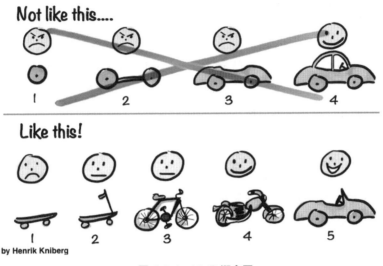

▲ 圖 3.2.1　MVP 概念圖

舉例來說，如果目標是要做一輛車，想知道車子的概念是否存在市場需求，那麼其最簡可行產品不是從輪子開始，因為輪子沒辦法驗證市場需求，因為人無法單純透過輪子來乘載並且移動；更好的最簡可行產品是從滑板開始，因為滑板可以驗證，用輪子加一個板子的形式來乘載人移動，是不是一般大眾可以的做法，藉此來驗證市場的需求。

所以其核心關鍵在於用最小的成本，去打造最核心的功能，創造出可以體驗、可以回饋的產品雛形。而回到我們的專案來看，雖然不像真的做產品那樣，需要從驗證市場需求開始，但我們以技術的角度出發，我們並不是從一個一個模組、部件開始打造，最後打造一個超完整服務，而是先從最核心的功能開始做，舉例來說，如果我們今天想要做一個類似 Facebook 的社群平台，對我來說其最核心的功能就是「發貼文」和「交友」，而為了識別個體，會需要再多做「註冊」以及「登入」，這四個功能就是社群平台當中最核心的功能。

因此當做完這四個核心功能後，就先將之推上線，並且該做的單元測試、權限設定、資安控管、雲端設定、部署流程等等都可以一次建立完，在技術上就是一個很完整的產品了，但只做 MVP 是不夠的，要怎麼做得更吸睛、更好，我們下一章來介紹。

⇨ **3.3 增添亮點**

為了足夠吸引面試官並且提升技術力,只做 MVP 是不夠的,MVP 只能確保在開發的過程當中,產品都是完整的,但並非是有亮點的、也並非技術是多困難的,因此我們這個章節從三個角度去拆解。

▎ **3.3.1 從功能角度出發**

要創造具有吸引力的產品功能,首先可以參考市場上現有的成功產品來進行靈感啟發。以社群平台為例,MVP 可能只包括交友、發貼文功能。然而,為了使產品更完整,更能吸引使用者,我們可以考慮增加如「按讚」、「留言」、「修改個人資料」等互動性強的功能。這些功能雖然在技術上可能不算特別困難,但能顯著提升使用者參與度和產品的吸引力。

另一個角度是並非要從類似的產品找功能,可以從差異很大的產品找功能,像是從串流音樂平台當中找功能、從 Podcast 服務當中找功能,但在挑選功能時也不是亂挑的,建議可以從一開始設定的受眾出發,如果設定受眾與情境是,熱愛獨立音樂青年專屬的社群平台,那就可以放更多音樂的元素在產品當中,就會是一個很好的碰撞。

▎ **3.3.2 從技術角度出發**

在撰寫履歷時,有時候一些看似酷炫且有趣的功能,在技術層面上可能並不具有特別的挑戰性,因此這樣的功能未必能在履歷中凸顯你的技術實力。因此,建議從技術的角度出發,仔細思考如何整合並呈現這些技術,使之能在你的專案中發揮出更大的影響力。這不僅能夠提升你的專案在技術層面的深度,也能在履歷中顯示出你對技術應用的獨到見解和創新能力。

如果你正在尋找靈感或不確定哪些技術可以加入你的專案,可以參考職位的職涯路線圖,例如 https://roadmap.sh 網站提供了豐富的資源。這個平台詳細列出了不同職位從入門到精通的技術學習路徑,涵蓋了各種必須掌握的技術和工具。透過這些路

線圖，你可以了解到目前業界對於特定職位所期望的技術標準和新興趨勢，從而選擇那些能夠顯著提升你專業技能的技術，將其融入你的專案中，以增強你的履歷競爭力。

舉例來說，Docker 通常是後端工程師需要學會的工具之一，也可以在職涯路線圖當中發現這個節點，就可以嘗試將自己的產品容器化，雖然在使用者的體驗上並沒有任何的改變，但在技術上卻是不相同的，這都是可以在履歷上增添的部分。

▌3.3.3 從使用者角度出發

如果是從使用者的角度出發，可以直接拿著你的產品，去找到你所設定的受眾進行一場易用性測試，而一場易用性測試該怎麼做呢？建議可以依照下面的步驟進行：

1. 明確測試目的

在開始任何測試之前，明確想要通過測試達到的目標。這可能包括了解使用者對產品的第一印象、界面的直觀性、或是特定功能的操作流程是否容易理解。

2. 設計任務

根據測試目的，設計一系列具體任務讓參與者完成。這些任務應涵蓋產品的主要功能和常用流程，以觀察參與者在自然狀態下如何與產品互動。

3. 準備測試環境

建立一個控制的環境，讓參與者可以在不受外界干擾的情況下使用產品。同時，確保測試環境接近實際使用環境，使得測試結果更具參考價值。

4. 進行測試並記錄數據

在測試過程中，觀察並記錄參與者的行為反應和操作時間。可以使用錄影的方式記錄，可以事後幫助回顧測試過程並捕捉細節。

5. 進行訪談

測試後,與參與者進行一對一訪談,深入了解他們的使用感受、遇到的問題以及改進建議。這一步是理解參與者實際體驗的關鍵。

6. 分析結果並制定行動計劃

分析測試數據和訪談回饋,識別出產品的強項和弱點。根據這些資訊,制定具體的行動計劃來改進產品。

透過易用性測試的結果,可以更進一步的優化產品功能,並且可以透過訪談的過程,去了解使用者還有什麼樣的需求還沒被滿足,藉由這樣真實的使用者回饋去迭代產品。

▊ 參考資料

1. MVP 概念圖:Minimum Viable Product(MVP)and Design - Balancing Risk to Gain Reward | IxDF(interaction-design.org)
2. Roadmap 網站:https://roadmap.sh

04

求職信

◈ 4.1 求職信概覽

除了履歷，另一個在申請工作職缺時經常會需要提交的文件是求職信（cover letter）。以軟體工程師來說，雖然不是所有公司都會要求附上求職信，但是仍有一定比例的公司，會要在申請時附上。

有鑑於此，讓我們先來聊聊什麼是求職信。由於求職信多半是外商、海外公司會要求，在這章節的範例將以英文為主；如果遇到要中文版本的求職信，在撰寫上的要點會是一樣的，因此讀者們如果要寫中文版本的求職信，仍可以參考這個章節所介紹的內容。

▌ 4.1.1 求職信長什麼樣子？

求職信顧名思義，是在求職時要附上的信件。求職信的英文是 cover letter，而如其名所述，它是一封放在求職文件封面的信件。可以想像在過去數位化程度仍不高的年代，求職的文件都是需要印出紙本寄送，求職信（cover letter）就像是一個總結，讓人在往下讀你的申請文件前，先看過的總結，藉此來判斷是否要往下讀。

具體來說，一封軟體工程師的求職文件，會像是下面這樣子：

> Dear ExplainThis,
>
> I've been a long-time admirer of ExplainThis and recently came across a post about the innovative career advancement tools you're developing for tech professionals. It made me think, "I really want to work with these people who care so much about what they do." I'm super excited to hear about all the advancements you have made in providing comprehensive interview preparation resources and AI job toolkits; that's right up my alley.
>
> There are two reasons why I'd be a great addition to your team.

First, my background in software engineering aligns perfectly with your team's needs. I have a proven track record of success in developing full-stack applications and enhancing user experiences. For example, I led a project at my previous job that reduced page load times by 30% through efficient code optimization and improved database queries. This experience has honed my problem-solving skills, enabling me to contribute technical expertise and innovative solutions to your team.

In addition, I'm drawn to ExplainThis' culture of continuous learning and professional development. My own values of lifelong learning and collaboration strongly align with this, and I can see myself thriving in an environment that encourages knowledge sharing and mutual growth. I am particularly impressed by your focus on providing high-quality content and insights, which resonates with my passion for both technology and education.

Please find my resume attached, highlighting further details of my accomplishments. I am very keen to discuss how my background, innovative approach, and commitment to excellence can contribute to the exciting work at ExplainThis. Thank you for considering my application. I look forward to potentially discussing this opportunity with you.

I look forward to hearing from you soon.

Sincerely,

Ming Chen

從上面的範例中可以看到，在一封求職信當中，需要有以下的資訊：

- 開頭需要先寫上這封求職信要給誰
- 需要一個開頭段落，稍微介紹一下自己
- 需要一個段落，來談該公司吸引你的點
- 需要一到兩個段落，闡述你的背景可以如何貢獻給該公司
- 最後有結尾段落

希望透過以上範例，你能更清楚一封求職信具體該長什麼樣子。在下一個小節，我們將會更詳細拆解如何寫好求職信。

4.1.2 求職信和履歷表的差別為？

部分工作在提交申請內容時，除了履歷之外，還會要求順便上傳求職信。既然要上傳兩份文件，必定意味著這兩份文件的作用不同。然而，許多人在寫求職信時，很容易犯的一個問題，就是把求職信寫得跟履歷很像，更糟的狀況是，絕大部分的內容，都是跟履歷重複的。

當把求職信寫得跟履歷很像，就意味著浪費掉求職信的獨特作用。以一般業界常規來說，履歷會要求是一頁式，求職信也會要求是一頁；然而，如果你寫得重複性很高，就代表你把原本可以發揮的兩頁空間，寫成像是一頁一樣。

因此，求職信需要更專注於以下三點：

1. 說明自己為什麼適合這個機會
2. 說明自己的經歷和該公司之間的連結
3. 它補充並擴展了與該職位直接相關的專案、教育和經驗

我們將在本章的 4.3 小節詳細談論如何根據這些要點撰寫求職信。

4.1.3 該投入多少時間寫求職信

在了解求職信的基本介紹後，相信讀者們腦中可能會出現一個問題：「我該花多少時間為不同公司客製化求職信？」畢竟要能寫出一份同時讓人資部門、用人主管、公司高層都覺得很好的求職信，肯定需要大量時間來客製化。

關於這個問題，我們的觀點是「依照不同公司來判斷」。具體一點來說，許多科技大廠，相對沒有那麼要求求職信，所以在這類科技大廠的申請系統中，甚至沒有可以上傳求職信的地方。

然而，對於許多新創類型的公司，求職信會格外重要。因為新創相對不穩定，從公司的角度也不想要候選人加入後沒多久就離職，因此特別看重動機。而求職信是個很能夠讓人展現動機的地方，所以在新創類型的公司，花時間客製化就會格外重要。

當然，以上的分類是通則，也有一些具規模的公司會看重求職信。因此推薦申請前可以特別上網研究一下，如果該公司對外的宣傳，特別強調企業文化，不論規模為何，都推薦要特別花時間客製化。

⬥ 4.2 求職信會如何被解讀？

在了解完什麼是求職信後，我們將接著來談，從公司的角度，求職信在不同階段會分別被如何解讀。在有了這層理解後，下一段落會再談具體要如何寫好求職信。

▌4.2.1 各個角色對於求職信的觀點

招募員（Recruiter）

現任 Google 擔任招募員的 Isela Garcia 表示，招募員通常都會先看履歷表，除非真的猶豫不決時，才會真的去看求職信。招募員通常會期待求職信應該是清晰、簡潔並且是真實的，而內容上要確保你的職業亮點和要應徵的角色是有關聯的。

而 Isela Garcia 也提到，建議不要使用模板，因為在審核上百份候選人資料時，使用模板容易讓你的資料與他人的過於相似。此外，也盡量避免使用誇大的言辭；常看到有人說他們是完美的人選或這份工作唯一的人選，比起這種論述，直接展現適合這份工作的證據和價值，可能會更有吸引力。

用人主管（Hiring Manager）

前高階科技主管 Ruth Smith 在 LinkedIn 上貼文表示，在他擔任用人主管審查候選人的過程當中，從來沒有看過求職信，甚至是因為招募員並沒有將求職信寄給他看，

但他強調，如果是要應徵 C 階層高階管理人，可能就會有求職信的必要，但一般員工則無必要。

而全球最大的社群討論社區平台 Reddit 上，有眾多的用人主管各自分享經驗，一位網友提到，他從來不是因為求職信而錄取，而是因為通常大家都寫得不夠好，不僅不有趣，甚至有大量和履歷重複的內容。但也有人持相反意見，表示：「幾乎所有申請人的經驗和技能都大致相同。但與我的團隊的契合度和積極性才是真正重要的因素，而求職信比履歷更能體現這一點」。

高階管理人（C-Suite）

《富比士雜誌》的投稿人 Rachel Wells 曾經在 2023 年時訪談多位專業的招募人士，其中 Workstrat 的首席執行官及創始人 Emily Meekins 指出，她很少審查求職信，她提到：「85% 的時間，我可以從你的履歷和 LinkedIn 個人檔案中獲得足夠資訊。申請和面試過程已經夠耗時了，不需要再加上求職信。我更希望求職者節省時間，將其用於其他搜索領域。」但也補充說到，如果她猶豫不決，需要更多資訊來做出明智的決定，或者想檢查寫作和溝通技巧，她會考慮查看求職信。

此外，MustReadQuotes.com 的創始人 Maurizio Petrone 在過去 15 年中一直在招募人才，他強調，根據他的經驗：「即使我們沒有特別要求求職信，它仍是招募決定中的一個重要元素。過去五年我們篩選的數百名候選人中，大約 70% 在申請中包含了求職信。這些信件有助於了解他們的動機，並更清楚掌握他們的軟實力——這些通常在履歷中不容易看出來。」

而 SK&S Law Group 的業務律師、共同創始人及用人主管 Thomas Codevilla 指出：「一份寫得好的求職信可以讓候選人講述一個引人入勝的故事，展示他們的經歷以及能夠如何為我們的組織帶來獨特的貢獻。在招募方面，我知道申請追蹤系統（ATS）常常在篩選申請中發揮作用，許多候選人可能不會意識到的是，將工作職位描述中的相關關鍵字融入他們的求職信中，可以顯著提高他們通過這個初步篩選階段的機會。」

▌ 4.2.2 求職信是否該寫？

不同的角色、不同的產業、不同的公司規模都會有不同的觀點，而我們從上一個小節也可以發現，並不是每一個角色都這麼在意求職信，甚至連看都不會看，直接建議候選人不要浪費時間；但同時卻又有人建議要寫，因為別人都沒寫，寫了就是增加更多別人了解自己的資訊，甚至可以展現動機和熱情，這些都是履歷表沒有呈現的。而我們統整了一些不同的面向來供讀者參考：

公司規模

通常越大的公司越不需要求職信，因為他們停在每一位候選人身上的時間不多，所以才會有附了也不會被閱讀的狀況。但如果是新創團隊，他們更看重的是，這位候選人是否能夠與公司一同打拼、是否有足夠的熱情和積極性，甚至能夠創造出別人沒有的價值。

求職信品質

許多人説不用寫或者公司不會看的原因，通常都是因為寫太爛、跟履歷表重複等原因，導致看的人根本不想花時間看。因此在這邊的建議是，除非能夠寫好求職信，不然附上去可能都是扣分，當然，如果該公司要求一定要有求職信，就必須得附上。

職位

一般來説，越高階的管理者會越需要附上求職信，因為越高階的管理者需要的不只是技術上的能力，更需要展現對於應徵公司的動機及其熱情所在，甚至需要更加強調自己為何適合這家公司。

最後建議讀者可以依照以上的一些衡量判斷方式，來判斷自己是否需要寫求職信，而接下來的章節我們會詳細介紹求職信的寫法。

◈ 4.3 求職信撰寫要點

了解求職信基本的介紹、求職信會被如何解讀過後，接著就可以開始實際撰寫自己的求職信了。在撰寫前，讓我們一起來看撰寫求職信有哪些要點。

4.3.1 研究該公司

在開始寫求職信之前，建議先研究你要申請的公司。還記得上面提到的，多數大公司（例如 Google、Meta）在申請期間不會要求附上求職信，但有另一類公司特別看重契合度的，就要附上求職信，而針對後者，建議務必要先研究該公司再開始動手寫。

至於如何研究呢？我們推薦用以下三個面向去了解：

1. 該公司與職位目前的招募需求為何？什麼能帶給他們最大價值？
2. 該公司目前正試圖解決什麼問題？需要什麼技能的人？
3. 該公司的風格為何？

▢ 該公司與職位目前的招募需求為何？什麼能帶給他們最大價值？

這組問題能協助釐清公司目前的需求。舉例來說，假如開出這個缺，是因為原本的成員離職，那麼可能該公司目前的招募偏好是穩定的人；而如果是因為公司處於擴張階段，那麼很可能公司的需求是一個能帶領團隊的人。

想要了解這問題，可以去看看該公司與團隊是否有在社群平台（例如 LinkedIn）分享更進一步的資訊。如果沒有的話，也可以主動在社群平台找該公司或團隊的人聊。如果要聊，推薦以非正式的形式（俗稱 coffee chat），然後在過程中去獲取這部分的相關資訊。

甚至過去聽過比較積極的，是 Coffee Chat 完之後，在求職信中直接提到 I recently spoke to XXX at your company, and...（我最近跟貴公司的 XXX 聊過，他談到⋯）把談話中聊到特別契合的點寫出來，這種做法更能夠展現自己的積極度。

■ 該公司目前正試圖解決什麼問題？需要什麼技能的人？

這組問題是從技術面的角度來切入了解需求。能夠更具體知道公司待解決的問題和需要的人才技能，就可以把你的相關領域知識、技術在求職信上特別強調出來，並說明你可以如何從技術的角度來協助公司。

上面這些問題，核心的目的都是要讓你能夠有效回答「為什麼」，包含：

- 為什麼你想加入該公司？
- 為什麼你與該公司契合？
- 為什麼你能帶給公司貢獻？
- 為什麼該公司要選你？

■ 該公司的風格為何？

風格是很重要的，因為有些公司是正式風格（例如銀行），就不宜用太過輕鬆的口吻寫求職信。然而，有些公司是走輕鬆風格（例如新創公司），不適合太正式，例如寫給新創公司的求職信用 Dear Sir/Madam 開頭，就會顯得很突兀。

能夠有效回答這些問題後，就可以開始著手撰寫求職信了。

▋ 4.3.2 求職信架構

要著手寫求職信，需要了解求職信的整體架構。事實上，求職信有很多種呈現方式，例如，在許多招募網站申請某個職位時，會要你填寫「**為什麼想申請這個職位**」，這裡要寫的內容，也跟求職信相近。

如前面提到，寫求職信（cover letter）不該單純重述履歷內容，而是要做到更深層次的說服，說服讀求職信的人找你去面試。以下是建議寫求職信可以分成的三大段落，以及要注意的點。

▣ 引人入勝的開場：為什麼你想加入該公司、為什麼想做這份工作

求職信的開頭應該簡短介紹你自己，並迅速進入主題。然後說明你為何申請這份工作，並強調這家公司和這個職位吸引你的具體原因。

這段不只要講為什麼你想申請這個工作，還要特別講為什麼這家公司的這個職位，比起別家公司更吸引你？因為這邊的重點不在你，而是在該公司。此外，要在求職信中說服對方應該找你來面試。這邊的重點在於要講「為什麼你與這家公司契合」，不論是經驗、技能還是與公司文化的契合程度。

▣ 展現你的經驗與能力：為什麼你能為公司與團隊帶來價值

第二段的重點應該放在你的專業經驗和技能上，藉此來展示你能如何為公司帶來價值。這裡不是簡單列舉你過去的工作經歷（履歷已經在做這件事），而是要展示這些經驗和技能如何具體幫助你在該職位上成功。

你需要明確地連結你的過往成就與該職位的需求，讓讀此內容的用人招募員、用人主管能清楚知道你如何適合這份工作。

▣ 與公司文化的契合：為什麼你與團隊契合

在第三段，需要著重於如何與公司文化相契合。這需要你事先對公司進行深入研究，了解它的使命、願景、工作方式以及價值觀。

在這個部分，你可以討論你自己的價值觀、工作態度甚至是個人興趣如何與公司文化相契合。這不僅顯示了你對公司的了解，也表明了你能夠融入團隊，並為公司文化增添價值。

在完成上面三個段落後，推薦最後再搭配一個結尾段落，總結上述的內容。

▌ 4.3.3 撰寫原則

▢ 一頁就好

跟履歷相同，推薦求職信寫一頁就好。如同前面提到的，履歷跟求職信基本上是在同一個階段被讀到，而在這個階段，招募員與用人主管並沒有太多時間可以花在每一份履歷與求職信上。基於這個脈絡，如果你寫了兩三頁，不僅可能沒被讀完，還可能被認為沒有重點。所以，即使你真的很想進到某公司，請確保自己的求職信可以控制在一頁完成。

PostHog 的招募員先前在「What startup recruiters actually see when you apply for a job」提到，他建議甚至不要寫滿一頁，因為招募員真的沒時間看太多字，多寫反而可能被認為太冗長而略過。

▢ 客製化

要能真正做到客製化，就要讓這封求職信是針對該公司甚至該團隊的。如何判斷你的求職信有沒有客製化呢？一個簡單方法是，如果你把這封求職信的公司換成其他公司仍然可行的話，表示沒有做到客製化。

如何做到客製化呢？還記得上面提到的，需要先對公司做深入的研究和了解。在研究公司與職位時，除了公司官網、對外的媒體報導，推薦也可以在社群媒體（LinkedIn）上面去看該公司員工的發文，藉此了解公司的調性，這對客製化會有幫助。

▢ 轉領域的額外解說

如果你是轉領域的人（例如非工程師轉職成軟體工程師，或者軟體全端工程師轉職成 AI 工程師），建議可以在求職信中也談到轉領域的起心動念，並且說明自己過去的專業可以如何幫助該職位。

ExplainThis 的其中一位團隊成員，過去是 PM 並轉職成全端工程師，他在申請新創公司的求職信中，談到自己過去身為 PM 的經驗可以如何幫助公司，不僅在工程面，還能幫助產品發展的面向。

◈ 4.4 用ChatGPT幫自己修改求職信

目前 ChatGPT 與其他 AI 助手（例如 Google 的 Gemini），對於修改求職信（cover letter）都很有幫助。

以下是我們針對如何用 AI 助手幫忙寫求職信（cover letter）精煉出的提示詞，推薦大家來使用。我們也推薦在使用 AI 時，可以一次用多個模型（至少用 ChatGPT、Gemini 以及 Claude），因為不同模型產出內容會不同，可以截長補短。

4.4.1 提示詞

可以將初步寫好的求職信，輸入 ChatGPT 並下達指令請它給予回饋。

> Please create a compelling cover letter for a job application in English. The letter should have a captivating introduction, briefly introducing myself and explaining why I am applying for this job, specifically emphasizing why this company and the role excite me. In the second paragraph, focus on how my experiences and skills make me a good fit for the job and how I can contribute to the role. In the third paragraph, describe how my values and personality align with the company's culture, highlighting the research I've done about the company. Remember, the letter should not repeat what's on my resume but instead focus on 'why' - why I want this job and why I am a great match for this company.
>
> Below are my info
>
> • Company: [公司名稱]

- Position: [職位職稱]
- Your Name: [你的姓名]
- Why do you want to apply for this company: [填入想申請的原因]
- Which of your past achievements makes you particularly well-suited for this position: [填入過去的哪些成就讓你特別適合這個職位]
- What qualities of yours align with this company or the position: [填入你的哪些特質與這家公司或這個職位相符]
- Formatting Requirements: While maintaining formality and professionalism, convey a genuine passion for [職位] and an understanding and alignment with the culture of [公司名稱]. Please incorporate these specific details into your writing to highlight [你的姓名]'s personality and suitability for the position, as well as how you see yourself developing in the future with the company.

客製化求職信的提示詞

使用 AI 幫忙寫求職信時，如果想要為每一家公司客製化，可以透過以下的指令來客製化、加強每一個段落。

客製化第一段

Act as a cover letter expert, help me craft a captivating hook with personal touch based on the paragraph below in a cover letter. I am interested in this company because [填入你對該公司感興趣的原因]

[附上第一段]

客製化第二段

Act as a cover letter expert, help me craft a more appealing version based on the paragraph below in a cover letter. I believe I can bring [填入你能帶給該公司的價值] to the company

[附上第二段]

客製化第三段

Act as a cover letter expert. Using the provided paragraph, I want to craft a cover letter paragraph that showcases my perfect alignment with the company's culture, effectively demonstrating why I'm an ideal fit through [你與公司契合的原因]. Write in a genuine and sincere way

[附上第三段]

📘 參考資料

1. PostHog - What startup recruiters actually see when you apply for a job
   https://posthog.com/founders/what-recruiters-see

05

回家作業篇

目前業界有許多公司，在面試的關卡會採用回家作業的形式。一般來說回家作業關卡會分成兩個階段來進行：第一階段是候選人先完成該作業並在時限內提交，接著公司會先審核，如果沒通過，則沒有進到後續面試關卡；如果通過了，則會進到延伸關卡，在這個延伸關卡中，面試官會針對回家作業來提問。

在這個章節，我們將會討論回家作業該不該做？如果要做的話，要如何有效通過？以及通過的話要如何準備延伸的面試關卡？

讓我們先從社群中爭論甚多的「該做回家作業嗎」這道問題開始。

⇨ 5.1 該做回家作業嗎？

回家作業這種形式，過去在社群中受到不少的抨擊，最主要原因是會花大量時間，此外，有些公司會用回家作業的關卡來讓候選人做免費的工作，因此有些人便認為，求職時遇到回家作業類關卡要特別小心。

推特上曾有一位設計師出來踢爆，眾多名人使用的 Eight Sleep 疑似透過「回家作業類」面試關卡，讓設計師們做免費的設計。她出來踢爆後，有許多面試過 Eight Sleep 的人也出來分享說有相同的遭遇，其中也包含軟體工程師。

其實在台灣也有過這類的例子（見圖 5.1.1），例如：有網友在論壇上面分享，面試某間大型公司之後，發現自己在面試時的提案直接被該公司拿去使用；許多網友也在下面紛紛留言表示遇過類似的情況。

工作 · 追蹤

#面試心得 面試的提案直接被對方公司拿去用

匿名 · 5 月 6 日 19:12 (已編輯)

大約在今年一月的在104接到某間台中滿大的保健食品公司面試通知，面試的職位是資深行銷企劃

人資小姐在面試前，有要求我準備一份對方行銷主管要求的面試考題，針對他們旗下的一款薑黃產品進行商品企劃的提案

▲ 圖 5.1.1　Dcard 上面試的提案直接被對方公司拿去用的貼文

目前業界比較有良心的做法，是在回家作業類關卡給薪。舉例來說，著名的 Auttomatic（就是 Wordpress 背後的公司）在給面試者支薪這點已經行之有年，或是著名的 Gumroad 也是付費讓面試者做開發的任務，然後從中看看是否契合。

回家作業是很不錯的關卡，畢竟比起短短 45 分鐘的面試，回家作業確實能夠更有效地評估候選人在該工作上的能力適切度。但是，如果你發現，你正在面試的公司似乎利用回家作業凹你做免費的工，務必要有警覺。

無支薪的回家作業關卡，背後也意味著該公司在招募上願意投資的不多。這類公司不去說不定還比較好，畢竟雇用你之前就這樣凹你了，更不用想假如你真的錄取了，進去會被如何壓榨？

推特上有網友後來提到，Eight Sleep 後來在招募頁面加上「These projects are based on hypothetical situations and used for evaluation purposes only, which means you retain the rights to your materials and they won't be used by the company」，但對公司形象傷害的挽回，似乎為時已晚。

總結來說，如果是支薪的回家作業，建議可以優先做；反之，如果是不支薪的回家作業，要先確保做的內容是以做客觀第三方主題開發的，而不是幫該公司做事的作業。如果你發現題目是後者，建議不要做。

◈ **5.2 如何順利通過回家作業關卡？**

要能順利通過回家作業的關卡，建議要用最高標準來看待被分派到的作業。可以把回家作業當成是實際的工作，如果你在實際的工作中，沒有做好技術設計、沒有在提交程式碼前先自己縝密地看過，很可能會導致其他人給你不好的績效評價；同樣地，如果你沒有做好回家作業，將沒辦法順利通過這個關卡。

在這個小節，我們將詳細拆解可以如何做好回家作業。特別注意，這個小節所展開的是最完整準備的版本，但因為每個人花在面試的時間有限，因此建議每一位讀者自行判斷要採用或著重在哪些要點。

▌5.2.1 實作前要先有技術設計

在開始實作前，建議先確保有完善的技術設計，理想上可以把技術設計也附到回家作業中一起提交。

在技術設計中，建議要有：

- **解決方案**：從高層次（high-level）的角度，摘要解決方案，解釋該方案如何解決上述提到的問題，並描述該解決方案的優點在哪。
- **目標與非目標**：列出解決方案期望達到的目標與成果，以及這次不會涉及到的範圍。
- **技術設計架構**：展開技術設計的架構，推薦用圖表來協助理解技術設計細節。
- **技術設計細節**：針對上一個區塊，細項講解細節，推薦可以特別談論為什麼這樣設計？主要考量為何？有哪些候選設計方案？為什麼最後選擇某個方案？
- **測試規劃**：這個區塊可以列出 E2E 測試要涵蓋的主要路徑（key flow），以及有哪些核心模組會加上單元測試。

在做技術設計時，可以先從產品的需求出發，確定要解決的問題是什麼，在有了問題後，才討論如何透過技術解決。

注意

排定優先順序

特別注意,做回家作業的時間是有限的,不可能所有事情都包下來,因此排定優先順序會特別重要。

在技術設計時,要去辨別什麼是這次的目標以及什麼不是。對於非目標的專案,可以特別列下並註明不會在本次的範疇中,以免無限發散。

在釐清需求與列下目標後,接著就可以開始設計解決方案。建議先從核心要素開始思考,然後從整體的角度完成架構。在設計架構時,要跳脫單一功能的思考,從整體角度來思考,把該有的元件羅列出來,並釐清元件之間的關係。

在做技術設計時,特別是深入設計的部分,必然會面對取捨,世界上並不存在完美的系統,該如何設計都是取捨的問題。而要能夠做好取捨,會需要知道什麼最重要,這也是為什麼在技術設計前,先確保對於回家作業的要點有足夠掌握、知道核心是什麼,才能夠在技術設計時做好取捨。

▌5.2.2 完成後要先自我檢視

在完成技術設計以及實作後,請不要馬上提交作業。應該要先自我檢視,確保有用最高標準看待,然後再提交。

自我檢視時,推薦先做以下幾件事:

- 技術設計的描述都足夠清楚,讓作業審核者能輕易看懂。
- 透過靜態檢查工具(例如 Linting 工具)來確保程式碼有符合業界的慣例。
- 核心邏輯都有寫測試且都有通過,沒有未通過的測試。

完成以上事項後，就可以開始檢視自己寫的程式碼，這時可以：

- 先掃過去，確保整體程式碼沒有重大的問題。
- 接著，針對最核心的部分，切入看是否撰寫方式合理、有沒有能夠寫更乾淨的地方。
- 最後，重新掃過程式碼，看除了核心的部分外還有哪些可以優化。

而在掃過程式碼時，可以針對以下五大面向來檢視：

程式設計

- 實作的功能都正確嗎？
- 有沒有會影響到不該影響的副作用（side effect）？
- 可能有錯誤的地方，都有做錯誤處理（error handling）嗎？
- 確認是否複雜度沒有過高、沒有過度工程（over engineering）？換個角度想，可以思考是否有更簡單的寫法？

可讀性

- 程式碼是否造成過大的心智負擔？
- 命名（naming）是否合理、好懂？

一致性

- 程式碼風格是否整體一致？
- 是否遵照業界規範（convention）？例如程式語言的風格規範、框架的使用規範？

最佳化

- 有沒有時間與空間複雜度上可以優化的地方？

註解

- 有寫註解的部分，是否真的都需要註解？是否可以重構讓程式碼更清楚，來免去註解？舉例來說，假如 let d = 0 // 總共花費的時間可以改成 let totalDaysSpent = 0，讓命名直接代表意思，就不用額外的註解。
- 有寫著註解的部分，是否都是針對「為什麼」來寫？
- 不夠直觀的部分，加上註解是否有助於讀者理解？

如何準備回家作業後的面試關卡

在完成回家作業後，需要進一步準備下一關的面試，而在下一關當中，經常會是根據回家作業的內容來進行深度提問。我們在附錄六整理了「準備回家作業後追問的檢查清單」，讀者們可以透過這個檢查清單，來為後續的面試做準備。

參考資料

1. Dcard - # 面試心得 面試的提案直接被對方公司拿去用
   https://www.dcard.tw/f/job/p/255425177

Note

06
技術面試篇

Designed by pikisuperstar / Freepik

⇨ **6.1 技術面試的目的**

面試軟體工程師職位時，進行技術面試似乎是理所當然的事，但為什麼我們需要深入探討其目的呢？如果從一個更廣泛的角度來觀察，大家可能會對此有全新的認識。以下，我們將分享一些公司在進行技術面試時真正希望了解的關鍵點。

▌ **6.1.1 履歷表上看不到的技術能力**

在我們過去擔任面試官的經驗中，經常會遇到這種情況：候選人在履歷上列出他們精通多種工具和技術。然而，當我們基於好奇深入詢問具體的操作經驗和技術細節時，往往會發現他們對某些工具的熟悉程度僅限於基本維護，或者對實際應用和細節處理的了解相對較粗淺。這種情況在履歷表上很難體現出來，但對於公司來說，確認這一點卻極為關鍵。

因為這樣的詢問，可以確認候選人對這些技術的真實掌握程度，以期待新員工能迅速上手，快速成為團隊的堅強支撐，而不是花上一、兩個月的時間才開始真正貢獻。這對於快節奏和高效率要求的工作環境尤為重要，必須確保新成員能夠無縫融入團隊、立即發揮作用。

因此，為了確保候選人真的符合公司的技術需求，公司會盡可能地挖掘候選人的技術背景，探究他們是否真正勝任公司目前的技術架構和應對挑戰。例如，面試前端工程師時，我們可能會問：「你如何處理跨瀏覽器的兼容性問題？」對於後端工程師，則可能詢問：「請分享一下你在資料庫效能優化方面的實際經驗。」這些問題不僅關乎公司當前使用的技術或工具，也涉及到目前面臨的具體技術難題。

▌ **6.1.2 預演候選人入職後的狀況**

公司除了會去了解技術能力，也會盡可能去模擬實際工作場域發生的事情，看看候選人在面對這樣的情境會採取什麼樣的行動。舉例來說，公司很常會考白板題，目的除了考驗程式碼實作能力以外，更大的成分在於考驗候選人當下面對技術困難時候的反應，而候選人當下的反應，有很大一部分呈現出他未來的狀況。

舉例來說，有些候選人可能會埋頭苦幹，自己卡關了 10 分鐘後，終於説出了第一句話；而有些候選人遇到卡關時，就立即與面試官討論更多的問題細節。而每一種反應都代表著一種人格特質，而這些人格特質也有可能影響到未來工作上的表現，不見得哪一種反應才是好的，而是要看該公司的文化、團隊，可能更傾向於錄取哪一種候選人。

 說明

什麼是白板題？

為了能夠檢驗候選人的程式能力，技術主管會在白板上出一道題目，讓候選人站在白板前來解題，由於只能在白板上寫程式，很多候選人會不習慣，因為少了許多編譯器的自動補全、錯字檢查功能等，因此在這樣的環境下也更能看出候選人的實力。而隨著線上面試的普及，漸漸地從實體的白板變成線上的白板，通常會用 Google Docs 線上共同編輯軟體來代替白板，候選人就可以在類似記事本上的軟體上編寫程式。

6.1.3 不同職級所需要的能力

除了不同的技術架構、不同的團隊會影響怎麼選擇工程師，每一個階段的工程師所要具備的能力也不同，我們在這邊分享三種最常見的職級與面試的專注面向。

初階工程師

注重的是基本的實作能力、工具使用經驗等。初階工程師主要的責任是寫出乾淨、有效的程式碼，並能夠在資深工程師或團隊領導的監督下完成指定任務。他們需要展示對程式語言的熟練掌握，以及使用開發工具和環境的基本技能。

面試時需要更著重在「實作上」的細節處理，舉例來說：是否有清楚的解決問題步驟與流程、是否能夠快速學習並使用一個新的技術或工具、是否能夠正確實作適當的資料結構與演算法等。

中階工程師

注重問題解決能力、設計模式的應用以及如何在不同的系統間進行整合。中階軟體
工程師通常有更多自主性，預期他們能夠主導中型專案或在大型專案中扮演關鍵角
色。他們也需要展示良好的團隊合作和溝通技巧，因為他們將需要與其他工程師以
及非技術團隊成員合作，共同解決複雜問題。

面試時可以展現更多「問題分析」與「問題拆解」的能力，並且可以提及可能可以
優化的方向，以及問題能夠被解決的實作方法。過程中可以去展現對於技術理解的
深度以及與面試官之間的溝通表達能力。

資深工程師

注重架構設計、系統的可擴展性以及技術創新。資深軟體工程師應具備在技術決策
中提供領導和指導的能力，並能夠對產品的技術路線圖產生重大影響。他們還需要
具備卓越的分析和評估新技術適用性的能力，以及指導初階和中階工程師的技能。

在面試資深軟體工程師時，需要更著重在系統架構的選擇與分析，需要考量不同情
境下的技術選擇。面試過程中，可能會要求候選人描述他們過去如何設計和優化大
型系統以提高效能和可擴展性，並如何選擇適合的技術堆疊來滿足特定的業務需求。

例如，面試官可能會提出一個案例研究：「請描述一個你負責的專案，其中你如何處
理資料庫的可擴展性問題，以及你採取了哪些特定措施來保證系統在使用者量激增
時的穩定性。」這樣的問題旨在評估候選人對於複雜系統潛在問題的預見性以及他們
解決問題的創新方法。

◈ 6.2 技術面試的類型與流程

上一個小節我們談了技術面試的目的，而在檢核候選人時，會透過不同形式來進
行。讓我們一起來看技術面試有哪些不同的類型，以及各類型的流程會長什麼樣子。

▌ 6.2.1 技術檢核的類型

為了確保候選人的技術能力，面試過程通常包括一連串的技術檢核。這些檢核一般分為三種主要類型：白板題、技術知識點和系統設計。

◪ 白板題

以 FAANG 公司為例，白板題通常是主要的檢核方式之一，目的在於快速篩選掉不適合的候選人。白板題要求候選人現場解決問題，這不僅考驗其實作能力，也考驗其邏輯思維和問題解決能力。由於面試官可能來自不同的技術領域，他們可能不便對候選人的專業技術知識進行深入評估，因此白板題成為了一種常用的篩選方法。

◪ 技術知識點

然而，除了 FAANG 等少數公司可能主要使用白板題外，許多公司還會重視技術知識點的檢核。這是因為除了邏輯與解題能力外，公司通常期望新員工能迅速融入現有的技術環境，並快速成為團隊的即戰力。因此，面試中經常會涉及到公司實際使用的技術架構和工具，候選人需要展示他們對這些具體技術的掌握程度。

◪ 系統設計

至於系統設計面試，這類題目通常不是針對所有職位，而是針對資深工程師或更高級別的職位。在這個階段，面試官會評估候選人在設計大型軟體系統時的能力，包括如何處理資料流、使用者負載、安全性和可擴展性等關鍵問題。這不僅是對候選人技術深度的考驗，也是對其組織和規劃大型專案能力的評估。

▌ 6.2.2 技術面試的流程

在正式進入面試流程之前，公司通常會先進行一次電話面試（phone interview），這是為了初步確認候選人的基本情況和條件，評估他們是否適合進入後續更詳細的面試階段。電話面試的具體細節和準備方法，我們會在下一章節中詳細介紹。

一旦候選人成功通過電話面試，接下來便會進入正式的面試階段。這階段通常包括
四到五輪面試，每輪面試都會聚焦於特定的面試主題。例如，如果是四輪面試的設
定，可能會包括三輪技術性的白板題和一輪針對候選人行為與性格特質的行為面
試。對於申請更高職位的候選人，面試的結構可能會略有不同，如兩輪白板題、一
輪行為面試和一輪系統設計題（如圖 6.2.1）。

這種分階段和針對性的面試流程有助於評估者全面了解候選人的技術能力、問題解
決策略、團隊合作能力及領導潛力。每一輪面試目的都是要挖掘候選人在特定領域
的深度和廣度，進而確保最終選擇的候選人最符合公司的需求和文化。

共四輪正式面試

| 電話面試 | 白板題 | 白板題 | 系統設計 | 行為面試 |

▲ 圖 6.2.1　技術面試流程

◈ 6.3 什麼是電話面試？

電話面試輪（phone interview）是許多公司在邀請候選人進行正式面試前的一個快
速篩選階段。儘管稱為「電話面試」，但如今許多公司趨向使用視訊方式來進行，因
此建議將這一輪當作正式面試的一部分來對待。

電話面試通常被視為一種輕量級的面試形式，其目的在於以較低的成本來初步篩選
出不適合的候選人。這階段的面試通常較短，設計來快速判斷候選人是否值得進行
更深入的評估。對於通過電話面試的候選人，接下來通常會進入更為嚴謹的正式面

試階段，對於一些大型企業來說，這可能意味著接下來將進行四到五輪的面試。因此，透過電話面試階段有效篩選候選人對公司來說成本效益是極高的。

電話面試中排除不合適候選人的方式，基本上與正式面試相似，涵蓋兩大主要方面：行為面和技術面。「行為面試」的目的是評估候選人的個性特徵和價值觀是否與公司文化契合，「技術面試」則著重在檢視候選人的技術能力是否達到公司期望的水準。因此，電話面試中會同時涉及行為和技術問題，進而全面評估候選人的適合度，這兩方面的深入評估有助於公司決定哪些候選人值得進一步投入時間和資源進行後續的面試階段。

6.3.1　電話面試的流程

電話面試時長約 45 分鐘左右，主要進行的流程如下：

時長	內容
5 分鐘	開場與自我介紹（面試官、候選人）
15 分鐘	白板題
10 分鐘	技術知識點問答
10 分鐘	行為面試題
5 分鐘	候選人發問

每一位候選人背景與面試官的習慣不同，所以實際面試上可能會與上方流程有所差異，但方向上不會超出以上範圍。接下來我們會一一介紹電話面試中每一個階段可能發生的狀況。

開場與自我介紹（面試官、候選人）

面試官會在這個階段快速地做一個簡單的開場，包含這場電話面試的流程與進行方式，以及面試官會簡短介紹自己的背景，當面試官做完一系列的說明與介紹後，緊接著的第一個問題，通常就是要求候選人自我介紹，而這也通常是面試的必考第一題。詳細的自我介紹內容，可以參考 6.4 章節。

◧ 白板題

在電話面試中的白板題與正式面試的白板題，最大的差別在於電話面試只是要快速篩選候選人，挑出具備程式能力、基本邏輯能力的候選人，因此題目可能介於 LeetCode 的簡單到中等程度之間。詳細的白板題準備方法，可以參考第 6.5 節。

◧ 技術知識點問答

為了能夠確保候選人的技術能力，面試官很有可能針對候選人的履歷表，做技術上細節的追問，了解候選人對於該技術、工具的理解程度為何。而進一步針對技術知識點的準備，可以參考 6.7 節「如何準備前端面試」以及 6.8 節「如何準備後端面試」。

◧ 行為面試題

行為面試題通常都是面試必考題，而且其範圍涵蓋很廣泛，可以從技術層面、管理層面、個人層面等來切入，但目的都是為了要更了解候選人的狀況。詳細的行為面試題準備方式，可以參考 Chapter 7 行為面試篇。

◧ 候選人發問

前半部分都是面試官在發問，最後一個部分才終於輪到候選人發問，而這個問題至關重要，必須認真想過這個問題要怎麼設計才恰當，算是一個問得好會小加分、但問不好很容易大扣分的關鍵問題。更詳細的內容可以參考 7.5 小節。

▍ 6.3.2 電話面試實際案例

這個小節將以 ExplainThis 團隊成員過去參加 Amazon 面試的經驗為例，展示實際的電話面試過程。

一開始，候選人進行了簡單的自我介紹，隨後回答了兩題有關領導準則（leadership principle, LP）的問題（備註：在 Amazon 的面試中，這類題目相當於其他企業的行為面試問題，面試官會根據候選人的回答進行深入追問）。

接著是兩題白板題，難度約在 LeetCode 的簡單到中等之間。特別注意，這邊會需要用線上編輯器進行，這種線上編輯器多半沒有 AI 的自動補全等功能，就是類似記事本（過往 Google 面試是直接用 Google Docs）。因為最開頭面試官有提到，這場電話面試只會有 45 分鐘，所以解完第一題後，沒有被追問更難的問題，而是直接進到第二題。

在兩題都解完後，還有約五分鐘的時間，面試官開放問問題。問完也回答完後，面試官說在一週內會透過招募員告知是否進到下一關的面試，而當時也確實在一週內收到招募員來信約正式面試。

在該次電話面試，最大的體悟是，如果平常開發時過度依賴 IDE 的方便（例如各種自動補全功能），在準備面試時，建議使用沒有各類強大補全功能的純編輯器，例如直接用 Google Docs 來練習寫程式，這樣才不會發生正式面試時編輯器沒有補全功能就慌掉的狀況。

⇨ 6.4 如何準備自我介紹？

自我介紹是面試前可以精心準備的內容，可以客製化不同時長、不同職缺或甚至是針對不同面試官背景的自我介紹。而在準備自我介紹之前，我們必須要先了解「為什麼要自我介紹？」以及，面試官都已經看過你的求職信與履歷表，那他還想知道哪些內容呢？

▌6.4.1 文字以外更多的資訊

自我介紹這個環節，不僅只是求職信與履歷表上生硬的文字再重述一遍，而更重要的事情是，面試官可以透過候選人的自我介紹環節，獲得不少有用資訊，而這些資訊都可以有效幫助面試官更進一步了解候選人的狀況。

1. 與企業的連結

好的自我介紹會設計過每一段要表述的內容，包含去除了冗言贅字、控制時間長度，甚至針對面試的公司文化、產品有做高度連結的論述等。這可以顯示這位候選人做事情的態度與候選人和公司的匹配度。

舉例來説，我們知道 Amazon 是一間以顧客至上的公司，自我介紹當中就可以強調：「過去我參與了 XXX 專案，創造了 XXX 的成果，而這些**成果來自於我們團隊非常在乎使用者需求，這是我在打造產品時最在乎的元素之一。**」

以上的例子特別去連結自身與 Amazon 文化之間的相關性。當然，如果面試的公司是 Netflix 的話，可能就會更強調自主決策的能力。

2. 故事的設計

自我介紹會是在面試時，少數可以暢所欲言一至三分鐘的時刻，我們可以把自我介紹當作一個故事來做設計，讓面試官聽完你的故事後，內心有滿滿的好奇，甚至追問更多細節，那就代表這個故事成功了。因此，我們不需去陳述技術上的細節，而要更專注在解決了哪些問題以及成果。

舉例來説，可以試著這樣表述：「過去在雙十一購物節期間，我們經常因巔峰流量過大而導致系統崩潰。為了解決這個問題，我**重新設計了 XXX 演算法，使其能夠應對每秒鐘最高 XXX 的流量**，有效避免系統崩潰，這個做法至今仍被團隊內部持續採用。」

我們一開始不必描述演算法的細節，而是倘若面試官有興趣，他就會追問更多細節，到時候再去描述即可。當然，讀者也要對於細節有相對應的準備。

3. 獨特的第一印象

自我介紹通常是面試的第一個環節，也是你建立第一印象的重要時刻，可以想像你眼前的面試官已經看過數百、數千個候選人。

因此，你可能不只是要建立「好」的印象，而是要建立「獨特」的印象。顯得你與其他候選人之間不同之處，讓面試官即使在面試結束之後，會用這樣的印象記住你。

舉例來說，你可能熱愛學習且自發性高，想要給面試官這樣的印象，你可以這樣來表述：「過去我曾在公司內**發起讀書會，主動聚集同事一起來學習新的技術**。這不僅提升了團隊的整體學習熱情和專業技能，也促進了跨部門之間的溝通與合作，而這個讀書會至今已經成立了一年，仍持續進行中。」

上述的案例，特別強調自身對於學習的熱情，甚至聚集同事們一同參與，而這些描述都會加強面試官對你的第一印象，是一個熱情、自發性的候選人。

▌6.4.2 其他你要注意的細節

上一個小節我們提到了，除了資訊本身以外要注意的事，這邊我們整理了其他可能需要注意的內容。

▢ 與未來的一致性

自我介紹時很常會提到過去做的豐功偉業，進而忽略了對未來的提及，因此自我介紹最後一段的內容，可以強調為什麼想要加入面試官所在的這家公司。

盡可能地去連結你的背景、能力、特質與這家公司的關聯性，並且要保有一致性。此外，甚至可以強調你加入後可以發揮的地方，可以是技術上的工具導入、也可以是團隊氛圍上的影響。

舉例來說，如果想加入 Netflix 這家公司，在前面階段，可以強調自己是多麼熱愛學習、追求技術，最後收尾可以這樣說：「我期待可以加入像是 Netflix 這樣的公司，因為 Netflix 擁有世界最頂尖的工程師，**成為最優秀的工程師也是我一路以來一直追求的目標**，而且能夠與頂尖的工程師一起打造最優秀的產品是我所嚮往的。」

上述的例子，強調了自己對該公司文化上、團隊上的了解以外，也強調其文化與自身的連結性，包含了自己對技術上的熱情與追求，也與自身的特質有高度的一致性。

▢ 盡可能地簡短直接

自我介紹也包含在面試的總時長裡面，因此自我介紹的時間如果越長，代表後面的時間越短，而後面的面試流程可能就包含了白板題、系統設計題等，我相信你一定

希望後面的時間盡可能不被壓縮。因此建議自我介紹簡短且直接，清楚表達你想傳達的內容。

▎6.4.3　自我介紹完整範例

以下是一個完整的自我介紹範例，展示如何在面試中突顯自己的專業背景與個人特質。

「我是 XXX，目前在 XXX 當前端工程師。全職從事前端開發工作有約兩年半的時間。我會形容自己是名非典型的工程師，在全職做前端工程師前，我做過了約三年的產品經理工作，因此在開發時，我不僅是從技術的角度思考，也會從產品的角度思考。

當初會轉職成軟體工程師，是因為我意識到自己很享受寫程式。我之所以熱愛寫程式，除了寫程式本身很好玩之外，更是因為我能夠透過程式，實際打造出對人有價值的產品；身為前端工程師，最讓我有成就感的地方在於當我開發出來的產品，能帶給使用者自己都沒想到的助益。當收到客戶回饋說很感謝我們產品幫了大忙時，我都會有滿滿的動力繼續開發新的功能。因此，我希望在接下來的職涯上，能夠持續專注在打造對終端使用者有意義的產品。

我自己平常除了持續提升前端技術，也會利用空閒時間去讀使用者體驗、使用者研究的內容。在實際工作時，每當與產品經理、產品設計師討論新功能，我不僅會提供技術面的評估，也會從使用者的角度出發與他們一起激盪。

舉例來說，前陣子在開發一個選單的新功能時，因為先前讀到行為經濟學的輕推理論（Nudge），我就跟產品經理提，或許我們可以在最開始的預設，就根據使用者選的類別，事先篩選掉不合的選項，這樣可以避免使用者選到錯的選項，而前端只需寫一個簡單的篩選邏輯，不用多大的成本。比起選到不合類型的選項後由前端顯示錯誤訊息，讓使用者只能選到對的選項，會有更好的使用者體驗。那時合作的產品經理也認同這是個好主意，並把這點融入產品的設計當中。

基於對產品與終端使用者的熱愛，當我思考職涯的下一步時，我特別想加入
Amazon 這類的公司。Amazon 以顧客至上的核心原則，跟我嚮往的不謀而合。比
起一些以技術出發的公司，我更偏好像 Amazon 這類以使用者的需求出發，並回過
頭想如何透過技術解決使用者問題的組織。」

◈ 6.5 如何準備白板題面試？

這個章節會分成幾個部分來介紹，首先會先介紹白板題是如何進行的，並且了解面
試官在過程中，想要透過白板題知道候選人的什麼面向；接下來，我們再來談怎麼
去準備白板題，最後會來展示一場白板題是怎麼進行的。

▌6.5.1 白板題的進行方式

進入正式面試後，一場白板題面試不外乎也會包含自我介紹、候選人發問的環節，
而其他的時間都會以白板題的方式來進行，白板題本身的進行方式分成幾個階段：

確認問題環節

在這個階段，面試官會給予一道題目，而題目通常可能會缺少些關鍵的資訊，例
如：輸入的長度、輸入的資料型態甚至是題目本身的一些限制。

這些資訊都是候選人需要去問才能得到的答案。在這個階段候選人要盡可能地去了
解題目，也可以去透過簡單的輸入、輸出結果，和面試官確認其正確性。一旦不幸
誤解了題目，不僅是解錯題目，過程的溝通上也必定會遇到很大的阻礙。

解題分析環節

在了解完題目後，不是直接敲起鍵盤、自顧自地寫程式碼，而是確定完題目後，需
要和面試官提及自己想到的解法可能是什麼，跟他解釋你打算怎麼做，並且去分析
這樣的時間複雜度與空間複雜度各別是多少，同時了解這樣是否滿足面試官的要
求。這時候可能會遇到兩種狀況：

- **第一種**：面試官很滿意你提出來的解法，這時候你就可以開始安心的敲起鍵盤，並且邊敲邊去說明你剛提及預計的演算法步驟，你現在正做到第幾步、正在做什麼樣的事情，直到所有步驟完成。
- **第二種**：面試官並不滿意你提出來的解法，此時候選人就會進入一種模式，可能是開始保持沈默、可能是進入慌張、也可能是放棄。這時候該採取什麼行動呢？我們在 6.6.3 小節告訴你，你可以怎麼做。

優化環節

通常我們好不容易解完題目後，面試官都會追問：「有沒有時間或空間複雜度更低的做法？」

這時候就很考驗候選人對演算法的掌握程度，如果順利的話，只要候選人再執行一次解題分析環節的流程即可，直到面試官滿意複雜度。

▍6.5.2 面試官真正想知道的事情

上一個小節我們知道面試的流程，這個小節我們來討論一下，為什麼流程是如此，面試官透過白板題真正想知道的事情是什麼？

▢ 溝通表達能力

面試的過程很多時候都是在考驗候選人的溝通表達能力，而這個階段更像是模擬面試官未來與這位候選人共事時可能發生的狀況，當面試官沒有清楚表達遇到的狀況時，身為候選人以及未來潛在同事的你，是否能夠與對方溝通清楚需求是什麼。因為，如果連需求釐清都無法順利進行，很有可能未來無法成為順利合作的合作夥伴。

▢ 危機處理能力

一定有很多時候，技術本身已經超出自己的能力範疇，以白板題來說，就是不知道解法是什麼或是不知道要如何優化了，此時面試官會好奇候選人怎麼應對這樣的狀況，並觀察候選人的行為，是否符合公司或團隊要的人。至於什麼樣的反應是好

的，就很看各位所面試的公司文化為何，以及面試你的面試官更喜歡哪一個做法，
這邊沒有標準答案，但是保持禮貌一定是不會錯的。

▊ 技術能力

白板題能考驗的技術能力有限，其包含對於資料結構與演算法的熟悉程度、寫程式
的細心程度以及寫程式的習慣等。對公司而言，找一個會的人機率比不會的人更
高，因此候選人需要對白板題有一定的準備，證明自己能夠解決更困難、更複雜的
問題。

▊ 6.5.3 如何準備白板題

通常大部分的練習方式，都會用 LeetCode 來練習，現在 LeetCode 上有兩千多道
題，基本上很難真的全部練習完。事實上也不用全部練習完，刷題最看重的是如何
思考，所以，與其刷很多題，不如每刷完一題都確定自己掌握該題背後的思考脈
絡，同時要能夠辨別出該題的模式，讓你在下一次遇到相同模式的題目時，可以依
循同樣的思考脈絡來解題。如果能掌握模式與思考脈絡，就算遇到沒碰過的題目，
也不會擔心。

▊ 練習時要注意的事項

1. 重質不重量

練習白板題重質不重量。很多人會追求題數，但比起追求題數，更推薦建立起面對
題目時的思考能力。

2. 先練習同類題型到精熟為止

假如是剛開始練習的人，建議先練習同樣類型的題目，例如都練熟陣列（array）後
再換下個題型，這樣能協助自己建立起對於該類題型的思維能力。直到你可以不參
考解答、自己流暢地解出某類的題目前，先持續練習該類型。

3. 記得先 dry run

所謂的 dry run 是指在寫程式前，先用手動的方式，一步一步地執行程式碼，藉此模擬程式的執行流程和驗證程式的邏輯。這有幾個好處：

- **找出邏輯錯誤**：透過手動執行程式碼，你可以更容易發現程式碼中的邏輯錯誤或演算法錯誤。
- **釐清問題並確認理解正確**：dry run 可以幫助自己理解面試官提出的問題、輸入與輸出，確保你是解決正確的問題。
- **討論極端案例（edge case）來展現思考縝密**：在 dry run 時，可以特別去討論極端案例（edge case），這除了能協助發現潛在的錯誤與限制，還可以展現思考的縝密性。
- **展現溝通能力**：在 dry run 的同時，也是展示思維過程與溝通技巧的時機，在沒有面試官的狀況下，可以先自己講解給自己聽。

4. 記得先寫偽程式碼（Pseudo Code）

Dry run 完之後，也別急著直接寫程式，可以先寫偽程式碼，確保能夠將每一個環節想清楚，下面是推薦的做法：

- **簡潔為主**：寫偽程式碼時不需使用特定的程式語言，以簡潔自然語言即可。
- **拆解步驟**：將解法拆解為簡單的步驟，並將每個步驟都寫成偽程式碼。
- **保持溝通**：在寫偽程式碼時，要邊寫邊講，當成你在教面試官該題的解法一樣。
- **檢查**：在寫完偽程式碼後，仔細檢查是否有錯誤或遺漏。

而寫偽程式碼的好處在於，跟面試官溝通時，並不是一下子就進到實作環節，而是要從上到下、從廣到深的去做溝通。舉例來說，先寫偽程式碼就是一種手段，先和面試官確認方向的正確性，確認沒問題再進到細節的實作。

▲ 圖 6.4.1　白板題解題流程

5. 實際寫程式碼時，記得 think out loud

Think out loud 是指把想法講出來，在自己練習的時候，可以試著邊寫邊講，平常就要這樣練習，在面試時才不會慌張，而且只要練習過一次，就會知道這件事其實不太容易。而詳細的 think out loud 模板可以參考附錄的「白板題溝通互動模版句型」。

6.5.4　先從哪些題目開始練習？

業界公認最推薦的是 Blind 75 的題目，以我們過去的準備經驗，也非常同意 Blind 75 適合作為準備的素材。

倘若已經非常熟練這 75 題，可以利用 LeetCode 搜尋所提供的篩選器，針對比較弱的資料結構或演算法題目單獨練習，只要練習到雖然是新的題目，但隱約覺得跟過去某一題好像，基本上就是換湯不換藥，那基本上練習的量就差不多了，再去把一題磨精即可。

而在進到刷題練習前，也可以先進入本書的「資料結構與演算法」相關章節來練習。

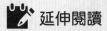 **延伸閱讀**

Blind 75 解題思路

針對這 Blind 75 題的詳細解題思路,可以參考 ExplainThis 在 GitHub 上的開源連結:

https://github.com/TheExplainthis/LeetCodeJourney

▌ 6.5.5 白板題的進行示範

在這個小節中,我們將展示一個典型的白板題示範,從釐清問題、討論解法到實作與驗證過程,讓你了解白板題的進行方式及其中重要的環節。

(開場與自我介紹環節省略)

(釐清問題階段)

面試官:今天有一個陣列 nums,我們需要求這個陣列中其總和最大的子陣列,你會怎麼做呢?

候選人:請問這個陣列當中的元素是整數、小數還是什麼樣的元素呢?面試官:是整數。

候選人:請問這個整數當中只有正數嗎?還是包含負數呢?面試官:有正數也有負數。

候選人:請問子陣列的總和會有可能溢位嗎?面試官:不會。

候選人:所以如果今天 nums 為 [3, -1, 5, -1] 則輸出答案為 7 嗎?面試官:是的。

候選人:那如果今天 nums 為 [-1, -2, -3] 則輸出答案為 -1 嗎?面試官:是的。

（溝通方案與分析階段）

候選人：了解，我可能需要思考一下。面試官：沒問題。

候選人：我想到一種可能的做法，我們可以先將所有的子陣列都找出來，並計算其總和，再去和當前的最大值做比較，取較大的那一個。

面試官：是個好方法，這樣做的話其時間複雜度與空間複雜度為何？

候選人：長度為 n 的陣列，總共有 n*(n + 1)/ 2 的子陣列，而每一個子陣列計算長度利用 sum 函式的話又需要 $O(n)$ 的時間複雜度，因此總共時間複雜度為 $O(n^3)$，空間複雜度會需要 $O(n^2)$。

面試官：這樣的時間複雜度有點太高了，請問有更快的做法嗎？

候選人：我可以試試看，我先假設 nums 為 [1, -2, 3, 1, -2, 6]，然後我們用迴圈掃過每一個數字：

- 當 i = 0 時，子陣列為 [1]，其總和為 1，當前最大總和為 1。
- 當 i = 1 時，子陣列為 [1, -2] 或 [-2]，其總和為 -1 或 -2，都比當前最大總和還要小，所以當前最大總和為 1。
- 當 i = 2 時，因為前一個狀態為負，所以不取前一個狀態，其總和一定較大，因此子陣列只有 [3]，其總和為 3，而當前最大總和更新為 3。
- 當 i = 3 時，因為前一個狀態為正，所以取了其總和一定比較大，因此子陣列為 [3, 1]，其總和為 4，而當前最大總和更新為 4。
- 當 i = 4 時，因為前一個狀態為正，所以取了其總和一定比較大，因此子陣列為 [3, 1, -2]，其總和為 2，而當前最大總和保持 4。
- 當 i = 5 時，因為前一個狀態為正，所以取了其總和一定比較大，因此子陣列為 [3, 1, -2, 6]，其總和為 8，而當前最大總和更新為 8。

因此做法可以是：「利用一個迴圈，掃過每一個數字，掃的過程判斷上一個狀態為正或負，負數則只取自己、正數的話就與上個狀態做加總，過程去記錄最大值，最後輸出最大值，即為解答。」

面試官：聽起來這個做法又比上一個做法更快，可以跟我分享它的時間複雜度與空間複雜度嗎？

候選人：時間複雜度為 $O(n)$，而空間複雜度為 $O(1)$。

（程式碼實作階段）

面試官：你可以在記事本上面實作這套做法嗎？

候選人：可以的，我們首先宣告一個變數 maxLength 用來記錄最大值，其預設值為負無限大；並宣告一個變數 currentValue 來記錄上一個狀態，其預設值為 0。

候選人：宣告完變數後，我們利用一個 for 迴圈，從 i 等於 0 跑到 i 等於 nums 的長度。而在 for 迴圈裡面，每一圈都要去判斷 currentValue 是否為正，大於 0 時，就更新 currentValue = currentValue + nums[i]，如果 currentValue 為負，則 currentValue = nums[i]，最後去更新可能的最大值，設定 maxLength = max（maxLength, currentValue），最後輸出 maxLength 即為結果。

（驗證階段）

候選人：接下來我們來試跑看看結果，當 nums 為空時，for 迴圈不會進行，所以輸出為 0，結果正確；而當 nums 為 [1, -2, 3] 時，第一圈 i 等於 0，此時 currentValue 為 1，maxLength 為 1。第二圈 i 等於 1，此時因為 currentValue 為正，所以 currentValue 更新為 -1，maxLength 仍然為 1。第三圈當 i 等於 2 時，因為 currentValue 為負，所以 currentValue 更新為 3，而 maxLength 也更新為 3，結果正確。

候選人：我已經完成了。

面試官：看樣子沒什麼問題，我們進入下一題。

（進入第二題，以下略）

從上面的範例可以知道，大致可以分成幾個流程：釐清問題階段、溝通方案與分析階段、程式碼實作階段、驗證階段。

當中的每一個環節都非常重要，畢竟一題下來可能只有 15 到 20 分鐘左右可以解，當中不僅考驗溝通能力、也考驗對演算法熟悉程度，最後還測試了程式碼實作能力，盡可能地要寫出不能有 bug 的程式碼，因此驗證的環節很重要，自己用一個測試資料人工的去跑演算法是否正確，確認無誤後再和面試官確認已完成。

◈ 6.6 技術知識點面試準備

大多數的新創，都希望候選人未來加入團隊後能夠馬上上手，期待候選人對公司既有的技術框架有一定的掌握程度，因此需要做技術知識點面試，主要目的是審查候選人的技術力是否符合公司所需。而這個章節我們會先介紹準備的要點，後面才會進到前端與後端的面試準備。

▎6.6.1 為何需要技術知識點面試？

通常在這個環節，面試官會詢問技術相關的問題，例如：「請描述 this 關鍵字在 Javascript 中如何工作？」、「請解釋 MVC 架構模式為何？」等，而面試官並非真的好奇想知道答案，而是想知道「候選人是否具備足夠的技術能力」；面試官會期待找一個公司的「即戰力」，入職第一天就能夠加入開發團隊當中，而不是還需要摸索、學習，三個月後才能夠上手。

因此，面試官會利用一些技術問題，快速了解候選人的技術能力狀況。雖然技術問題無邊無界，但也並非沒有範圍，通常會從這兩個面向來出題：

1. 公司當前既有的技術架構

為了確保候選人可以快速加入團隊，因此會想了解候選人對當前公司內部的技術架構了解多少，了解得越多、越深，未來就能越快上手，因此在去面試前，一定要對該公司的產品、技術、框架非常熟悉，盡可能在事前和內部相關的工程師做一些詢

問；若無法接觸到相關人士的話，也要仔細看一下該職缺的工作說明，會問的問題
都藏在裡面了。

2. 候選人履歷表上跟技術相關的內容

很多框架、技術雖然是不同工具，但背後概念和架構都是類似的，因此很多面試官
也會透過候選人的履歷表來進行詢問，確保候選人對於自己接觸過的技術是熟悉
的，不僅能夠實作、知道背後原理，甚至還能分享踩過坑的經驗與解決辦法，回答
得好就代表對於該技術的掌握是有一定程度的。因此，候選人一定要非常熟悉自己
履歷表上面提到的所有技術工具、技術點，這都是很有可能被問的問題。

▌ 6.6.2 如何回答好一個題目

「好」或「不好」就要回到面試官身上，對於面試官而言，他會想聽到什麼樣的回答
呢？對於不同職級的候選人，會有不同的期待嗎？我們這邊先來一個簡單的問答示
範，再以這個示範來看怎麼樣可以更好。

> 候選人：快取是一種儲存技術，用於暫時儲存頻繁訪問的資料以加速資料檢
> 索。它主要利用 RAM 或其他更快速的儲存介質來實現。當資料首次請求時，
> 它會被儲存在快取中，之後的請求可以直接從快取中獲取資料，而不必每次
> 都從資料庫檢索，這樣可以顯著提高應用的效能。

看完以上的示範回覆，我們可以來分析一下這個回答的狀況。首先，面試官並不是
真的想知道「快取是什麼」，因為 Google、教科書上有很多內容，面試官真正想知
道的事情是：「候選人對於整個計算機結構熟不熟、對於快取的使用上有沒有經驗、
他的溝通表達能力如何。」上面這個範例候選人的回覆，只能說是名詞解釋，但是
看不出候選人對於快取過往的經驗為何，以及不確定對於快取的概念和認知是否完
整，因此我們建議可以將回覆修正成以下：

面試官：請跟我分享快取是什麼？

候選人：快取分成前端快取以及後端快取，而我們這邊專注在後端做快取機制來介紹，後端做快取很大一個目的在於不要讓服務向資料庫做檢索，因為資料庫的檢索速度較慢，因此我們在服務和資料庫中間做一層快取服務，通常會使用 Redis 或 memcache 等工具。可以將快取分成三大部分來討論。

第一塊是快取的機制處理：可以分成 cache aside、read through、write through 和 write behind 四種狀況，四種狀況可以分為⋯（略）。

第二塊是快取本身的置換演算法：最常聽到 LRU（least recently used cache）的做法，可以將最近最少使用的 key 做替換，當然還有其他的置換方法，像是 LFU（least frequently used）或 MFU（most frequently used）等，分別適用的情況以及背後的假設為⋯（略）。

第三塊是快取本身的一些限制和風險：常見的狀況有三種，分別為快取穿透（cache penetration）、快取雪崩（cache avalanche）以及熱點（hotspot）的問題，導致這些問題發生的原因為⋯（略）。

實作上，我們過去也很常在系統當中利用 Redis 來當作快取的手段，我們會將大量的商品資訊做快取處理，比較熱門的商品也做了一些特別處理，避免單點的快取服務有熱點的問題，而這樣做之後平均效能提升了 25% 左右，不僅效能上優化，其他方面⋯（略）

我們需要在 3～5 分鐘內，盡可能地去表達我們對於這個技術的了解程度，而由於說明的時候可能沒辦法用圖來輔助，因此盡可能地要有架構，利用條列式、由廣入深的方式來說明，所以示範中會先說有三點、每一點又分成幾種狀況，可以讓聽的人比較有架構地去聆聽內容。最後盡可能地搭配一些自己過去的使用經驗，讓整體面試不會像「背誦」一個知識，而是「總結」過去實作的經驗。

6.6.3 回答不出來怎麼辦？

回到前面說的，面試官並非真的要一個正確答案，而是要考驗候選人的技術能力，我們換個方式來比喻：

如果今天一個西餐廳的廚師要去中餐館面試，此時中餐廳老闆問這位廚師：「請問你做過宮保雞丁嗎？」如果你是這位出身西餐廳的廚師，在沒有做過宮保雞丁的狀況下，會怎麼回答呢？

首先，你一定會開始思考你過去做過哪些類似的料理，因為你揣測這個中餐廳老闆是想問你「對於雞料理的掌握度」或者對於「辣」這件事的理解，因此你不會直接回答：「我沒做過、我不會。」你可能會說：「我沒做過宮保雞丁，但是我過去做過類似的料理，它的做法是…（略）。」這樣的回答是要說明：「我雖然沒做過你說的那道料理，但我做過類似的，而且兩者邏輯做法很類似，因此未來我加入這家餐廳後，也可以很快學會這道料理。」

看完上面的例子後，我們就可以知道，有時候回答不出來，很有可能是我們就是沒用過該工具、或者聽過該技術但就是沒用過，這個時候若直接回答「不知道、沒聽過、我不會」，似乎會給人一種「沒有努力想要獲得該工作」的印象，反倒應該再回頭追問面試官，他提到的那個東西是什麼，然後盡可能地去連結你過去的經驗。

舉例來說：

> 面試官：你使用過或聽過 Kafka 嗎？
>
> 候選人：我過去沒有直接使用過 Kafka，但我對它有一定的了解。Kafka 主要是一個分布式流處理平台，它不僅可以作為 message queue 使用，還支援高吞吐量、可擴展性和容錯性。我們過去因為沒有這麼大的流量需求，因此所採用類似的工具是 RabbitMQ，而我們利用 RabbitMQ 來解耦我們的服務，像是將貼文資料用 fanout exchange 的方式發給多個服務，包含利用 GPT 生成摘要、垃圾資訊過濾與情感分析。這種設計允許我們靈活地增加或修改消費者服務而不影響生產者。總之，我對於使用 message queue 來提高系統的解耦和擴展性有深入的實踐經驗，並且我有信心能夠快速掌握 Kafka 或其他類似技術。

以上的例子可以看到，即使對於面試官提問的工具不熟悉，但我們可以提一個類似的工具做分享。雖然面試官的問題不長、也不深，但比起讓面試官覺得自己什麼都不會、不懂，寧願自作多情多回答一點，至少可以在言之有物的狀況下，讓面試官認為你對技術的掌握度高一點。

⇨ 6.7 如何準備前端面試？

前端面試的種類非常多，不同公司往往也會有不同的面試類型。舉例來說，通常軟體大廠即使是前端職位也是會考資料結構與演算法（俗稱 LeetCode 題、刷題、白板題），但多數公司的前端職位面試都不太需要刷題。又或是比較資深的工程師會有前端系統設計面試，但資淺一點的職位則多半不會有。

會建議讀者在面試之前，針對你申請的公司上網搜尋或打聽該公司會面哪類型的題目，然後可以特別針對該類題目做準備。如果要面試海外的工作，Glassdoor 或者 Blind 上可以找到一些前人分享的面試心得。以下整理了不同類型的面試，以及針對這些不同類的面試可以如何準備。

▋ 6.7.1 前端面試會問哪些技術問題

▢ 前端知識點

前端知識點是幾乎每家前端面試都會考的，從 HTML、CSS、JavaScript 到框架（例如 React 或 Vue）以及瀏覽器等等的知識點。網路上的資源很多，ExplainThis 上也有常考題目的題庫，Front End Interview Handbook 也有整理題目與簡答（可參考下方的延伸閱讀）。

準備前端趨勢

除此之外，前端趨勢也需要有所掌握，例如：最近有沒有學習什麼前端新技術？知道 ECMAScript 最新版本有新增什麼嗎？或是對 React 18 有什麼了解等等。推薦平

常沒事就多逛逛前端社群，別人分享的新知就筆記起來，這樣面試時就不怕被問到趨勢但說不出來。

盡可能講得深入

在準備知識題時，不要只是講該知識點的表層，盡可能講得深入，甚至把一些面試官可能會追問的點，都自己先講出來。舉例來說，在講 JavaScript 的事件循環時，可以進一步去提任務、微任務，甚至提到 requestAnimationFrame 與 requestIdleCallback 在事件循環中的觸發點等等。

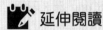 **延伸閱讀**

常考題庫資源

ExplainThis 上也有常考題目的題庫，Front End Interview Handbook 也有整理題目與簡答，可以參考。

- ExplainThis 最常見的前端面試題目：
  https://www.explainthis.io/zh-hant/swe-questions/frontend
- Front End Interview Handbook：
  https://www.frontendinterviewhandbook.com/

前端實作題

前端實作題主要有兩種：

- **第一種是要寫 Lodash 這種效用函式**：例如：實作防抖函式（debounce）？實作將多重陣列扁平化？這類問題的準備，首先要先掌握該知識點，以防抖為例，你會需要知道防抖是什麼。接著要掌握實作能力，並透過程式碼把該功能寫出來。這部分可以參考 ExplainThis 整理的前端手寫題詳解（可參考下方的延伸閱讀）。

- **第二種是元件的實作題目**：舉例來說，在面試時實作 Modal、Carousel、Dropdown 等在前端常見的元件。在網路上有不少文章或 YouTube 影片有這類元件的實作。不過除了實作最基本的功能，也建議多練習延伸題，舉例來說，一個 Modal 元件，可以如何在使用者點擊 Esc 時關閉；又或者一個 Tooltip 元件，如何偵測邊界來換到最佳方向。

 延伸閱讀

前端手寫題資源

ExplainThis 網站上整理了很多常見前端手寫題的詳解，此外 GreatFrontEnd 和 LeetCode JS30 也是很好的練習資源

- ExplainThis 手寫題詳解：
  https://www.explainthis.io/zh-hant/swe/fe-whiteboard
- LeetCode 30 Days of JavaScript：
  https://leetcode.com/studyplan/30-days-of-javascript/
- GreatFrontend：
  https://www.greatfrontend.com/prepare/coding

前端實作題的準備要訣

在前端實作題時，跟上一個章節談到的回家作業，雖然兩者都是實作類的關卡，但需要有不同的策略。在回家作業關卡中，因為有足夠多的時間，所以把程式碼寫乾淨、把測試都加完整，基本上是有餘力可以做到的。

然而，前端實作題通常只有 60 到 90 分鐘，在這麼短的時間當中，一開始不要馬上就想把程式碼寫得乾淨，先不要管各類設計模式，而是先把功能寫出來。

過去我們看過非常多候選人在這個關卡沒能通過，是因為沒有在時限內完成實作。往往導致這種結果的原因，不是因為候選人實作不出來，而是因為候選人花太多時

間在想如何把程式碼寫乾淨。例如，光是想一個變數命名就花三分鐘，導致程式碼才寫一半，時間就到了。

一般來說，在實作類的關卡，都會先看有沒有實作出來，如果沒有完成，寫再好看也沒有用。當完成功能、確定基本的都可以運行之後，再來想優化。優化的面向包含以下：

程式設計

- 實作的功能都正確嗎？
- 沒有會影響到不該影響的副作用（side effect）？
- 可能有錯誤的地方？都有做錯誤處理（error handling）嗎？
- 確認複雜度是否沒有過高、沒有過度工程（over-engineering）？換個角度想，可以思考是否有更簡單的寫法？

可讀性

- 程式碼是否造成過大的心智負擔？
- 命名（naming）是否合理、好懂？

一致性

- 程式碼風格是否整體一致？
- 是否遵照業界規範（convention），例如程式語言的風格規範、框架的使用規範？

最佳化

- 有沒有時間與空間複雜度上可以優化的地方？

6.7.2 前端系統設計

一般提到系統設計，多數人可能第一時間會想到軟體工程師面試常見的系統設計，這類系統設計會需要針對某個場景（例如設計短網址服務、設計臉書的動態牆、設計 YouTube），去設計可擴展、高度可用、高效能的分散式系統。

這類面試通常會是通用軟體工程師（general software engineer）或者後端工程師、全端工程師，相對比較常遇到，而前端工程師則是更常會遇到前端系統設計。

前端系統設計某部分與上述的軟體工程系統設計重疊，問的問題也是類似（例如設計臉書動態牆、設計 YouTube），但又有其獨特的部分。舉例來說，前端的架構、前端的技術取捨，以及前端要特別側重的前端效能、使用體驗、無障礙（a11y）、國際化（i18n），這些是對前端工程師重要、但一般通用系統設計不會問到的問題。

更具體一點來說，如果談到降低延遲（latency），可能會提到可以用快取（caching），在前端的部分，策略上會是在客戶端快取伺服器端的資料（例如直接在前端應用程式或透過 HTTP caching 放在瀏覽器中）；但後端用的策略則可能是在資料庫與伺服器中間加一個 Redis 來快取資料。

從上面的例子可以看到，同樣是講在系統中如何降低延遲，前端系統設計與通用系統設計的著重點會很不一樣。

最後補充一點，前端系統設計會是大廠資深工程師比較會考的題目，所以非大廠或者非資深，這塊多半不太需要準備。

▣ 前端系統設計的思考架構

在了解完側重的要點後，接著來聊如何展開前端的系統設計。目前業界比較多使用的前端系統設計框架是 RADIO 框架，該思考架構如下：

- **R**equirement 需求探索
- **A**rchitecture 架構建立
- **D**ata 資料模型
- **I**nterface 介面定義
- **O**ptimization 深入優化

▢ 需求探索

要展開前端系統設計面試，建議從需求探索開始，根據不同的問題，要去釐清任何不清楚的地方。比較推薦的做法是戴上產品經理的帽子，試著從產品經理的角度去思考。

前端系統設計在問釐清問題時，會分為功能需求與非功能需求。以動態牆為例，功能需求會包含動態牆具體要有的元素，例如動態是純文字或支援多媒體，或者是純展示還是會支援留言與按讚。

而非功能需求則是即使沒做、產品還是能用，只是可能體驗不會是最好。以動態牆來說，非功能需求可能包含無限滾動（infinite scrolling）、虛擬化展示（virtualization）或者要不要支援離線瀏覽。

這個階段，是在檢驗你「是否能有效面對模糊情境」。在實際工作上，很多時候產品經理的思考會需要工程端的協助，以便考慮更全面，這時需要工程端協助釐清問題，或者更深入去想執行細節要考量的面向。理想上，在跟產品經理過需求時，前端工程師要詳讀需求，然後把任何不夠具體、不夠清楚的地方，都留言提問。

而在面試，面試官則會刻意不在一開始就給所有資訊，因為想測驗候選人是否會主動去釐清。因此在遇到要設計的系統時，這個步驟千萬不能省略！

總結來說，在需求探索上，請務必確保自己有做到：

- 對要解決的問題有清楚的理解，任何模糊不清的地方都會追問
- 功能與非功能需求，都需要涵蓋到
- 有進一步收斂什麼是最重要的問題（確保接下來的討論都能在核心上）

▢ 架構建立

在釐清完需求後，接著要做的會是根據需求提出前端設計。而要能夠有效溝通，在最開始建議先從架構面著手。所謂的架構，就是要展開一個系統中所需要的元素、各個元素扮演什麼角色，以及各元素彼此如何互動，好讓系統能完整運行。

從前端的角度來看，常見的架構包含 MVC，Model 是存放資料的地方，View 是展示的地方，而 Controller 是控制邏輯的地方。除了前端的 MVC 彼此的互動外，還需要有跟後端伺服器的互動（例如常見的 HTTP 或者 WebSocket）。

或者是單一資料流的 Flux 架構，Flux 架構有存放資料的 Store，以及展示 UI 的 View，透過在畫面上的操作，會由 Dispatcher 發送 Action 來改動資料存放的 Store，View 再根據更新後的 Store 展示新的內容。

不論是 MVC 或 Flux 或其他常見的架構，沒有哪個絕對比其他架構好。需要在了解需求後，根據需求提出最合適的架構方式。

更進一步說，如果要讓架構完整，就會需要去考量更廣的元素，例如前端要做監控，如果有任何 JavaScript 錯誤，或者畫面變成白屏，需要第一時間觸發監控的警告，而這就需要有前端監控的元素在架構圖中。

又或者有些前端的控制，不想要寫死在前端的應用中，希望用配置的方式（config-driven），那就會需要有一個鍵值的外部機制（key-value store）能夠輕鬆地去操作（例如社群中許多人用的 LaunchDarkly）。

架構圖要廣可以到很廣，像是現代許多前端開發也都會導入 A/B 測試，或者是使用者行為資料的蒐集（例如 Google Analytics），都可能是前端架構圖中的一個元素。至於究竟要包含到什麼元素，就需要在一開始去釐清，這也是為什麼說需求釐清是非常非常重要的。

特別注意，工作時開發新產品，可以先就大方向進行討論，確保整體邏輯通順後，再往下進行深入討論（詳後面會提到的深入優化）。如果是在面試中，可以先跟面試官討論要展開到什麼程度，然後再把完整的架構圖畫出來。

總結來說，在架構建立部分，請務必確保自己有做到：

- 針對上一步驟的需求，提出相對應的解決方案
- 提出的架構能完整呼應需求，該有的要素都要有
- 架構有考量到未來的擴展，能以重用、最小改動方式來支援新需求

🔲 資料模型

有了架構後，這時可以進一步想，呈現畫面時需要有哪些資料？這會是資料模型探討的。前端要展示的資料，要如何有效管理資料的呈現，會是非常重要的。

從前端的角度來看，可以用狀態（state）來思考。談到狀態就需要想，有哪些狀態是伺服器端的狀態（server state）？有哪些是純粹的前端狀態（client state）？

區分兩者最簡單的點，是該資料是否需要長久維持（persist），用白話來說就是：假如今天使用者離開頁面，或者重新整理後，需要保留相關資料嗎？還是離開回來後，要重新回到初始狀態？如果是要保留，就會是伺服器端狀態；反之，如果不用保留，就屬於純前端狀態。

舉例來說，如果是設計 YouTube，使用者在有登入的狀況下，離開後重新回到同個影片，會從上次播放的地方開始、而不是從頭開始，要記住這個資訊，就需要存在後端，這會被歸類為伺服器端狀態（server state）；反之，YouTube 在未登入的狀況下，播放到什麼時間點，是純前端記錄的狀態，因為重新整理後就會回到最開頭。

在初步辨別需要呈現的資料，以及區分完哪些是伺服器狀態、哪些是純前端狀態，往下就可以思考要如何獲得來自伺服器端的資料，這會是介面定義要討論的範疇。

在資料模型部分，請務必確保自己有做到：

- 能清楚辨別前端所需的資料
- 能進一步區分什麼是純前端狀態、哪些是伺服器端狀態

🔲 資料模型

在定義完所需的資料後，前端需要思考如何從後端拿到這些資料。前端與後端之間的溝通，是透過 API 來完成的。API 是前後端之間的介面，而這個介面要使用什麼風格（例如 RESTful API 或是 GraphQL）、不同的介面要有哪些輸入與輸出，會需要前端與後端共同制定，因此這也會是前端設計的重點之一。

而從前端設計的角度看，對於介面的定義，有幾個要特別思考的面向，包含什麼樣的輸入與輸出合理（例如前端有哪些資料作為輸入、該拿到什麼輸出來展示）、怎麼樣能夠用最有效的方式操作資源（很多前端效能出問題，很可能是 API 設計出問題，導致前端發了多個可以被合併的請求；好的 API 設計能避免這類問題）。

在介面定義部分，請務必確保自己有做到：

- 能有依據地判斷要選用哪種風格的介面
- 能根據所需的資料，設計適合前端的介面

在有了架構、資料、介面後，通常往下會針對要設計的系統討論深入優化的可能性。不同的系統會有不同的著重點，舉例來說，YouTube 這類的影音播放平台，在前端要著重的面向跟動態牆要著重的面向很不一樣。是否能針對不同前端系統的特性去深入探討如何設計與優化，會是非常重要的。

要能有效深入設計並且優化，一個核心的關鍵，是要先知道「對該系統來說，什麼最重要」，這也是為什麼最開始探索需求要做好，不然很可能一不小心，就深入到不該深入的細節中，導致白白浪費時間。

從前端的角度來看，通常有以下可以優化的面向：

- SEO
- 效能（performance）
- 體驗（experience）
- 擴展性（scalability）
- 無障礙（a11y）
- 多語系（i18n）
- 安全（security）

在選定要往什麼方向深入討論前，務必要做確認。若是在實際工作中，要跟產品經理確認哪個方向是重點；如果是在面試中，則需要跟面試官討論。在確認之前，同樣不要直接跳下某個面向，不然可能會放錯重點。

如果你在確認前有自己的觀點，可以先提出自己的觀點，然後做確認。舉例來說，如果是在動態牆的前端設計上，你可能會有「因為使用者滑動態牆，主要是想要看內容，多數人是看但不會留言與按讚，所以內容呈現越快越好，互動性相對次之」的觀點。

這時你就可以先提出：「基於以上觀點，我覺得我們可以在渲染模式上，做深入的討論，因為不同的渲染模式，在內容呈現速度與互動性上，各有優缺點。不知你覺得往這個方向討論如何？」在確認完後，再深入探討。

要能夠有效深入某個點討論，有幾個先備要件：

- **第一個是要有產品思維**：因為要先從產品的角度思考，怎麼做可以帶給使用者最大價值，才能夠有效辨別該往哪深入討論。以上面的動態牆來說，如果有產品思維，就能有效去辨別出，在這類系統，呈現內容的速度比互動性重要。反之，如果是要設計像 Figma 這種高互動性的編輯器，那麼考量的重點就會完全不同。若有產品思維，就能更輕易辨別。
- **第二個是要有前端知識的廣度**：當知道的夠廣，就能有多種不同手段來達成目標。延續上面動態牆的例子，當辨別出動態牆類型的內容，需要更快速呈現內容，這時下一個問題就會是「該如何做到」；要能夠有效回答這問題，需要有足夠的知識廣度，例如要知道渲染模式選擇 SSR 在內容呈現上會比 CSR 快；或者可以透過預請求、快取、分頁、懶加載等不同手段，讓資料更快被拿到。
- **第三個是要有前端知識的深度**：當有足夠深度，才能夠從不同方案中選出最適合的。舉例來說，假如想要在瀏覽器做快取，可以存資料的地方有 Cookie、localStorage、sessionStorage、indexedDB 等不同地方，那在這些選擇中，選哪個比較好？這需要對瀏覽器儲存有一定的理解，才能夠回答。

上面這三個要件，是前端系統設計面試時，可以依序進行。在深入探討某個點之前，先針對系統的特性做梳理，辨別出重點在哪，接著根據重點，提出不同的可能優化方案，最後在針對選定的優化方案深入地分析並選出最合適的。透過這三點，就能更有條理地完成深入優化的討論。

前端系統設計題目資源

在了解完前端系統設計可以如何切入後，相信你可能會問：如果要準備的話，有什麼常見的題目？以及是否有答題的範例？

關於常見題目與答題範例，詳見下方延伸閱讀。

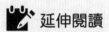 延伸閱讀

前端系統設計資源

ExplainThis 網站上整理了前端系統設計相關資源，此外，GreatFrontEnd 的系統設計資源也非常推薦

- ExplainThis 系統設計案例實戰

  https://www.explainthis.io/zh-hant/swe/system-design
- ExplainThis 全端開發案例

  https://www.explainthis.io/zh-hant/swe/fullstack-case
- GreatFrontend 的前端系統設計資源

  https://www.greatfrontend.com/system-design

◈ 6.8 如何準備後端面試？

後端工程師要守備的範圍真的很廣，可以說是從前端打 API 過來後的所有狀況都需要考量，因此準備起來非常不容易，建議可以先從職級上來做分類，了解自己應該要專注的面向，再深入到每一個主題有哪些重要的題目需要準備。而最佳準備的方向和素材，就藏在企業的職缺介紹裡，建議從那邊蒐集線索，來制定後端面試準備計畫。

6.8.1 不同職級準備方向

我們可以從不同階級的工程師需要具備的能力，客製化地分配時間，大致分成三種階級：

初階後端工程師需具備的能力

- 維護現有程式碼：能夠理解和修改現有系統的程式碼，修復 bug 並進行基本的效能優化。
- 單元測試：撰寫和維護單元測試，確保程式碼更改不會影響現有功能。
- 開發 API：根據需求設計和實作 RESTful API，理解 API 文件和版本控制的重要性。
- 資料庫操作：熟悉基本的資料庫操作，能夠實作 CRUD（建立、讀取、更新、刪除）功能，了解事務管理和資料庫安全性。

中階後端工程師需具備的能力

- 獨立功能開發：從設計到實作完整的新功能，能夠進行需求分析和系統設計。
- 程式碼優化和重構：識別並改進現有程式碼的結構和效能，確保程式碼的可擴展性和維護性。
- 概念驗證（POC）開發：為新技術或解決方案快速建立原型，驗證其可行性和效能。
- 較高程度的資料庫管理能力：進行複雜的資料庫設計和優化，處理複雜查詢和資料整合問題。
- 乾淨的程式碼：能夠依據設計模式寫出較乾淨好維護的程式碼。

資深後端工程師需具備的能力

- **系統架構設計**：設計並實作大型應用或系統的架構，處理高負載、高可用性和安全性問題。
- **技術領導和決策制定**：作為專案或團隊的技術領導，決定技術路線和框架選擇，進行程式碼審查和品質控制。
- **跨團隊合作和溝通**：與產品經理、設計師和其他工程師合作，有效溝通技術方案和影響。

- **指導和培訓**：指導初級和中階工程師，分享最佳實踐和技術知識，提高團隊整體技能水準。

不同的階級對於技術的要求都不同，通常越高階的工程師，就必須對於技術的掌握度越深，因此對於不同階段的準備方式也不同。以下我們分成三種職級的準備方式。

- **初階工程師面試**：對於計算機相關的架構不熟、對於作業系統不熟都還可以接受，但一定要有實作的能力，因此建議可以從自己架設一個後端服務開始學習，藉由實作的過程去熟悉語言、熟悉工具，在面試的時候盡可能地要去證明「自己會寫程式、而且是個好的團隊合作夥伴」。
- **中階工程師面試**：這個階段要準備的東西最多，要知道怎麼從零開始實作，並且開發過許多大大小小的功能，對於計算機架構、作業系統、資料結構與演算法、網際網路、資訊安全等議題都有一定程度的了解，確保開發出來的服務有一定的水準。
- **資深工程師面試**：這個階段的工程師比較多時候在做架構設計、新工具與科技的探索、程式碼審查以及分派工作給其他夥伴。在面試時，一定會考系統設計相關的題目，而更多時候會從行為面試題當中判斷候選人是否適合。

▌ 6.8.2 後端面試會問哪些技術問題

雖然上面為各位整理了每一個職級需要注重的面向，每一場面試仍可能會被問到技術相關的知識點，但後端要處理的事情真的無邊無界，因此準備起來會讓人更無力。我們整理出幾個重點讓大家更有準備的方向，大致可以這樣切分：

- 程式語言和框架
- 資料庫
- 資訊安全
- 網路原理
- DevOps 和自動化測試
- 效能優化策略
- 系統設計（ 6.8.3 小節詳細解說）

一場面試可能無法觸及到所有領域的問題，會隨著不同公司的架構與文化而有所差異，建議在準備的時候，可以先朝著你的目標公司來做時間的分配與調整，不用全部都做準備。

▣ 程式語言和框架

雖然我們很常聽説，如果學會 A 語言，那麼要換作學 B 語言的話可以很快上手，因此在投遞公司時，即使該公司所使用的語言不是你擅長的，仍然可以投遞。話雖如此，但每一個語言都有一些特性存在，盡可能地在面試前先做好對於該語言的了解，不管對程式語言熟悉或不熟悉，都應該要能夠回答相關的問題。下方以 Node.js 為例，可以參考以下的問題：

1. Node.js 和其他後端語言相比，其優劣勢與適用場景為？
2. Node.js 本身與語言的特性為？
3. Node.js 常常搭配使用的框架，框架之間的特性為？
4. Node.js 在不同版本之間的差異為？

以上是以 Node.js 為範例，但其實在每一個語言都是適用的，尤其是對於版本之間的差異掌握程度越高，會讓人覺得越像該語言的專家。如果想準備得更好，也建議大家可以動手實作看看，就更能知道當中的細節以及限制。

▣ 資料庫

資料庫基本上是面試時的必考題，因為是後端工程師天天都會碰到的工具，而資料庫本身也比較容易準備，因為它的範疇很固定，演化的速度也不像其他領域這麼快。通常資料庫需要關注以下幾個議題：

1. 關於 SQL 與 NoSQL 的選用，個別的特性與適用場景為何？
2. SQL 與 NoSQL 再去細分不同工具與版本之間的差別與適用場景為何？
3. 資料庫衍生出來的特性，包含 ACID 原則與 BASE 原則為何？
4. 資料表本身的處理，包含正規化、反正規化、資料型別之間的差異？
5. 效能優化，包含索引如何建立、讀寫分離的機制、分片的原理與做法、連接池的概念、指令優化的方法為何？

6. 資料庫底層所使用的資料結構以及其所使用的置換演算法為何？

7. 上層的應用，包含 SQL 語法、ORM、Query Builder 之間的比較為何？

職級越高，就需要對資料庫底層的優化掌握得更好，通常會從資料庫所使用的演算法、遇到某些情境下的選擇作為考點。相反地，職級越低的話，通常只要能夠有初步的概念和使用的經驗即可。

資訊安全

資訊安全一直都是重要的議題，尤其在特定的公司或產業，會更注重這項技術，而與其說是技術，倒不如說它已經刻在工程師的 DNA 裡，確保在設計與開發的過程當中隨時兼顧安全性。資訊安全相關的題目，包含以下：

1. 對於資安的基本概念，常見的漏洞該如何避免？

2. 加密相關的技術，其背後的原理與使用場景為？

3. 身分驗證和授權相關議題，包含 JWT（JSON Web Token）、OAuth 2.0 背後原理以及流程等。

4. 什麼是安全開發生命週期（SSDLC），每一個步驟該如何實踐？

5. 用過哪些資安系統，什麼是入侵檢測系統（IDS）和入侵防禦系統（IPS）？

資訊安全是個大議題，如果想要運用實作來練習的話，可以參考 OWASP 他們每年公布的前十大風險，並利用 WebGoat 來練習實作漏洞上的修正。在練習的過程中可以了解漏洞產生的原因，並了解如何防範，不僅是對面試有幫助，在系統的開發上也會更加地安全。

 延伸閱讀

OWASP WebGoat

一個開源的 Web 應用程式安全教學平台。

https://owasp.org/www-project-webgoat/

網路原理

網路原理也是個重要的部分，範圍很大且能考的東西很多，建議可以從前端向後端發起一個請求，過程中會遇到哪些技術點開始著手準備。

1. 基本的網路概念，包含開放式系統互聯（OSI）模型，以及其七層架構為何？
2. 資料傳輸，包含傳輸控制協議（TCP）和使用者資料報協議（UDP）之間的差別。
3. IP 和路由相關，IPv4 和 IPv6 的差別以及地址空間與配置方法。
4. DNS 和 HTTP 的協議，包含其工作原理，以及 HTTPS 原理與實作。
5. 網路安全，關於防火牆以及代理伺服器在網路安全中的角色和功能。

目前有很多公司都會運用 AWS、Azure 等相關雲端服務，所以也必須熟悉雲端服務上對於網域相關的設定與操作方式。

DevOps 和自動化測試

後端工程師的職位雖然可以再細分成不同的職位，像是開發維運工程師（DevOps Engineer）就是其中一種，但很多時候這個職位的工作專案都會落在後端工程師要負責的，因此通常面試時也會詢問候選人相關的經驗。

1. 何謂基礎設施即程式碼（Infrastructure as Code, IaC），其原理與實作經驗。
2. CI/CD 的基本概念與實際使用經驗。
3. 容器化（包含 Docker、Kubernetes 等）相關技術的原理與實作經驗。
4. 自動化測試（單元測試、集成測試）的流程與實作經驗。
5. 測試工具（包含 Junit、Selenium、Cucumber、Postman 等）使用經驗。
6. 監控和日誌相關的工具（如 Prometheus、Grafana 等）使用經驗。

比起寫程式的能力，DevOps 會更看重對於整個軟體開發流程的概念以及實作上的經驗，建議不只是讀理論、工具介紹相關的書籍，盡可能地去實作在自己的專案當中，面試時才能展現出有經驗的對話。

效能優化策略

效能優化可以說是必考題，因為它涉及的範圍很廣泛，也是當今服務很容易遇到的
問題，而這個問題也會直接反應候選人的能力天花板，會假設候選人能解決的問題
越難、則其天花板越高，因此建議讀者在這個類別的題目需要多加著墨。常考的問
題有：

1. 有哪些快取機制，以及背後的原理和快取策略有哪些？
2. 資料庫上的優化方式（包含：建立索引、分片機制、分割機制、讀寫分離
   等）其背後原理以及做法為？
3. 負載平衡的原理，以及其背後策略的做法與適用情境為？
4. 何謂微服務（microservices）架構，微服務拆分背後的優缺點為？
5. 非同步、同步、併發、併行之間的概念與差異為何？

除了以上問題以外，只要有關效能優化類型的考題皆有可能出現，像是垃圾回收
（garbage collection）機制、程式碼剖析優化工具等，這個議題會需要在實作中不斷
地累積，「背出答案」和「實際踩過坑」回答出來的內容會截然不同，而在越往上的
職等當中，也會越需要實際的經驗，而非理論上的知識。

小結

我們這邊整理出後端工程師常考的一些知識點面向，但每一個主題都可以再去延伸
每一個項目，所以準備起來需要花費非常多的時間，因此建議可以從兩個面向來準
備，第一個是參考要面試的公司所使用的技術規格為何，從這方面去著手準備會
更好；第二個是用長期的觀點來看，在工作中或者做專案的過程當中，就需要有意
識地去準備，舉例來說，不只是實作出來就好，還要進一步去了解背後的原理和狀
況；又或者是把問題貼給 ChatGPT 以前，先去了解背後可能的問題與原因，而不只
是複製貼上。以上這些做法都可以在工作中無形地去累積技術力，而這些東西也能
加深面試時的底氣，不像只是把答案背出來回答而已。

▌ 6.8.3 後端系統設計

▢ 系統設計面試是什麼？

系統設計面試通常會從「設計一個短連結系統」、「設計一個聊天系統」這類問題展開，然後往下，你需要去釐清系統需求的細節，然後根據需求去設計出相對應的系統。在系統設計面試中，除了會從整體系統角度討論，通常會被追問細節的問題，例如如何承載大流量、如何提高效能、如何提升穩定性等等。

比起程式面試，系統設計面試不只會影響能不能拿到工作邀約，還會影響到自己能夠拿到的職級。同樣通過程式面試關卡，有些人最後只能拿到中階（L4）的工作邀約，而有些人拿到資深工程師以上（L5＋）的工作邀約。這兩者的區別，很可能是因為在系統設計面試關卡有不同的表現。

另外，如果你是面試主任工程師（staff engineer）或是首席工程師（principal engineer）級別，系統設計面試會更加重要。能不能有效拆解一個龐大且複雜的系統，並從系統性的角度來完成需求，會是決定能否拿到這種超資深級別的關鍵。

同樣是「設計一個聊天系統」，有些人可以聊得很深入，深入到如何同時承載上千萬人即時傳訊息，或者如何讓整個系統的效能達到最佳化，然而有些人只能淺談，而兩者回答的差別就會影響最後拿到的職級。

▢ 系統設計面試在考什麼？

當面試官問「設計一個聊天系統」時，究竟在考什麼？

首先，系統設計面試是在考察對於現今業界常見大型軟體的相關知識，以及是否知道如何設計系統並利用相關工具來達成系統的目標。這些知識包含如何做資料庫擴張、分片，如何透過訊息佇列（MQ）來擴展，或是在某個情境下要選 SQL 或 NoSQL，以及為什麼。

第二，系統設計面試，會考察你釐清需求的能力。因為題目通常沒有標準答案，而且會在最開始刻意模糊，面試官會看你是否能從模糊的需求中，釐清系統真正的需

求，並且是否能夠根據需求，設計出一個符合需求、可擴展、可靠的系統。

第三，系統設計面試也在考察分析與取捨能力。在現實世界中，因為各種限制，很難設計出所謂完美的系統，多數時候需要在不同技術之間做取捨。要能有效取捨，需要先分析、先判斷什麼東西在什麼情境重要。

第四，系統設計面試也在看你的溝通能力。在業界工作中，經常會有技術提案與評審，這時就需要去向各方展示你的技術設計。讓人能夠懂你為什麼要這樣設計、並且買單你的設計，需要良好的溝通能力因此在系統設計面試也會看重這點。

最後，系統設計面試其實也是在考察你寫在履歷的內容是否屬實。很多人履歷上會寫得很好看，例如自己處理過大流量的產品，但在系統設計中，多問幾層就可以判斷是不是真的深入負責過大流量產品。

■ 系統設計面試的思考架構

在做後端系統設計時，我們推薦可以用三步驟來協助思考，這三步驟分別是：

- **步驟一**：需求探索（requirement）
- **步驟二**：架構建立（architecture）
- **步驟三**：深入設計（deep dive）

要設計出適當的系統，會需要先釐清需求，才能確保解決到對的問題。而在定義完需求後，接著要根據需求來建立系統的架構，這階段要確保整體架構能呼應需求，最後針對系統的特性（例如需要高可用性或者高一致性）來深入設計。

讓我們進一步來看這個架構的三步驟分別可以如何運用。

■ 步驟一：需求探索（Requirement）

不論在實際工作或者在後端系統設計的面試，經常會遇到需求沒有清楚定義的時候。從工作的角度看，產品經理會從產品的角度出發提需求，然後許多需求需要深入考慮技術可行性，這時就會需要由工程端進一步提問題釐清，透過多個角度把整個系統設計得更完整。

而從面試的角度看，因為面試官會想檢驗候選人是否具備探索需求、釐清需求的能力，往往在面試最開始，不會把所有訊息完整跟候選人說，這時會需要候選人主動提釐清的問題，來確保有解決到最關鍵的問題。

不論在工作或面試，當遇到一個需求，如果沒有釐清，會是工程師的大忌。先前 Meta 主任工程師 Ryan Peterman 分享過，初階工程師會抱怨產品經理的敘述不夠清楚；資深工程師則會主動協助把不清楚的地方理清楚。如果想要往資深邁進，有任何模糊不清的地方，務必要在最開始就釐清。

當然，從面試的角度來說，因為時間有限，盡量在最開頭的五分鐘把關鍵點問清楚。通常這會分成兩個區塊，分別是功能需求以及非功能需求。

功能需求

功能需求是從使用者的角度來看，可以用「使用者要能夠…」作為開頭句來思考。可以從產品的角度來思考，產品要提供給使用者什麼功能，同時思考有哪些功能是必要的、哪些是相對次要的。

例如，以設計一個動態牆系統來說，貼文、追蹤等功能是必要，但是按讚、通知可能不一定在最開始就是必要的。假如你沒有辦法確定哪個是必要的，就提出釐清問題把它確定下來。

非功能需求

非功能需求則是從系統的角度來看，可以使用「系統要能夠…」作為開頭句來思考。在思考非功能需求時，可以把這類需求理解成品質。舉例來說，「高可用性」是系統設計中很常會有的非功能需求，在一個系統中，就算可用性很低，仍能達到其功能，只是會讓人覺得品質很差；而當能夠照顧好非功能需求，就會讓人覺得系統的品質好。

常見的非功能需求包含：

- 例如有多少使用者，要擴展到什麼量級？
- 對於延遲（latency）的要求是什麼？
- 可用性或一致性中，比較看重哪一個？

但要特別注意，在一個系統中，不同的子系統，可能會有不同的非功能需求的要求。舉例來說，在一個電商系統當中，商品展示的部分會需要高可用性，但一致性要求可能還好；而在訂單部分為了避免重複下單，會需要高一致性，這種情況可用性相對可以被犧牲。

所以盡可能在釐清時，不要通則地說「這個系統要高可用性」，而是要去釐清功能需求中，不同的功能分別有哪些特性，並依照這些特性來思考子系統要滿足哪些非功能需求。

另外，在釐清非功能需求時，也要確保是夠明確的。舉例來說，「系統要高可用性」是相對抽象不具體的，比較好的描述會是「這個系統的可用性要達到幾個 9」。

什麼不在討論範圍中（Out of Scope）

除了討論功能與非功能需求，列清楚什麼不在討論範圍內（out of scope）也是非常重要的。在現實工作中，很多系統中的非主要元件，很可能早就有現成的能使用。

舉例來說，權限相關的問題，很可能公司已經有可用的現成 SDK 可以串，因此在現實工作中，這些就不會是討論重點。同樣的道理，在面試中也有很多不是該系統的重點面向，這時不推薦大家花時間在那些面向的討論（畢竟面試時間有限）。

進一步說，在面試當中，去討論什麼在範圍內、什麼不在範圍內，可以展示出「自己有排定優先順序的能力」，這會加分很多，因此推薦在面試時特別拉出來跟面試官確認；例如，可以說：「從剛剛的釐清中，我認為以下這些對這個系統來說，不是最重要的，或許我們可以先不用深入談，不知你覺得這樣如何？」

■ 步驟二：架構建立（Architecture）

在釐清完需求後，接著就要根據功能、非功能需求來進行系統設計。建議在一開始先從整體架構來討論。

注意

先詢問面試官是否需要做估算

在有一些坊間的系統設計教材中，會提到當了解完需求後，進一步做系統流量的估算（俗稱 back-of-envelop estimation）。這件事情不論在現實工作或系統設計面試中，都建議先確認完再做。

在系統設計面試中，很可能面試官沒有想往該方向討論，如果直接跳下去做估算，很可能是白白浪費自己的時間。

因此，建議用以下方式先跟面試官確認。

「快速估算一下預期的流量，有助於更精確地評估設計這個系統可以用的選項。這能協助判斷是否需要從一開始就專注於高流量，或是應該把低延遲等其他因素視為更高的優先等級。

所以接下來我想先做流量估算，你覺得 ok 嗎？」

如果面試官覺得可以做一下估算，那可以往下估算；反之，如果面試官覺得在該場面試沒有估算的需要，那就可以不用特別花時間在估算上。

在討論整體架構時，可以先著重在確保功能都有被照顧到；非功能需求的部分，可以在深入設計的部分討論。換句話說，在架構設計的階段，盡可能用全局觀來看，先不要在某個細節深入，因為那會是後面深入優化該做的事。

你可能會問，要如何展開整體架構呢？假如你沒有方向的話，推薦從核心要件開始，所謂的核心要件，是指能夠滿足功能需求的要件。以動態牆系統來說，要構成一個動態牆，使用者會需要追蹤其他人，然後才能在動態牆上看到其他人的貼文；因此最基本的核心要件會包含使用者、追蹤、貼文。

當然你可以說，現在的動態牆會有廣告或者有自己追蹤的粉絲專頁，要不要在架構中放入這些，端看在前一步驟的需求釐清，這些是否有被算在範圍中。

在釐清楚核心要件後，可以往下討論如何設計 API 來完成這些核心的要件。以動態牆來說，會需要有獲得貼文的介面、張貼新貼文的介面、去追蹤其他人的介面。同樣地，在這邊要不要細到討論各種介面，也是需要先釐清。例如新增貼文與獲取貼文是基本一定要有的，但修改與刪除不一定是。

有了核心要件且針對核心要件設計完 API 後，就可以開始架構。一般來說，推薦用圖像方式表達架構，會比較清楚好懂。

切記，在這個步驟，架構可以畫到很複雜，但要多複雜，則需要看你所面對的情境。假如是在實務工作中，需要跟產品經理保持一致；而在面試當中，則需要在前步驟與面試官釐清。

步驟三：深入設計（Deep Dive）

有了架構後，接著就要進一步深入設計。在深入設計的部分，會特別針對非功能需求來深入探討，如上面提到的常見非功能需求，像是大流量、低延遲、高可用性、高一致性，這些非功能需求可以在這個階段來討論。

你可能會問，深入設計時，該往什麼方向深入設計？在現實世界中，基本上沒有一種技術可以完美解決所有問題，多數情況是需要面對權衡取捨（trade-off）。因此在深入設計的討論中，很大一部分是要面對取捨，而要能有效做好取捨，就會需要知道什麼重要（要取）、什麼相對沒那麼重要（要捨）。

如果要被認定為資深工程師，在實際工作與面試中，這點又特別重要。要做好這一點，以下有一些思考的角度，推薦給大家使用。

1. CAP 理論（CAP Theorem）

CAP 理論是在思考系統優化點時，非常推薦使用的切入角度。

在系統設計時，推薦第一個可以去思考該系統的需求下，一致性（C）與可用性之間要如何取捨。當有了取捨後，就有向下深入優化的方向。

舉例來說，在一個搶票系統中（例如設計一個搶票系統的題目），針對票券販售的特性，我們可以推得「一致性比較重要」，因為如果沒有顧好一致性，可能導致一張票被兩個人買到，造成後續營運處理的麻煩。當有了這層思考後，就能往下去討論如何設計一致性高的系統。

相反地，在一個動態牆系統，可用性會比較重要，因為動態牆的商業模式是展示廣告，高可用性意味著能時時展示廣告。先前 Facebook 全球大當機時，就有人去估算在當機期間（不可用的期間）Facebook 的廣告收益損失有多慘重。

而在動態牆中，一致性就相對沒那麼重要，你按了某個貼文的讚，其他人隔十秒、二十秒後才看到，對於使用體驗影響不會太大。所以在這種狀況下，優化自然就可以往高可用性去思考。

2. 讀與寫的比例（Read-Write Ratio）

不同系統的讀寫比例也會很不同，這會影響到系統中使用要件的選擇。舉例來說，在一個聊天系統，讀與寫的比例會很接近，因為當大家使用聊天系統時，多數時候都會傳送訊息，這種狀況下就需要去思考如何優化寫入。

然而在電商系統中，讀與寫的比例會相差比較大。多數人可能瀏覽十多個甚至上百個產品，才會真正下單來購買，在這種情況下，寫入相對還好，可以著重於思考如何優化讀取。

3. 延遲與吞吐（Latency and Throughput）

理想中的系統要做到低延遲、高吞吐，但是在資源有限的狀況下，需要在兩者當中做取捨。舉例來說，要提高吞吐量的手段之一是批量處理（batching），但這種處理方式可能會增加延遲；反之，可以利用更多的運算資源來加速，但這會犧牲能處理吞吐量的資源。因此，雖然這兩者不必然互斥，但可以針對系統的特性，來討論哪一個要優先優化。

4. 其他可以深入優化的面向

除了上面提到的點，因應不同系統的特性，以下的面向，是可以思考要不要特別討論與優化的，包含：

- 可擴展性（scalability）
- 可靠性（reliability）
- 安全性（security）
- 成本（cost）
- 監控（observability and monitoring）

◼ 後端系統設計面試的時間分配

透過以上三步驟的架構，在面試時，將能夠更有條理地完成系統設計。最後，有些人可能會問，在面試過程中，以上三步驟的時間該如何分配？

先前聽前 Meta 的主任工程師 Evan King 分享，他談到以一場 45 分鐘的面試來說，前面的需求釐清約五到十分鐘即可，接著，如果是中階工程師，在整體架構上可以多花一點時間，但如果是要面試資深或主任工程師，則要在深入設計的部分多花一點時間。

這個原因在於，如果是中階工程師，面試官不會預設你對系統有很深的理解，但會想要確保你對系統的各部分都有一定程度的認識，因此能夠基本地畫出架構，要通過不會是問題。

然而，如果是資深工程師，則會被預期對基礎架構有一定程度理解，因此面試官會偏好可以從簡地完成架構後，就開始針對系統最核心的部分討論如何深入優化。理想的狀況是，能深入到講面試官原本不知道但又對系統優化有幫助的洞見。假如你能在面試的過程中帶給面試官新的洞見，對於拿到資深的職級會很有幫助。

最好的準備方式來自工作

先前在 PTT 論壇上，有篇面試上 Facebook 的面試文提到了：「準備系統設計最好的方法是來自於工作，最好你在工作上就是要去思考怎麼設計系統、各種方法的優缺點以及思考各種 edge case 以及解法，這樣子學到的深度跟廣度都遠多於看那些準備素材。

如果工作上沒有碰到也沒關係，可以先從 system design primer 看起，理解系統設計的各種面向。另外我推薦看一些公司的 Tech talk 來了解他們實際上怎麼設計系統，為什麼要這樣做以及不同方法的 Trade-off 又是什麼，理解為什麼要做這個決定是最重要的。」

參考資料

1. Evan King LinkedIn 貼文
   https://www.linkedin.com/posts/evan-king-40072280_hello-interview-system-design-in-a-hurry-activity-7217558480121913345-79cz/
2. [心得] Facebook/Robinhood/Coinbase/DoorDash
   https://www.ptt.cc/bbs/Soft_Job/M.1604906581.A.0F3.html

07

行為面試篇

Designed by pikisuperstar / Freepik

⇨ 7.1 什麼是行為面試？

在軟體工程師的面試中，除了技術面試，還有一種同等重要的面試叫「行為面試（behavioral interview）」。

如果你過去沒有接觸過行為面試，可能會問：「什麼是行為面試？」、「為什麼叫行為面試（behavioral interview）？」以及「要如何在行為面試中脫穎而出？」

我們將在這個章節中逐一解析，讓我們先從介紹什麼是行為面試開始。

▍7.1.1 行為面試概覽

這個面試類型之所以叫行為面試，主要是因為它的主要目的，在於評估候選人在特定情況下的行為表現。這種面試是基於「過去的行為可以用來預測未來表現的指標」這個前提。

舉例來說，面試官可能會問「請分享你曾在工作上碰過的困難與挑戰，以及你是如何解決的？」這種過去事件的問題，請候選人提供詳細的例子，說明過去如何處理工作中的各種問題。

而在你的回答過程中，面試官會評估你的行為反應。舉例來說，過去遇到困難時，你如何反應？是半途而廢還是堅持到底？是否會去找方法突破困難？在困難時是用什麼態度與同事互動？這些行為都會是面試官所評估的。因為一個人的行為，往往不只是表層的，也透露深層的思考、慣性，因此行為面試會被用來檢視技術以外、其他日常工作中重要的元素。

除此之外，行為面試也可能被用來檢視與團隊的需求吻合度。一個團隊中，除了能力上需要彼此互補，在行為方面也需要。舉例來說，假如團隊中已經有很多很會衝的人，那用人主管為了讓團隊成員更互補，可能會想找維穩型的新成員。

最後，行為面試也是在檢視候選人與公司的文化契合度。舉例來說，在新創公司要動很快，但在科技大廠則會需要嚴謹所以動不了那麼快，而在公務機構則又有不同

的文化。因此，即使某個候選人很優秀，但假如該候選人偏好動得快，那對於大廠來說，不一定會接受。

▌ 7.1.2 該如何看待行為面試？

我們建議，要把行為面試看得跟技術面試一樣重要，甚至當你變得越資深，行為面試會變得更加重要。而在目前的業界，幾乎沒有公司不做行為面試，所以在準備面試時，務必要好好準備行為面試。

行為面試不僅是在正式面試的環節，有些公司在招募員關卡就開始用行為面試來篩掉人。這樣做對公司的好處在於，在前面能以最小的成本，把行為面、公司文化契合度上不符的人篩掉，省下後續工程師得再花時間面試的成本。

如果今天不準備行為面試，很可能會出現花了許多時間修履歷，讓自己總算拿到理想公司的面試，同時刷了幾百題 LeetCode，覺得自己準備充分，沒有解不出來的題目，結果沒想到在招募員關卡後，就直接收到感謝信的慘劇。

過去我們看過不少讀者這樣的結果，因此在這邊特別建議大家，如果想避免準備技術面試卻無用武之地，請務必要好好認真看待行為面試。

另一個行為面試的作用，在於職級的認定。面對同樣的問題，不同職級的工程師會有不同的思維與行為反應。過去我們看過，工作經歷五、六年，技術能力很好，也刷了很多題，最後順利拿到工作邀約，結果卻仍拿到初階工程師（L3）的職級，原因多半是在行為面試或系統面試時出問題了。關於如何準備行為面試，讓你能免於被降級，我們在 7.2 小節中會詳細說明。

事實上，有些時候，行為面試能夠補足技術面試表現不佳的部分。前 Meta 工程師 Alex Chiou 分享，先前去面試 Robinhood 的主任工程師職位，在其中一輪的資料結構與演算法面試沒有完全解出來，但是在其他輪次的程式實作以及行為面試表現很好，最終順利拿到工作邀約，而該工作整包年薪高達 75 萬美元。

讀到這裡你可能會感到很驚訝:「沒有完全解出來,還能拿到年薪 75 萬美元,有沒有搞錯?」就 Alex Chiou 的事後分析,因為他在行為面試的表現,讓人認定為足夠資深,所以彌補了前面某一輪沒有完全解出的不足處。

▌ 7.1.3 常見的行為面試問題

前面提到,行為面試是透過某個情境中你會有什麼樣的行為反應,來了解遇到狀況時的處理方式、人格特質、價值觀。以下列出常見的行為面試問題,並加以分類,如果準備的時間有限,推薦可以先從這些問題開始準備。

問題解決

- 請描述一個你曾經遇到過的技術挑戰,你是如何解決的?
- 你曾經遇到過一個專案快要失敗的情況嗎?你做了什麼來挽回局面?
- 請描述一個你需要在壓力下解決問題的經歷,結果如何?

團隊合作

- 請描述一個你在團隊中解決衝突的經歷,你是如何處理的?
- 請分享一個你在團隊專案中扮演重要角色的例子,你是如何協助團隊達成目標的?
- 你曾經遇到過難以合作的團隊成員嗎?你如何與這類同事合作?

領導能力

- 請描述一個你曾經領導專案的經驗,你如何確保專案成功?
- 當你負責帶領團隊時,你都如何激勵團隊成員?

溝通能力

- 你有向非技術人員解釋技術概念的經驗嗎?你當時如何解釋得讓對方聽懂?
- 你都如何給團隊成員提供回饋?
- 你曾經遇過溝通不順暢導致專案出問題的情況嗎?你是如何處理的?

適應性和靈活性

- 請描述一個你需要快速適應新技術或工具的經歷，你如何做到？
- 你曾經需要在沒有足夠資訊的情況下做決策嗎？你如何應對？
- 當你發現你所選擇的方法不可行時，你會如何解決問題？

時間管理

- 請分享一個你需要同時處理多個任務的經歷，你如何做好管理時間？
- 你曾經遇到過緊迫的截止日期嗎？你是如何確保按時完成的？
- 當你發現你的工作進度落後時，你是如何處理的？

持續學習

- 你如何保持對新技術的掌握？請分享你最近學到的一個新技術。

◈ 7.2 如何準備行為面試？

在了解完行為面試以及其重要性後，接著讓我們來談談如何準備行為面試。在這個小節，我們會概覽式地分析如何準備，而在後面的小節，我們會進一步分享 STAR 原則，以及如何有深度地回答行為面試。

▌7.2.1 如何面對茫茫題海？

如同前面提到，在行為面試中，面試官主要會想搜集關於你的思維與行為、你與團隊的需求吻合度，以及你與公司文化的契合度。然而，行為面試有太多問題可以問，在準備時該如何面對茫茫題海？

關於這點，我們推薦在準備行為面試時，要練習一個故事多個切入角度。這是因為，雖然行為問題百百種，但是如果抽象化來說，很多都是類似的問題，所以可以不用真的準備到這麼多問題，只要針對核心的問題準備即可。

舉例來說，下面這些變化，完全可以同一個故事回答：

- 請分享一個你做過最有挑戰的專案
- 請分享一個你感到最引以為傲的專案
- 請分享一個你做過技術上最困難的專案
- 請分享一個你過去印象最深刻的專案
- 請方想一個你過去做過最喜歡的專案

所以更推薦的方式，是把同類型的題目，練習用同一個故事來回答，然後針對不同題目，有稍稍不同的變化，這樣就不需擔心題目太多準備不完。

▌ 7.2.2 如何為公司客製化？

在行為面試中，有一些特質是不論什麼公司，都希望候選人要有的。舉例來說：

- 有責任感
- 積極主動
- 擅於團隊合作
- 懂得排定優先順序並做最重要的事

但不同公司也可能會有不同的文化，因此在準備行為面試時，懂得為不同公司客製化，會是能讓你表現突出的重要關鍵。

所謂客製化就是針對要面試的公司，準備不同版本的回答。例如同樣是問到「過去工作上碰到的問題與挑戰」，面對大公司，可以多分享遇到要解決不同極端情境的挑戰，因為大公司通常做的產品是全球化，即使極端的狀況也可能很多使用者會遇到。

然而，如果是面對新創公司，可以多分享如何快速解決某個問題，因為在新創的領域，速度快很重要。雖然說要客製化回答，但千萬不要杜撰一個故事，畢竟只要一深入追問，很可能會被發現。

如果想要客製化，建議務必要去了解其公司文化。可以從官網、公司的招募網站、公司的部落格去了解。如果時間有限，可以優先去讀公司部落格的故事，了解該公司的員工如何體現公司的文化元素，然後試著想自己有沒有類似的故事能分享。

了解公司文化還有一個額外好處，那就是當被問到「為什麼想離開現在的工作」這個常見的問題時，從公司文化的角度切入，就特別能詳談。特別注意，在回答這問題的時候，不要去批判現在待的公司，而是要從「自己不適合該文化，同時嚮往貴公司的文化」角度切入。

舉例來説，開放與封閉的文化，沒有哪一個比較好。以大家常見的 Android 與 iOS 作業系統來説，一個走開放，一個走封閉，但都走出自己的路，且相當成功。但是有些人可能更適合開放路線、有些人更適合封閉路線；如果你是偏好開放路線，但原本待的公司偏向封閉，而正在面試的公司是開放路線的，你就可以特別提這點。

除了研究公司文化特點外，Uber 的首席招募員 Samantha Shulman 曾在 LinkedIn 上面分享一個面試準備要訣，在面試前花 15 分鐘做三件事，讓你在面試官心中留下深刻印象：

- **第一件事**：花五分鐘查看一下面試官的 LinkedIn 或其他公開資訊（許多科技公司面試前會給面試官的名字）
- **第二件事**：花五分鐘瀏覽公司的網站介紹
- **第三件事**：花五分鐘在 Google 上搜尋公司最近的新聞這三件事可以用來幹嘛呢？

當你有去研究面試官，就可以在最後問：「我看到你幾年前從 X 公司轉來 Y 公司，在這個轉換過程，有什麼讓你感到意外的成功，或者有什麼特別有挑戰的事？」

當你有去研究公司介紹，就可以在最後問：「我知道公司在 X 面向獲得極大的成功，想問我將加入的團隊對這面向有些什麼樣的貢獻呢？」

當你有去研究公司最近的新聞，就可以在最後問：「我看到公司最近宣布了 X，這對我將加入的團隊或將擔當的角色，可能會有什麼影響嗎？」

上面這三個在面試最後提出的問題，可以展現你的好奇與上進，也可以讓面試官感到你是真正在乎這家公司，這都是面試官會想要看到的訊號。因此多花這 15 分鐘會非常值得，讓你在面試官心中，能留下更好的印象。

Samantha Shulman · Following
Principal Recruiter @ Uber | Uber for Business
2mo · 🌐

Do 15 minutes of homework before going into an interview.

- 5 minutes to look at the LinkedIn page of the person you're about to meet.
- 5 minutes to explore the company's website, "About Us" and "What We Do"
- 5 minutes to search the company name in Google and click on "News" to see if they've been in any recent press.

▲ 圖 7.2.1　Uber 的首席招募員 Samantha Shulman 15 分鐘面試準備要訣

▋ 7.2.3　如何做好溝通與互動？

在行為面試中，做好溝通會非常重要，所謂的溝通，不只是講的內容，你的語調、肢體語言都相當重要。舉例來說，假如你的表達讓人感受不到你的自信，別人可能會對於你講的內容打折扣。

關於面試時的溝通，我們建議先照顧好非口語的表達，然後再練習口語的表達。非口語表達的練習中，務必要錄影，如果是練習視訊面試，就把自己對著鏡頭的樣子錄下來，然後看自己的儀態是否展現自信、自己說話的語調是否有抑揚頓挫。

▢ 簡單、意外、具體

而口語表達的部分，要練習讓面試官能快速聽懂，我們最推薦史丹佛大學教授 Chip Heath 提的六大原則中的前三項（由於面試的回答時間有限，在練習時能做到前三項即可），這三項分別是：

- **簡單**：當你把事情講得簡單，別人就容易理解
- **意外**：當你能講出別人意想不到的點，就能持續吸引注意
- **具體**：當你能舉出具體的例子，就能協助別人記下你說的內容

在面試時，可以用這三點來協助自我檢視。至於要如何檢視呢？推薦用以下的方法。

要檢視講得夠不夠簡單，可以找不熟技術的家人或朋友，練習講給對方聽，然後看著對方，並且問對方：

- 是否能聽懂你講的故事？
- 是否能聽懂你描述的情境？
- 是否聽出你要解決的任務有多複雜？
- 是否聽懂你講的影響力有多大？

如果有任何一個面向沒辦法懂，就要試著用更白話的方式講。過去我們見過最常導致不夠白話的原因，是用了太多專有名詞。我們建議在行為面試時，不要用專有名詞。即使對方是有工程背景的人，你提的所有詞彙也不見得都聽過，當你用專有名詞時，可能會讓對方的訊息接受出現落差，而無法快速理解你所說的，這是要避免的。

而要檢視是否意外，則可以檢視你講的內容能否套上「多數人會⋯，但⋯」這個句型。這個句型的前半句是描述大多數人會認為的狀況，或者會採取的行動；接著搭配一個「但」來描述轉折。如果你能夠在故事中加入這種轉折元素，就能帶給面試官意外，也比較容易抓住他們的注意力。

而要檢視是否具體，可以檢視你講的內容是否有「舉例來說」在其中。如果有，代表你有舉具體的例子；如果沒有的話，建議重新檢視並想想可以加上什麼例子。

最後，除了上面提的三個溝通原則，要記得行為面試不是單向的，請試著把行為面試當成雙向的對話，在點與點之間，要穿插問題。就算面試官沒有主動提問，也可以自己埋梗，讓回答變得有層次，而不是單一點就講完了。

◧ 正向表述

在行為面試的溝通與互動時，採用正向表述，會讓面試官對你更有好感。

舉例來說，如果你是在職面試新工作，比起談論你為什麼想離開現在的公司，可以改成分享你對眼前機會感到興奮的地方。

當被問到「你為什麼想離開現在的工作？」時，比起說「目前在工作上沒有晉升機會」這樣的負面表述回答，會更推薦用正向表述說「先前看到貴公司發表的 XXX，特別吸引我，因為我過去 OOO 的經驗，讓我對這領域特別感興趣，我相信這會是我能進一步發揮的舞台」。

用負面表述會讓人覺得你可能是個潛在的離職風險，擔心你在遇到困難時，可能很快就會想跳到下一份工作。

雖然同樣是離職，但「逃離眼下的困難」和「積極追求自己更想要的」兩種描述有很大的區別，而多數的招募員和用人主管會偏好後者。因此建議盡可能地用正向表述的方式，來回答行為面試問題。

▋ 7.2.4 沒有相關經歷時該怎麼辦？

在面試時，很多時候你會遇到沒準備過的題目，且當下沒辦法馬上想到相關經驗。舉例來說，如果你是初階工程師，之前沒有真正帶過團隊做技術設計，但是在行為面試時被問到「分享你帶領團隊做技術規劃的經驗」，這時該怎麼辦？

針對這種狀況，第一，不要撒謊編故事！很多人可能會想臨場編一個故事來應付，但是有經驗的面試官會不斷追問挖深，很有可能你編出的故事最後被識破，這會相當扣分。

針對卡住的狀況，可以從兩個角度切入來討論：

- **從分析的角度來討論**：假如你沒有相關經驗，可以先如實告知，接著再提出在該狀況下，你會怎麼做來解決問題。這種做法可以讓你能夠展現自己的問題解決能力，藉此來彌補經驗不足的部分。
- **從相似經驗來討論**：除了從分析的角度展現問題解決能力，另一個可以做的，是拉出相似的經驗。例如，如果身為初階工程師，你沒有帶過團隊做技術設計，但可能有帶過實習生討論某個功能實作，這經驗雖然不到完整的技術規劃，但也有相似的點，所以可以拉出來講。

▌7.2.5 長期如何準備行為面試？

過去很多讀者會說，在準備行為面試時，真的想不到有什麼經驗可以提出來講。行為面試本身是反映過去的工作經驗，因此建議不要到了真的要找工作才準備，而是要用長期的角度持續累積。

要長期準備，推薦以下兩個方法。第一個方法是 2.3.2 小節有提到的炫耀文件（brag document），而第二個方法則是去挑戰有困難度的專案。

由於在 2.3.2 章節已經有提到炫耀文件（brag document）的具體做法，讀者可以回到該小節溫習，這邊我們僅針對「挑戰有困難度的專案」進一步說明。

在這個章節談到的所有方法與面試技巧，雖然能夠協助讀者呈現出更好的一面，但是即使有這些方法與技巧，如果你本身沒有累積出足夠有料的經歷，這些方法能幫助的仍會有限。

舉個最現實的例子，今天有兩位候選人，候選人 A 與候選人 B 同樣都讀了這本書、都用了上面提到的方法，而且每天練習、持續改進，讓回答的內容與表達都做到最好。

但其中候選人 A 在工作上累積了跨團隊的領導經驗，挑戰開發複雜度很高的產品，而候選人 B 只有做團隊內的專案，且複雜度不高。即使兩個人的準備方法都一樣，最終候選人 A 可能拿到資深工程師的職位，但是候選人 B 恐怕只能拿到初階工程師的職位。

因此，如果你想累積更豐富的故事、在行為面試中能有足夠深度，那麼在工作中，不要怕困難的挑戰，不要怕挑戰範圍大的責任，而是要把這些困難當成自己累積故事的機會。

要試著以「開發高品質軟體產品」的思維出發，在過程中如果有任何沒有達到標準的面向，就主動跳出來改善。舉例來說，高品質軟體需要夠穩定，假如目前你待的團隊沒有寫自動化測試來確保軟體的穩定性，這時不要抱怨，要當成機會，主動跳出來說要協助改善。

又或者，高品質的軟體效能要好，假如目前你負責的產品效能有改善的空間，一樣可以當成機會，主動跳出來分析效能的主要問題在哪，並且帶領團隊一同來提升效能。

當你能夠做到這樣，久而久之自然能累積夠多豐富且有深度的經歷，就可以在行為面試中展現給面試官。

▊ 7.2.6 行為面試的注意事項

在這個小節的最後，要與讀者們談一些行為面試準備的注意事項，在準備時一定要特別注意這些面向。

☐ 不要背回答

在準備時，強烈不建議背回答，因為行為面試的可能變化非常多，背回答很可能導致當題目有一點改變、就沒辦法跟著變化。除非是想要背下幾百題的回答，不然這種方式無法有效準備。

比較有效的做法，是用列點記下你的故事核心。如上面談到的，遇到不同的問題，可以用同一個故事核心來回答，這樣不管如何變化，都能夠有效應對。

在練習時，試著練習用同一個核心故事來回答不同的變換題。這種練習不只對面試有幫助，對平常的工作也會有幫助，因為在現實世界的工作中，工程師免不了要面對各種有細微變化的情境，這時如果你能夠依據自己的核心方法論來微調面對不同情境，不管情境再怎麼變化，都不用擔心。

☐ 練習用「我」而不是「我們」

在行為面試的回答中，建議盡可能用「我」而非「我們」；如果是準備英文面試，盡可能用「I」開頭而不是「We」。

例如，「在該次專案中，我做了 XXX」，而不是「在該次專案中，我們完成了 XXX」。

之所以這樣建議，是因為如果用「我」開頭，會讓人感受到你在談論的事情是由你主導；反之，如果用「我們」就會讓人覺得，你只是參與者，真正主導的另有他人。

因此，在行為面試中，想要在面試官腦中建立起「你是負責人」的形象，用「我」會變得更有效果。這也是為什麼建議讀者們務必要練習，描述過去經歷時盡可能用「我」開頭。

■ 一定要做模擬面試

在練習面試時，投資報酬率最高的事情之一，就是做模擬面試。理想的狀況是找認識的人幫忙模擬面試，然後給回饋。

然而，如果沒人能幫忙模擬面試的話，可以自己錄下回答，在錄的時候不要只是錄音，還要錄下你回答的樣子。還記得前面談到，在表達時，非口語內容的表達（肢體動作）甚至有時更重要，所以在錄自己時，推薦用錄影的而不只是錄音。

⇨ 7.3 行為面試框架─STAR + L

回答行為面試（behavior interview）的方式有很多種，但若想要在簡短的面試中有架構地清楚回答，業界中最廣為流傳的方法，莫過於 STAR 這個架構。這個方法甚至是 Amazon 在官方的面試準備素材中推薦的，因為這個方法可以很有條理地整理你的過去經歷，藉此讓面試官能夠評估你的潛能。

先前 ExplainThis 團隊成員在面試 Amazon 時，每個問題也都是用 STAR 方法來回答，最後有幸通過面試拿到面試邀約，因此我們相當推薦這個方法。不過隨著我們自己面試經驗變多、協助讀者準備的次數變多，我們發現單純的 STAR 方法還不夠，我們更推薦用 STAR + L 的方法。

讀到這裡你可能會好奇什麼是 STAR + L？可以如何在面試中使用？這個小節我們將與讀者們詳細地分享。

▎7.3.1 什麼是 STAR + L 原則？

STAR 是由四個字的英文字首組成，分別是：

- 情境（**S**ituation）
- 任務（**T**ask）
- 行動（**A**ction）
- 結果（**R**esult）

而 L 則是學習（**L**earning）。原本業界流傳的框架只有 STAR，但是我們在這邊特別加上這個 L。

以下我們以「過去是否因為其他同事表現不好，影響到你的工作進度，那時你是如何應對處理？」這個問題，進一步講解每個要件。

▱ 情境（Situation）

當遇到一個行為面試問題，你可以先試著解釋當時的情境與脈絡。切記不要給一個含糊抽象的回答，要盡可能提出具體的例子。例子也要有足夠的細節，讓面試官可以了解該情境。

與此同時，在描述情境時，如果有專有名詞，要盡可能避免，或者是講完專有名詞後要簡短解釋。這是因為面試官可能不清楚相關專有名詞，如果你用了但沒解釋，很可能講半天都是無效溝通，讓面試表現打折扣。

以上面的問題來說，你可以這樣描述情境：「我在前一份工作時，有位新加入的同事XXX，他上手工作的時間比別人長，在前期不僅產出速度慢，寫出來的程式碼往往需要多次來回的 code review，甚至偶爾會出現錯誤。因為要幫忙他做 code review以及有時要幫他 debug，我有很大一部分的時間被佔用到，以至於我自己的工作進度被延誤。」

▇ 任務（Task）

在描述完情境後，接著可以試著講述，在該情境當中，你被要求承擔什麼工作？你要解決什麼問題？達成什麼目標？

這邊的關鍵在於，要講現狀與理想中還差了什麼，所以需要做什麼來補齊。在描述要達成的目標時，建議可以同時說量化（quantitative）與質性（qualitative）的目標。舉例來說，入職後上手的時間太長，所以要改善效率，從 [某個天數] 提升到 [某個更少的天數]。

在描述任務時，一個很重要的關鍵是要把守備範圍（scope）定下來。如果你想面試的職位層級越高，守備範圍就需要越大。

舉例來說：「當時我跟我的主管反應這個情況，主管也同意這問題需要被解決。此時我自告奮勇說我可以分配一些時間協助該同事，希望能夠幫助他加快開發速度，每次 sprint 能夠從本來只完成 80% 的分配任務，提升到至少 90%，以及減少 code review 來回的次數，可以在不多於兩回 code review 就讓程式碼被合併進生產環境。」

▇ 行動（Action）

有了情境與任務，接著你可以提你具體做了什麼來解決問題並達成目標。切記，這邊不能只提團隊做了什麼，而是需要提到「你自己做了什麼」，所以用「我」而不是「我們團隊」開頭，來描述你個人在解決該問題上的貢獻。

舉例來說：「跟主管討論完後，我跟那位同事約了一個 1:1，透過這個 1:1 來了解該同事的狀況。這時我發現到該同事的問題，不是因為他不夠聰明，而是因為我們沒有提供足夠的入職與相關文件，加上他比較內向會偏好先自己研究而不是直接找人問。了解這個問題後，我先跟他提了有任何問題都要主動提問，同時我花了一些時間去了解我們在文件上有哪些不足，邊協助他補上那些知識缺口，同時一邊製作新的文件」。

「採取的行動」會是行為面試中，決定你職級的關鍵。如前面談到，同樣的問題，資深工程師的解法，跟初階工程師會有區別，如果你想面試上資深工程師，提到的行動需要至少以團隊為單位，而不是以個人為單位。在下面的 7.4 小節中，我們會進一步說明，如何講出被認定為資深的行動。

▢ 結果（Result）

講完你做了什麼行動，接著一定要講行動帶來的結果。常見的正向結果包含：節省成本、減少時間、提高量體、提升品質等等。更有甚者，除了提到這次的結果，如果能談一下你從這個經驗中學到什麼，那會更好。

例如：「透過一對一的協助，這位同事的生產有了顯著的提升，再往後的 sprint，不僅達到本來設定的完成 90% 任務，幾週後幾乎每次 sprint 都完成所有分配任務。程式碼也有所改善，後面常常是一次 code review 就足夠。也因為這名同事，讓我們組上更加重視完善新同事的入職流程，也因為我後來陸續補齊的文件跟完善的流程，後續的新同事入職狀況有明顯的改善。」

在結果的部分，如果要能拿到資深的職缺，除了講述解決完問題獲得的成果，也要講對於團隊、做事方式或者流程上的改變，因為這些改變是更長遠的。

以上面的例子來說，不僅是解決該同事的問題，而是透過改善流程，讓未來加入的同事也不會有類似的問題。

▢ 學習（Learning）

在行為面試的追問題，經常會出現「在該次經驗中你學到什麼？」、「如果重來一次你會用不同的方式做嗎？為什麼？」這類追問。

而多數時候，如果在這個追問前，自己就先分享，那會讓面試官對你的印象更深刻。這也是為什麼我們建議在準備每一題時，都先把這個追問題準備起來。

例如，我們可以這樣說：「在這次優化入職流程與文件的經驗中，我體認到以使用者為中心的重要性。新成員用了我第一次提出的優化版本後，效果其實沒有想像中來

得好，當時進一步了解後才發現，原來許多既有成員認為理所當然的東西，對新成員來說並非如此。

因此在迭代時，我在每一個改動後，都請新成員給回饋，確保改動後對於新成員來說容易理解與上手。當這麼做之後，整個入職流程與文件的效果，有了相當大幅度的提升。

因為這個經驗，在那之後我在做任何事之前，都會先確認投入時間之前，有先確認做的東西是從使用者角度出發，能真正讓使用者覺得簡單易用。」

▍7.3.2 搭配 STAR 的 Story Shape 方法

除了 STAR 本身外，Amazon 首席工程師 Steve Huynh 在「Don't Get Down-Leveled or How to Tell a Good Story（From a Principal at Amazon）」影片提到，story shape 方法搭配 STAR 方法會特別有效。

 延伸閱讀

如何講好一個故事

強烈推薦讀者看完 Amazon 首席工程師 Steve Huynh 的「Don't Get Down-Leveled or How to Tell a Good Story (From a Principal at Amazon)」這支影片，對於準備行為面試會很有幫助：

https://youtu.be/hU6BVxtGd5g?si=wBF16bwPnDidtL2o

STAR 原則可以讓 story shape 更加完善。舉例來說，在描述情境與任務時可加入衝突（conflict）、挑戰（challenge）等元素，讓你後續的行動更被凸顯。畢竟問題越嚴重，越能凸顯解決方案的價值。

特別注意，假如你想要挑戰下一個級距的工作（例如你本來是中階工程師，想挑戰資深的職位），你描述的問題就不能只是中階的問題，而需要是資深的問題。

以上面的回答範例來說，協助另一個工程師，這只是中階層級的問題；假如你分享的是這樣，很可能只會拿到中階的工作邀約。如果想要拿到資深的工作邀約，就要提到資深的問題，例如，不僅是某個工程師的個人產出不佳，而是整個團隊的產出都不如預期。假如你提的是這個問題，會是更棘手的挑戰；這意味著，如果你過去曾經順利解決這種整個團隊都出問題的狀況，更能讓人相信你具備資深的實力。

以上，非常建議大家在行為面試時，可以透過 STAR 原則來架構自己的故事，並且透過 story shape 方法讓故事變得更加生動。

▌ 7.3.3 如何梳理自己的經驗？

過去找我們諮詢的讀者，經常會遇到「即使知道 STAR 原則，在準備行為面試仍卡住」的狀況，因為想不起來自己有哪些可以講的故事。

如同前面章節談到，平時要為自己準備好一份炫耀文件（brag document），讓自己在要準備面試時，有過去記錄好的內容，來梳理自己的經驗。然而，如果你先前沒有記錄的習慣，這邊推薦先完整梳理過去的經驗。可以透過問自己以下的問題來梳理。

技術相關

- 負責什麼專案、開發過什麼功能？
- 專案的技術難點是什麼？如何解決的？
- 使用 XX 技術時有沒有遇到什麼坑？如何解決的？
- 專案中遇到過什麼印象深刻的 bug？如何定位問題？最後如何解決的？
- 有沒有優化過效能？怎麼做到？用什麼指標衡量？
- 做的功能如何帶來業務上的影響？
- 在技術面，有沒有特別值得提的亮點？

團隊相關

- 有沒有過團隊衝突？如何化解？
- 有沒有遇過難搞的同事？如何互動？
- 有沒有團隊效率不彰的時候？如何促成改善？
- 有沒有主動提議並推動做的事情？
- 有沒有團隊變動需要重新適應的經驗？當時如何應對？
- 有沒有時間壓力很趕的專案經驗？如何排定優先順序？

可以先透過這些問題，試著梳理出過去不同的經驗，然後根據不同的行為面試問題，來看看如何運用這些不同的經歷。這時再搭配 STAR 原則就能更具體地去描述那些經歷，鋪成出好的故事。

我們可以用 STAR 原則來準備面試問題。在本書的附錄中，ExplainThis 團隊用 STAR 的架構做了一個模板，並附上回答要點與範例，推薦給讀者使用。

◈ 7.4 如何在行為面試讓人覺得你像資深工程師？

前面章節有談到，行為面試除了決定一位候選人是否錄取外，而且很重要、也會是決定一個候選人能拿到什麼職級。這是因為資深與非資深的工程師，在行為面會有很大的不同。讓我們看看以下兩件工程師很常要做的事情，不同層次的工程師會有什麼不同的行為。

同樣是在思考開發：

- 初階工程師會想該如何實作出來（專注在執行細節）
- 中階工程師會想該打造什麼（專注在解決方案的探究）
- 資深工程師會想為什麼要開發這東西（專注在確保問題值得解決）

同樣是寫程式：

- 初階工程師寫出功能無誤的程式碼
- 中階工程師寫出功能無誤、同時乾淨好維護的程式碼
- 資深工程師帶領、指導團隊，讓整個團隊都能寫出功能無誤、乾淨好維護的程式碼

	思考開發	寫程式
初階工程師	執行細節	寫出功能無誤的程式碼
中階工程師	解決方案的探究	寫出功能無誤、乾淨好維護的程式碼
資深工程師	確保問題值得解決	帶領團隊，寫出功能無誤、乾淨好維護的程式碼

可以從上面的例子中看出，初階、中階以及資深的工程師，在「具體做出的行為」有很大的不同。具體來說，我們可以概略地定義這幾個不同職級。

- **初階工程師**：主要是被人帶，沒有帶人或專案的經驗，在談經歷時，出發的角度都是談個人層級，且做的都是偏小型的功能（一到兩週能完成的功能）。
- **中階工程師**：能獨立運作，不再需要人手把手帶，而是能開始帶人（例如帶實習生），且開始做有一定複雜度的專案（一到兩個月能完成的），且做到跨團隊的協作（跟產品、設計等不同團隊協作）。
- **資深工程師**：開始負責帶團隊（5～10人範圍），當技術負責人（出事的話出來擔），且負責規劃團隊技術路徑（設定接下來要做什麼）、制定團隊技術規範。甚至做到帶領跨團隊協作，負責到半年為維度的專案。
- **資深以上**：帶領多個團隊（例如兩到三個團隊，每個團隊5～10個人），讓多團隊持續提升，讓整體產能提升數倍（透過不同機制，例如重新梳理 oncall、CI/CD 流程）。個人的技術能力達到業界頂尖水準，負責的專案維度是以年為單位。

▌7.4.1 五大常見面試題目解析

以下我們將會針對常見的題目，來討論初階、中階、資深工程師在回答上會有的區別。如果你想確保自己拿到資深工程師的職級，請務必在平常做事時，就要去挑戰資深工程師該做到的程度。

問題一：請分享一個你過去半年改善過的事（以改善溝通為例）

- **初階工程師會談個人層級**：原本自己在會議中都沒有發表意見，努力改善後，在會議中逐漸講更多話，自己的想法也開始被採納。
- **中階工程師會談帶人層級**：發現自己帶的初階工程師平常在會議比較少發言，於是跟該工程師約了一場 1:1 會議，藉此了解他不常發言的原因。聊完後分享了幾個建議他能改善的心法，且會議中也會鼓勵他發言，幾週後看到他嘗試發言，覺得很有成就感。
- **資深工程師會談帶團隊層級**：發現會議的進行方式，都是集中少數幾人發表意見，許多團隊中的成員保持沈默，當發現這問題後，決定跳出來負責引導，在引導時確保每個人的意見都能表達出來。後來還進一步調整會議進行方式，在新的形式下，每個人的想法會先被寫下來後，才進行討論，這樣能確保每個人的聲音都被聽見。

問題二：請分享你做過技術上最困難的專案

- **初階工程師談功能層級**：在討論最困難的專案時，如果是談獨立開發出某個功能的經歷，很可能會被認定為初階工程師，因為守備範圍不夠廣。
- **中階工程師談專案層級**：當能夠跳脫單一功能、談論能獨立完成某個專案，甚至是帶領初階工程師完成實作，就可能被認定為中階工程師。
- **資深工程師談跨團隊層級**：能夠做到帶領整個團隊甚至帶領解決跨團隊的專案，才能被認定為資深工程師。如果你想被認定為資深，請務必確保自己分享的內容，守備範圍不僅是自己的團隊。可以的話請挑有上下游團隊、複雜互動與依賴的專案，這樣才能展現自己有解決困難問題的經驗。

問題三：請分享一個你與團隊方向意見相左的經驗，你如何化解衝突？

- **初階工程師談個人層級**：如果你談的經驗，是你與其他人單獨在意見上的衝突以及如何化解，這多半會被認為是初階工程師。

- **中階工程師談團隊層級**：如果談的是與團隊的意見衝突，化解後協助團隊到一個收益更高的方向，就可能被認定為中階工程師。

- **資深工程師談跨團隊層級**：如果談到的是跨團隊的衝突（例如你帶的團隊如何與協作的另一個團隊有衝突，你如何解決跨團隊衝突，以及如何改善跨團隊協作之間的問題），則會被認定為資深工程師。

問題四：請分享一個你犯錯的經驗

- **初階工程師談個人省思**：如果你談的經驗，是你在犯錯後如何接受回饋、根據回饋調整，並透過犯錯成長，這很不錯，但會被認為是初階工程師。

- **中階工程師談團隊層級**：如果你不只談從犯錯中如何調整、從犯錯中如何學習，還進一步談你如何傳承經驗，如何文件化來讓新團隊成員不會犯相同的錯，那可以被認定為中階工程師。

- **資深工程師談跨團隊層級**：如果你不只談犯錯中的學習與成長、不只談如何傳承，還談如何辨別導致犯錯的根因，並且透過實際行動免除該原因，讓未來團隊成員都不會犯相同的錯，例如部署時犯了錯，你實際去優化部署流程，讓新的流程不會出現同樣問題。當你能有這種程度的回答，就能被認定為資深工程師。

問題五：請分享一個你做了超出職位範圍事情的經驗

- **初階工程師談個人層級**：如果你談的經驗，是多做了什麼來讓自己目前做的事情做更好，這多半會被認為是初階工程師。

- **中階工程師談團隊層級**：如果談的不只是改善自己做的事，而是進一步談改善團隊層級的事，例如改善團隊的流程，就可能被認定為中階工程師。

- **資深工程師談跨團隊層級**：如果談到的是進一步去做能影響跨團隊的事，例如發現跨團隊之間的協作有某一部分不理想，所以跳出來做，做完後還改善整體協作流程，那則會被認定為資深工程師。

希望透過以上五個題目的解析，讓讀者們更能理解，在面對相同的問題，初階、中階以及資深工程師在行為上會有什麼不同。

如果你發現自己目前手上做的事還不是用資深的方式，建議可以主動去做資深範圍（意即跨團隊層級範圍）的事，這樣未來要面試時，也會有比較多相關故事能分享。

7.4.2 牽涉技術的行為面試─如何以資深角度回答

有時候行為面試中，也會牽涉到技術相關的問題，但這些問題其實還是在看候選人的思維與行為。

舉例來說，有個常見的面試題目是「分享一個你過去做過技術遷移的經驗」。面對這題目，前端工程師可能從一個框架遷移到另一個（例如從 jQuery 遷移到 React），而後端可能是從單體架構遷移到微服務架構。

試想一下，如果你被問到這個問題，你會如何回答？假如你過去沒有實際做過遷移經驗，也可以想一下，假如問題改成「如果你要做遷移，你會怎麼做？」你會如何回答。

以下我們分別談三種不同回答，而這三個回答，也會被認定為三種不同職級。

第一種回答

如果你的回答是「我會去研究既有的專案，熟悉程式碼，並去讀新技術的文件，然後思考如何用新的技術來改寫」，這樣做看似沒有錯，但是會被認定為初階工程師的做法。

第二種回答

如果你的回答是「我會試著先去分析不同的解決方案，評估不同方案的優缺點，確定要選擇的方案後，再根據新的技術選擇，來規劃如何進行遷移。與此同時，我會確保遷移計畫都有完善規劃，包含預期會分多少階段、需要多少人力、什麼時候能完成」，這個回答非常不錯，可以說是標準的資深工程師回答，但是仍不到主任工程師等級的回答。

第三種回答

如果要做到主任工程師等級的回答,會是「在推動遷移之前,我會想先評估這個遷移的必要性,以及遷移能夠帶來的效益。如果遷移帶來的效益不高,或許我們可以評估有沒有其他更省人力的方案,能達到相同的成果,而不是直接就投入遷移。直到確認遷移的效益足夠支撐這樣大規模的投入,才會往下分析該如何做才能夠有效完成這件事;否則,同樣的投入,可以把時間與人力放在其他更重要的事情上」。

◈ 7.5 面試最後,如何回答「你有什麼想問的問題」?

在一場面試結束前,面試官經常會問「你有沒有什麼想問的問題?」,當聽到這問題時,千萬不要錯過這個提問的機會。

在最後階段提問有幾個好處,一個是可以讓面試官感受到,你是對該公司與職位感興趣,會真正想了解該公司。第二個好處也是更重要的,是面試不是單向而是雙向,意即你也要篩選公司,因此你需要足夠的資訊來協助自己判斷該公司適不適合自己。更進一步說,善用這個問題,在談薪水的時候也能給自己有利的資訊。

要回答這問題,你要對適合自己的公司與團隊有清楚的樣貌,然後根據該樣貌,來提問並判斷該公司是否與自己契合。當然,假如你過去沒有待過太多不同的團隊,可能還不清楚自己適合什麼。

因此在這個小節,我們即將來討論可以在這個時候問什麼問題。

▎ 7.5.1 不同角度看提問這件事

在面試的提問階段,有幾個不同的切入角度可以看待,以下我們將逐一解說。

▣ 反向面試

面試是雙向的，不只是公司在挑選候選人，也是候選人在挑公司。多數時候一位候選人可能同時拿到不同工作邀約，要能在這些不同機會中，選出對自己來說最合適的，就需要在提問階段時，問到對自己重要的資訊，讓自己能做出選擇。

因此，可以把這個時機點當成你在反向面試，你要確認未來要加入的團隊是真的適合自己（例如團隊文化上適合）。人生與職涯都很短暫，不要花時間在不適合的團隊，不然很可能加入不合適的團隊，導致自己短時間又要換工作，很不划算。

▣ 展現你的興趣

除了反向面試，這個環節其實也是你能展現自己對公司感興趣的時機。最差的狀況是你在這個時間點說「我沒有特別想問的」，當你說了這句話，面試官瞬間對你滅火的機率會大大提高，畢竟如果你真的對某公司感興趣，應該會很好奇該公司的各個面向，所以應該會有很多問題想問。

因此，這個環節務必要準備至少三個問題，透過提問讓面試官感受到你對公司有高度的好奇、高度的興趣。

▣ 展現你是有料的

問好的問題可以讓人判斷你的思考高度，因此也可以把這個階段當成展現你思考高度的時機。要避免在這階段問那些上官網看就能得到的資訊，而是要進一步思考，在你已知的公司相關資訊外，可以再去深入問哪些問題，這樣才能展現自己的思考深度。

▌ 7.5.2 哪些問題適合問？哪些不適合？

向面試官提問時，有些問題適合問、有些則不適合，以下列出我們覺得適合與不適合的問題，來供讀者們參考。

▢ 適合問的問題

看到貴公司有 XXX 等計畫協助員工成長，你有從這些計畫中獲得什麼成長？

這是個好問題，因為這代表你有主動去看公司的資訊，同時展現你對成長感興趣，這兩個都是好的訊號。與此同時，這個問題能真的得到有用的經驗分享，來驗證 XXX 計畫是否跟你想像的一樣。

基本上，針對你已經了解過的公司資訊進一步追問，都是不錯的問題。舉例來說，你可以問：「我看到貴公司談到團隊合作是公司重視的核心價值，想問有沒有關於團隊合作正向與負向的具體例子能分享呢？」

你最喜歡在這邊工作的什麼面向？

很多網路上的文章推薦問這問題，但這個問題比較適合在中小型公司、新創公司問，因為可以驗證該公司對外宣傳的是否跟員工體驗的一樣。不過，相對來說這不適合在大公司問，因為可能只會得到一些比較制式的回答。所以建議看場合決定要不要問這問題。

最近公司發布了 XXX，這個產品的願景與五年規劃是什麼？

這之所以是好問題，因為問這問題代表你願意花時間做功課，代表對公司真的關心，同時這意味著你開始思考產品未來的走向（有深度）。而這問題能問到的資訊也會對你有幫助，因為你能有資訊去檢驗該公司產品的發展走向，跟你期望的是否吻合。

目前公司與團隊，正在面對什麼重大的挑戰？

這個問題能展現你的興趣（對於該公司要解決的問題好奇），同時能展現出你已經開始思考要解決什麼問題。這兩種特質都會是面試官偏好的。與此同時，這問題對候選人也有幫助，因為能協助你了解目前公司的狀況以及公司面對的問題，是不是讓你覺得躍躍欲試想挑戰。

▣ 不適合問的問題

能輕易找到資訊的問題

容易找到的資訊，建議也都不要問，例如公司有多少人、規模多大，除非是在新創公司，不然一般大公司都可以輕易在網路上查到。舉例來說，在這階段應該要盡量避免問薪資福利，這是因為目前網路資訊發達，做點功課就很容易找得到，問面試官這個問題所能得到的額外效益不高，只會讓人感覺你關注的點是薪水而不是其他面向（例如工程文化），相對很難留下好印象。

過度私人的問題

在提問階段，如果問過度私人的問題，除了沒辦法幫助你得到有用的資訊，還可能讓面試官覺得這是負面訊號。在提問時，如果要問面試官在該公司工作的個人經驗，也要提到相關資訊；如果是完全私人的問題，基本上應完全不要問。

▋ 7.5.3 針對新創公司可以問的問題

PostHog 的 創 辦 人 James Hawkins 曾 經 寫 過「The really important job interview questions engineers should ask（but don't）」一文，談論候選人在面試新創公司時應該要問某些重要的問題、但是多數候選人沒有問。以下我們摘要他精闢的觀點。

▣ 問市場與產品契合點（Product-Market Fit）問題

首先，他提到在面試新創公司，一定要問這類的問題，舉例來說：

- 你是否曾經質疑自己的產品是否真正符合市場需求？為什麼？
- 你的產品是何時達到市場需求契合點？你是如何判斷的？
- 如果還沒有，在達到產品與市場的契合之前，你還需要做些什麼？

從 James Hawkins 的觀點來看，檢視這類問題之所以重要，是因為沒人會想加入一家創辦人自己都不相信的公司，沒人會想搭上一艘正在往下沈的船。如果該新創還沒達到產品與市場的契合點，可以進一步問創辦人有什麼規劃帶領公司達到目標。如果創辦人講不出個所以然，建議加入前必須三思。

此外，他也談到，如果一家公司的創辦人回答類似以下的答覆，會是要避免的警訊：

- 如果還沒到契合點，而創辦人沒有打算花大量時間去與使用者對話、了解使用者
- 該創辦人沒辦法很清楚說出產品能帶給使用者的價值
- 該公司有解決方案，然後反過來找問題（備註：這種狀況代表該公司目前沒有真正解決任何使用者的具體問題，這類空有解決方案通常是種警訊，因為沒有解決任何問題，表示不會有人願意付費給該公司，長期的經營很可能無法持續）

問公司還可以維持營運多久（Runway）？

接著他談到要問公司還可以維持營運多久（How much runway does the company have）？因為新創公司通常不像大公司有穩定且充足的財務狀況，很多新創公司都處在燒錢狀態，可能撐不了多久。新創公司需要在資金耗盡之前實現盈利，否則即使理想再好，最終也無法實現。

因此，他建議，在考量當前的經濟環境下，要避開那些對自己還能營運多久不明朗、或者不在意這一點的公司（當然，如果整體經濟狀況好，募資相對容易，這點則未必）。另外，他也建議避開那些你不認為最終能實現盈利的公司。

針對公司文化的提問

James Hawkins 也推薦針對公司文化多追問，舉例來說，如果公司的網站寫了某個文化原則，可以請面試官分享這個文化原則過去是否有具體落實的例子；這可以用來檢視公司在文化面是否講的跟做的一樣。

針對公司未來發展提問

最後 James Hawkins 提到，去了解公司的未來發展也很重要，包含去問基於公司的願景，接下來有什麼發展計畫、有什麼策略與方法來實現願景。除此之外，他也提到，可以針對動機提問，例如針對創辦人經營公司的動機、是什麼驅動著創辦人，這讓你能夠推敲出下一步可能會往哪邊發展。

另外，他也建議可以去問目前公司遇到什麼困難、有什麼是讓創辦人感到擔憂的，這些問題可以讓你知道假如加入這公司，自己每天會要面對什麼挑戰。

■ 參考資料

1. Uber 的首席招募員 Samantha Shulman 15 分鐘面試準備要訣
    https://www.linkedin.com/posts/samanthashulman_recruiterlife-
    behindthehiring-interviewtips-activity-7194331136590848001-m7aZ
2. The 6 Principles to Make Your Ideas Stick
    https://medium.com/constraint-drives-creativity/the-6-principles-to-make-your-
    ideas-stick-91a17229c949
3. Amazon 官方面試準備素材
    https://duaa2xs5z3ldn.cloudfront.net/index.html#/lessons/voFh_g5Swb
    FdRbRu8VSWWtvh-f1g54PJ
4. The really important job interview questions engineers should ask（but don't）
    https://posthog.com/founders/what-to-ask-in-interviews
5. Don't Get Down-Leveled or How to Tell a Good Story（From a Principal at
    Amazon）
    https://youtu.be/hU6BVxtGd5g?si＝wBF16bwPnDidtL2o

Note

08

面試失敗篇

◈ 8.1 為什麼我會失敗？

收到拒絕信是正常的，即使再優秀的候選人，都仍可能被公司拒絕，而被拒絕的原因有很多種，通常可以分成以下幾種類型：

1. 職缺已經補齊

很多時候，釋出的職缺可能已經找到適合的候選人，但網站上相關的職位公告可能尚未撤下，因此你寄再多信都會被拒絕，因為該公司當前是沒有相對應的需求。這種情況在小型企業中尤其常見，因為他們可能沒有及時更新各個招聘網站的狀態。

2. 能力不及職缺所需

從履歷表階段，過往經歷不符合該公司需要，可能就會直接獲得無聲卡。也有可能在面試階段，候選人因為缺乏某些專業技能或經驗而無法通過評估，導致候選人被拒絕。

3. 能力超過職缺所需

有時候，候選人的資歷和能力可能遠超出職缺的需求，這可能導致公司擔心無法提供足夠的職業發展機會或者候選人可能會要求更高的薪資，進而選擇不聘用該候選人。

4. 公司文化與候選人特質不匹配

即便候選人的專業技能符合職位要求，如果其個人特質、價值觀與公司文化不匹配，也可能會被視為不合適。公司往往傾向於尋找能夠融入現有團隊並增強團隊協作的候選人。

5. 虛假的職位公告

有些職位公告可能是出於公司內部政策或法律要求而發布，實際上公司可能並無招聘的意圖。這類職位可能已被內定人選填補，或者公司僅為了收集履歷以建立人才庫，並無真正的聘用計畫。

除了以上常見被拒絕的原因以外，一定還有更多千奇百怪的理由，因此不要一被拒絕就讓自己陷入失敗的情緒中，而也因為被拒絕是很正常的，所以可以同時把目標放在好幾家公司上，這是提升獲得面試成功的方法。

▌ 8.1.1 如何評估真實失敗的原因

在求職的整個過程中，準確評估面試失敗的真實原因是至關重要的。這可以幫助我們了解在哪些方面需要改進，以及如何更有效地準備未來的機會。以下將從求職的不同階段分析失敗的可能原因：

1. 履歷投遞階段

如果在履歷投遞階段投遞給 10 家或 50 家公司，而只獲得少數幾家公司的回應，這通常表明履歷在篩選過程中未能突顯其吸引力。可能的原因包括：

- **選擇了錯誤的平台做投遞**：目前有很多家求職平台，可能某些平台的職缺較不適合自己。
- **簡歷格式不符合行業標準**：可能因為排版混亂或不符合行業特定的格式要求。
- **缺乏關鍵字優化**：未根據職位描述中的關鍵字進行調整，導致履歷在自動篩選系統中得分不高。
- **經驗與技能描述不夠突出**：可能未能有效地突出與職位相關的經驗和技能，或表達過於籠統。

2. 技術面試階段

進入技術面試階段意味著簡歷已經取得了面試機會，但在這階段失敗可能因為：

- **技術能力不足**：對於所面試的職位所需的技術掌握不夠深入或不夠廣泛。
- **問題解決技巧不足**：在面對白板題或實際技術問題時，未能展現出高效率的問題解決能力或最佳的時間複雜度解法。
- **與面試官溝通不暢**：在討論技術問題時，未能清晰地表達自己的思路，或在面試官追問時回答不夠流暢。

3. 行為面試階段

行為面試主要評估候選人是否符合公司文化,以及他們如何應對工作中的特定情境:

- **溝通技巧不佳**:可能在表達過去工作經驗時不夠具體或説服力不足。
- **團隊合作能力問題**:在描述與他人合作的情境時,未能有效展現自己的團隊精神或領導能力。
- **解決衝突的能力不足**:在被問及如何解決工作中的衝突時,未能提供具體有效的解決策略。

4. 談薪水階段

若在此階段未能達成協議,可能的原因包括:

- **對行業薪資標準認識不足**:可能由於對薪資水平的誤解或期望不合理,導致無法與雇主達成一致。
- **談判技巧不足**:在談判過程中未能有效表達自己的價值或需求。

當然遇到的問題可能不僅限於上述提到的內容,而是需要在每一次的面試當中盡可能地去反思和盤點可能遇到的問題,藉由一次又一次的迭代,才有辦法慢慢地去找到適合自己而且舒服的面試方式,而倘若試技巧性的問題,建議可以找對本書對應的章節做加強練習。

⇨ 8.2 超出自己的天花板

雖然前面許多章節在教大家怎麼去準備履歷、準備面試,而也真的都照做了,為什麼還是沒有成效呢?問題到底出在哪,而又該怎麼做準備呢?可能可以從兩個方面著手思考,一是當前狀態的檢核、二是目標設定。

▌ 8.2.1　當前狀態的檢核

或許可以回頭檢視自己目前當下的狀況，我們整理出以下幾個可能常見的狀況，並制定了一些策略與方法：

履歷表上缺乏相關經驗

當履歷表上缺乏相關經驗時，尤其對於剛畢業或轉職者來説，進入工程領域可能顯得尤為困難。然而，有幾種策略可以幫助這類求職者快速累積實際經驗和技術能力，從而提升他們在求職市場中的競爭力。

1. 報名技術訓練營

參加技術訓練營是一種有效的方式來迅速提升技術水平和建立相關經驗。這些訓練營通常提供密集的學習課程，涵蓋從基本程式到進階開發的各個方面。

學員將有機會參與實戰專案，這不僅有助於實踐新學的技術，還可以在履歷上呈現實質性的專案經驗。許多訓練營還包括職業輔導和求職準備工作坊，這對初入職場的工程師尤其有用。

2. 自學結合導師（mentor）輔導

對於自律性強的人來說，自學是另一種可行的選擇。你可以透過線上課程、開放式課程和技術教學視頻等資源自學新技能。不過，僅靠自學可能難以在技術上達到專業水平，因此結合導師的指導是非常關鍵的。

這位導師不需要是專職的技術導師，而只要是在你感興趣的技術領域有三到五年工作經驗的工程師，他們可以提供實戰經驗的指導。導師不僅可以幫助你設定學習目標和專案里程碑，還可以提供你技術問題的方向。此外，導師可以幫助你檢視和優化你的專案，使其達到專業水平，更適合展示在履歷上。

白板題練不起來

很多人會卡在這一關，也因為刷題一直刷不好，以至於不敢換工作。可能每個人的狀況不同，有些人可能是沒時間準備、有些人可能是對資料結構與演算法不熟悉。

或許可以回到學習方式可能需要調整，但這邊說的調整並非有一個正確答案，而是每個人要找到適合自己的方式，舉例來說：

症狀一：看到沒看過的題目就完全沒有頭緒

問題可能出在對於資料結構與演算法不熟悉、又或者對於 dry run 的方式不夠清楚，建議可以先去看資料結構與演算法相關的課程，但也不用從頭開始看，而是快速知道每一個資料結構在幹嘛、每一個演算法在解決什麼問題，最後強烈建議刷題時拿著紙跟筆在電腦旁，練習每一題解題前 dry run 一次，慢慢累積出題感，長期下來會很有幫助。

症狀二：解答看不懂

在挑選解答時，可以先挑看得懂的解答為主，而且並非一定要找到最簡潔的寫法，有時候更好懂的程式碼才是你更應該關注的，因為不可能硬背解法，所以找看得懂的程式碼，才能更清楚他的解題思路。

症狀三：曾經寫過但又忘記解法

這通常發生在我們初學時僅透過背誦來理解解法，而非深入理解其背後的原理。例如，在使用滑動窗口技巧時，我們可能會忘記內層迴圈的條件，或是窗口該如何滑動。這顯示我們可能只是表面上解決了問題，而未真正理解滑動窗口的邏輯。建議在學習的過程，除了看懂別人的程式碼以外，可以去了解其背後的邏輯，在同一時間把大量類似的題目一起抓出來看，去比較題目之間的差異導致的程式碼差異，對於理解題目會很有幫助。

8.2.2 求職策略調整

設定職業目標時，很多人可能會立志於進入國際知名企業工作，或希望薪水能在一年內達到目前的兩倍或三倍，然而，這樣的目標設定可能過於理想化，忽略了現實條件和個人能力。這邊我們建議可以用兩種方式來調整當前的求職策略，可能會讓一切更順利。

目標分層

可以先將企業做不同階層的區分，確保自己可以有效的規劃時間，以下分成三種階層：

1. **夢想企業層**：將目標公司分為你夢寐以求的頂尖企業。這些企業往往有較高的競爭標準和嚴格的入職條件，為了進入這些公司，你需要精心準備，從客製化履歷到準備面試的每一個細節。

2. **進階企業層**：這一層包括那些比你目前公司更好、但又不至於達到夢想企業層級的公司。這些公司可能是你職業生涯中的實際跳板，對這類公司的申請，你應該在技能和經驗上有明確的匹配，並且在履歷和面試準備上投入適量的精力。

3. **安全牌企業層**：將目前水準相當或略低於你現有公司的企業作為安全選擇。這些申請可以在求職初期進行，既可以作為面試的練習，也可以作為實際求職的後備選項。這類申請可能不需要過度客製化的履歷，但仍應保持專業水準。

因此在時間分配上，建議可以把 1/5 的時間拿來準備夢想企業層的公司，3/5 的時間用來準備進階企業層的公司，最後把 1/5 的時間放在安全牌企業層的公司。在區分的時候，可以明確知道自己的能力，也不會做無效的時間投資，像是花了大量的時間準備安全牌企業層的公司，可能就算獲得工作邀約也不會去；相反地，也有可能花了所有的時間在夢想企業層的公司，導致自己越級打怪一直無法獲得經驗值，有種到頭來一場空的失落感。

分階段朝目標前進

或許沒辦法一開始就能夠去到自己心目中理想的公司，但我們可以慢慢地朝著目標前進，舉例來說，我們可以透過一次改變一個變數來朝目標前進，通常在找工作時會遇到三種變數需要考量：職位、職級、產業，通常如果有兩個變數同時變動，就會造成極大的阻礙，所以建議先轉換其中一個變數開始，如下：

1. **只轉換職位**：很多人想要從 PM 直接跳到軟體工程師，但是在沒有背景、沒有學歷、沒有經歷的狀況下，無疑是一個巨大的挑戰，因此建議可以在同樣

的產業甚至是同樣的公司去申請內轉。舉例來說，和公司的人申請從 PM 內轉到工程研發部門等，或者開始慢慢地先從簡單的工程需求解決開始，逐步證明自己有工程能力，也藉此開始累積經歷。

2. **只轉換職級**：如果要從初階工程師往中階工程師升，可能會明顯遇到一些坎，像是要去應徵中階職位時，因為沒有相關的經歷，以至於一直被打槍，建議可以先從當前的公司先往中階升，累積經驗後再跳槽到心目中理想的公司，可能會是更容易的方法。

3. **只轉換產業**：如果要從電商轉到生技醫療，可能就會有一定的領域知識需要掌握，像是使用者的特性、法規、產品的特性等，建議可以在職級、職位不變的狀況下去更換產業可能更容易。

如果把時間拉更長的維度來看，可能會有更不一樣的心境，像是我們並不需要強迫自己在三年內達到目標，而是可以花五年、八年的時間慢慢達到我們的目標，或許對人生來說不會有太大的影響，反而在每一個階段可以待的時間更長一些，藉此去累積其他技術以外的面向。

◈ 8.3 處理心理和情緒影響

求職失敗是否就代表著自己的工作能力受到質疑呢？求職失敗是否就代表過去的努力都是白費的呢？或許我們可以換一個角度去思考，可能會得到完全不一樣的視角和觀點。

▎8.3.1 觀點轉換

求職過程可以看作是職業生涯的一次期中檢查。這個檢查可能會揭示我們設定的目標過高，或者在過去的工作中我們並非刻意地累積相關經驗。當我們打開履歷，可能會發現難以寫下任何有分量的內容，彷彿過去幾年僅僅忙於處理日常雜事，沒有實質性的成就可以展示。

然而，求職的「失敗」並不一定代表真正的失敗，它可能只是我們嘗試了一個難度較高的挑戰。最重要的是，我們已經勇敢地嘗試過了，這件事本身就值得肯定。因此，這是一個回顧並評估自己當前狀態的絕佳時機，無論是需要更豐富的作品集、更多實戰經驗或是更深入的學術學習。

透過每次面試，我們不僅能識別自己的弱點，還能找出需要加強的方面，甚至明確知道參與哪些專案能對自己的成長更有幫助。在工程師的職業生涯中，大多數人都在參加一場長跑比賽，這場比賽不在於誰跑得最快或最久，而是誰能更清楚地知道自己的目標在哪裡，以及如何踏出每一步。

因此，每次的自我檢核都是一次反思前進的機會，讓我們能夠有策略地規劃未來的路徑。所以，即使我們需要時刻反思過去，也必須持續向前邁進，準備好迎接下一次的機會。

▌8.3.2 健康的身體

當你陷入求職的低潮，情緒和心理壓力很可能會影響到你的身體健康。在這個階段，重視身體健康是至關重要的，因為一個健康的身體是保持清晰思維和情緒穩定的基礎。以下是一些實用的建議，可以幫助你在求職過程中保持良好的身體健康：

1. **規律的體育運動**：運動不僅可以改善你的身體健康，還能有效減少壓力和焦慮。定期進行如步行、慢跑、游泳或瑜伽等活動，可以增強你的體能，同時釋放腦內啡，提升心情。

2. **均衡的飲食**：維持均衡的飲食對於保持體力和心理健康非常重要。確保攝取充足的蛋白質、蔬菜、水果和全穀類食物並減少加工食品和高糖飲料；良好的營養可以提升你的能量水平和集中力。

3. **充足的睡眠**：睡眠是恢復體力和精神的重要因素。努力每晚獲得七到八小時的高品質睡眠。缺乏睡眠會影響你的認知功能和情緒穩定，進而影響面試表現和日常決策。

▋ 8.3.3 打團戰勝於單兵作戰

面試過程往往是一條孤獨的路。許多人白天忙於工作，晚上或週末則投入個人專案，希望藉此美化自己的履歷；或是在下班後刷題，每天至少解決兩、三個問題才安心睡覺。這種生活方式使許多求職者感覺自己像是孤軍奮戰的戰士。

因此，我們強烈推薦尋找同路人，結交面試的夥伴。這些夥伴不僅可以相互鼓勵，還可以一起進行模擬面試，共同進步。這樣的支持網絡可以使求職之路不再孤單。

在我們的 E+ 社群中，就提供了這樣的平台。社群內設有多個頻道，成員可以在這些頻道分享自己的履歷，獲取其他社群夥伴的回饋。這不僅限於履歷的互相評論，技術問題的討論也非常活躍，社群成員可以將自己遇到的技術挑戰拋出，與其他專業人士共同探討解決方案。

 說明

什麼是 E+ 社群？

E+ 社群由 ExplainThis 所成立，成立宗旨是協助工程師從 junior 往 senior 做晉升，而裡面聚集了不同職級的工程師，社群當中除了有技術相關的文章與討論外，也有不定時的直播主題，甚至能夠在裡面找到合適的夥伴。

https://www.explainthis.io/zh-hant/e-plus

09

談薪水與接受工作邀約

◈ 9.1 接受工作邀約

如果你正在讀這個章節，要先説聲恭喜。恭喜你順利通過前面重重關卡，順利拿到工作邀約（offer）。在這個章節中，我們將會詳談拿到工作邀約後，要如何選擇要不要接受工作邀約，以及在過程中要如何談到更好的整體薪水。

▌9.1.1 用多元角度考量一份工作

很多人在選擇一份工作時，可能會用單一的角度來做決定，而這樣做是有風險的。舉例來說，如果你只看薪水，結果去了一個薪水比較高、但是公司文化不適切的團隊，很可能導致你待沒多久就又決定換工作。

因此，建議要用更多元的角度來做判斷。以下我們列出推薦大家在選擇工作時，可能沒特別注意、但應要思考的四個核心思考點。

1. 產業

該產業是屬於上升產業還是夕陽產業？如果是夕陽產業、前景整體不明朗，那麼務必要三思。如果是上升產業，例如有潛力的新創公司，那麼即使現在規模仍不大，也不要直接拒絕，因為很可能有機會跟著公司一起成長，讓自己的身價跟著提高。

2. 學習與能力成長

在不同公司規模、不同階段的公司，可能接觸到的東西、發展出的能力，都有所不同。所以可以多思考自己想要提升技術能力，還是加強團隊與領導能力？想要提升技術廣度，還是想要在某一塊加深更多？

3. 公司文化

與公司的文化契合度，是很多人在選工作時沒特別考慮、但是實際加入後才發現很重要的。過去聽不過不少人，即使薪水待遇福利都不錯，仍因為覺得在文化面不合而決定離職的。

4. 工作的意義

軟體工程師的工作，在表層看似是寫程式，但本質上是在解決問題、創造價值，因此選擇做什麼工作，也等同於選擇要解決什麼問題、創造什麼價值。當創造的價值是你自己也有感的，會讓工作起來更有動力；反之，過去看過不少因為感受不到工作的價值而選擇離職的案例。因此，在選擇接受某個工作邀約前，先確保該工作之於你，有足夠的個人意義，會讓長期的職涯發展更健康。

除了上面四個核心思考點外，還有其他層面也值得多考量：

- 公司的財務與營運穩定性
- 工作節奏與加班的可能性
- 需要搬遷、出差的可能性
- 物理環境
- 責任、自主性
- 與良好主管和同事的互動
- 升遷機會

▎9.1.2 不要以「聲望」為理由選擇某份工作

在眾多選擇工作的理由當中，我們最不建議用「聲望」作為選擇理由依據。舉例來說，因為 FAANG 的聲望好，就決定選擇 FAANG 公司，很可能陷入誤區。

過去 ExplainThis 團隊成員，也曾有過基於聲望選擇公司的一段時期。

當時在進到大廠前，和網路上許多人一樣，為自己的軟體工程師職涯設定了「進大廠」這個目標。然而如願在大廠工作超過一年後，固然有許多學習與成長，能夠接觸到過去在小公司沒辦法接觸的東西，但也同時理解到，在大廠工作與在中小型公司與新創是截然不同的事，雖然都是軟體工程師，但會有非常不同的職涯發展路徑。而這不同的職涯路徑，並沒有誰好誰壞。

回顧想進大廠理由，可能與部分的人相似，不外乎薪水高、覺得拿到大廠工程師的頭銜後履歷能鍍層金，職涯從此會變得一帆風順，但一年多後回頭看，意識到這種

想法是虛而不實的。更進一步說，當這麼想時，就會陷入「對於強或成功的價值觀過於單一」的困局之中。

針對這個議題時，讀到 Paul Graham 在十多年前寫的《How to Do What You Love》當中談到關於聲望（prestige）的觀點，他認為在做職涯選擇時，不該考慮聲望。在乎聲望意味著在乎那些真正關心你的人之外的看法，例如社會主流認為好的看法，如外商、大廠、FAANG 這些標籤。

從他的觀點來看，如果某件事真的那麼好，又何須聲望的加持呢？這個提問可以引領我們思考的，是當在選工作時，如果今天某份工作本身沒有外商、大廠、FAANG 這些標籤加持，該工作仍是你最想選的嗎？

退一步來說，Paul Graham 認為，當你能把某件事情做好後，聲望自然會到來。以 2023 年全球最火紅的 OpenAI 為例，在 2022 年前可能沒多少人聽過，但因為做出顛覆性的成果，經過 2023 年，現在 OpenAI 成了全球最有聲望的公司之一。

Paul Graham 觀點最有趣的地方在於，他定義聲望為「在乎那些真正關心你的人之外的看法」。如果某個跟你不熟識的人，僅因為你身上是否帶著具聲望的標籤來評斷你的優秀與否，那這個人估計不帶有辨別實質的能力，所以你也無需太在乎這個人的看法。

過去有讀者詢問，關於去新創、中型公司或者大廠的職涯選擇；這個問題並沒有標準答案，只有最適合自己的選擇。而在思考這個選擇時，別讓聲望成為決定性因素，因為有其他更實質、更值得你考量的面向。

▌9.1.3 選一間冷靜的公司

上一小節談到不要基於「聲望」來選公司，而這一小節我們會談另一個觀點，是推薦讀者們選公司的角度。更明確地說，我們推薦讀者去選「冷靜的公司」。

冷靜的公司（calm company）一詞是來自業界一篇著名文章，該作者 Tyler Tringas 對冷靜的公司定義如下：

- 有長期願景且有耐心
- 把團隊的身心健康擺在優先順位
- 不會犧牲長期永續來追求短期利益

會有冷靜的公司這概念，是源自於 Tyler 自己的經驗，當年他創業找投資人，發現沒有找投資人，發現沒有跟他理念相契合的投資人。他想要長期永續，但投資人偏好短期快速擴張；他想要照顧好員工，但投資人偏好裁員來讓財報好看。

後來 Tyler 創業有成，賣掉公司出場後，決定自己成立一個非典型創投，他就把該創投基金取名為 Calm Company Fund，專門來投資那些與他理念相契合的公司，不追求爆炸般的急速擴張，而是冷靜且永續地把公司經營好。

冷靜的公司在過去一年越來越常被談到，主要跟裁員潮帶來的員工心理健康問題有很大的關係。過去很多被稱為夢幻公司的企業，也隨著市場的躁動，開始大刀闊斧裁員，讓短期的財報變好看，但對於被裁與留下來的員工，都造成了極大的影響。於是越來越多人開始思考，那些夢幻公司，真的有這麼夢幻嗎？

事實上很多公司的「夢幻」形象都是被包裝出來的，因此我們特別建議在選公司時，不要只是看該公司表面被如何塑造，而是要看該公司具體是怎麼做事、怎麼對待員工。不要看商業雜誌如何描述，而是去匿名論壇（例如 Blind、PTT）看員工是如何真實評價。

如果你想選一間冷靜的公司，務必要避免以下表徵：

- 工作會給毫不合理的期限，只能靠無止盡加班完成
- 上頭總在往下傾倒海量的壓力與焦慮
- 在該公司上班的人，每天都感到疲憊與被榨乾
- 追求短期好看的數字，即使犧牲長期的價值

當然，讓公司變冷靜可以從你我做起，就算不是公司負責人，你也可以透過你的選擇，來拒絕劣幣；又或者如果你是主管職位，可以從自己的團隊開始，讓團隊成為冷靜的團隊。

⇔ **9.2 談薪水策略與方法**

在前 Google 工程師 Edmond Lau 寫的《The Effective Engineer》一書中，作者談到：「如果你想省錢，比起花一兩個小時找便宜的機票，從而在下一次旅行中省下幾百美元，每天三美元的星巴克拿鐵對預算的影響並不大。然而，與其花時間找便宜機票，不如在談薪水上多花幾個小時，這樣可以讓你的年薪提高幾千美元。」

這句話非常精闢，在考慮要答應某份工作邀約前，不要直接就接受，而是要進一步去談薪水。特別是在軟體產業，談薪水是很普遍的，沒有談很可能導致自己的潛在損失。如果你談好薪水，增加的年薪可能讓你一年多出國玩幾趟，或者讓你買星巴克前都不用考慮或掙扎。

談薪水往往不會需要多花太多時間，因此可說是投資報酬率相當高的一件事。在這個小節，我們將會詳細拆解如何有效談薪水。

具體來說我們會涵蓋：

- 什麼時候該談薪水？
- 如何建立正確的心態來談薪水？
- 談薪水有哪些底層邏輯，掌握後就能明白談薪水是怎麼一回事？
- 具體有什麼好用的訣竅，能讓你更有效談薪水？

另外，推薦大家在準備談薪水時，可以用談薪水相關檢查清單（checklist），我們在附錄會附上我們準備的檢查清單，讓讀者們實際談薪水前可以參考。

▌ **9.2.1 談薪水的時機**

當提到談薪水，我們最推薦的時機，會是在通過面試、拿到工作邀約之後。不要在這之前，也不要在這之後。

一般來說，部分公司會透過電子郵件發出工作邀約，而部分公司則會有專門的會議（英文會稱為 offer call 或 offer meeting）來告知工作待遇細節。不論是哪種方式，這時都不要直接答應下來，而是要開始談薪水。

之所以說不要太早開始談薪水，是因為會建議候選人一開始先專注在面試上。前面花時間談，但最後如果連錄取都沒有，那麼前面花的時間就會白費。當然，可能有些人會遇到，招募員在面試階段就問你現在的薪水或期望薪水。

針對這種狀況，可以回說：「對我來說，與公司的契合度是更重要的。我相信如果我們彼此契合，薪水的部分都好談，因此或許我們可以先專注在探索彼此的契合度，等面試流程完成後再來談。」

又或者有某些公司的招募員或獵人頭在最初會先問你目前的薪資，這部分即使對方問，不代表在那個當下就要開始談薪水；之所以會問，最主要是確保他們的預算足夠負擔你的薪水，避免浪費後續的面試時間。因此，即使對方先問了，要談也是在拿到工作邀約後談。

而之所以不要太晚才談，是因為過去也聽說過，有些人是接受工作邀約後，才回過頭談薪水。這是不建議的，如果接受了工作邀約，後續就不要談，才不會讓人對你的誠信提出質疑。

▌9.2.2 談薪前的心態建立

關於談薪水，最差的情境是完全不談；次差的狀況是談了但沒談好；而最佳的狀況是談了並且順利爭取到更多。

事實上，即使談差了，最差也頂多與沒談一樣，不會有什麼損失；而有談還可能透過僅僅數小時，讓自己的整體待遇大幅提升。

然而，許多人即使知道「談差了，最差也頂多與沒談一樣」還是選擇不談。這是為什麼呢？我們過去聽過最多的原因，是因為擔心假如談了薪水，會不會對方最後決定不錄取自己。此外，也聽過許多人單純不想麻煩招募員，或是不想被認為自己貪心，而決定不主動談薪。

提到談薪水會讓你有上面這些不舒服的感受，是相當常見的。如果你有上面這些想法，都是很正常的。然而，你可以試著換個角度來理解談薪水這件事。事實上，許多科技大廠招募員有公開分享過，基本上在科技大廠，招募員是會預期候選人提出

談薪水的，所以不用擔心談薪水會導致自己的工作邀約被收回，或者談薪水會被黑名單。

在這個小節的最開始，希望協助大家建立對於談薪水的正確心態，不用有無謂的擔心，也不要覺得談薪水就是在麻煩別人，或者顯得自己貪心。

站在公司的角度看

關於談薪水，有幾個推薦切入的心態。第一個是要先破除「談薪水會讓公司感到反感，進而決定收回工作邀約」的迷思。首先必須說，過去確實有聽聞某些公司會這麼做，但是絕大多數公司不會，所以建議讀者們先不要有這種預設，除非去研究發現該公司真的會這樣，那就另當別論。

至於為什麼多數公司不會這樣呢？因為公司在招募一個人要投入非常大的成本。以軟體大廠來說，五關的面試、加上後面跟不同組的用人主管聊，過程中跟招募員的各種來回，這些時間都是大廠花在招募上的成本。

而由於通常會面試好幾人然後最終選一到兩人，所以可能是花數百小時的人力才發出一個工作邀約，因此大廠發出工作邀約，表示他們真的很想要這個人。

即使是非大廠，先前社群知名的開發者 Jacob Kaplan-Moss 也分享過「How Long Does It Take to Hire Someone?」一文，當中談到，身為用人主管的他，在招募到一個理想的候選人，總共花了 100 小時，如果以正常一週工作 40 小時來看，這是整整 2.5 週的時間。

因為公司在篩選上會花很多時間，如果真的發出工作邀約，就代表真的會想積極爭取該候選人。因此，在發出工作邀約後，話語權就會轉到申請者這邊。這也是為什麼業界普遍都會說，拿到工作邀約後一定要談薪，不談吃虧的一定是自己。

然而，即使知道話語權在自己這邊，如果過去沒有談過薪水的經驗，要開口談薪水還是有一定的困難度，要克服這個恐懼最有效的方法，是要有足夠的底氣。底氣的來源可能有幾種，但最有效的來源是能夠談的籌碼，在下個小節我們會詳細介紹。

不是貪心，是公平

關於談薪水，第二個推薦切入的心態是「公平」。談薪水不是要貪心，而是要求公平。

或許可以試著跳脫自己，用第三方的角度看，假如今天有一個人，跟其他同事做一樣的事、投入一樣的時間，但被付比較少薪水，這樣公平嗎？如果你覺得不公平的話，那你就該談薪水，不然那個被不公平對待的人，很可能就會是你自己。

假如有在逛薪水回報網站（例如國際上多數人會用的 Levels.fyi），就可以看到，在同一家公司、同一個地區、同一個職級甚至同樣學歷、經歷，在薪水上的差異仍是不小，有些甚至年薪差到數萬美元。

從資料上來看，這代表如果在該地區與職級，你的面試表現足夠好，其實公司是願意開到回報薪水中最高的區間；如果這時你沒有談到那個區間，某個角度來看，意味著你被不公平對待。

所以推薦大家在思考談薪水時，不要錯誤地認為這是種貪心，而是要從公平的角度切入，這樣就會更能理解為什麼談薪是應該的。

薪水不是你的全部

雖然我們鼓勵讀者要去談薪水，但有個重要的心態，仍是推薦大家要時時放在腦中的，那就是「薪水不是你的全部」。

還記得在上一個小節我們有談到，選公司時，推薦要用多元的角度思考，不要只用單一角度，才不會進到一間薪資待遇很好、但最終待不久的公司。

這個心態也建議要跟招募員溝通。在談薪水的過程，要讓招募員知道你不僅看重薪水、也看重其他面向。例如可以說：「薪資報酬對我很重要，但對我來說，公司願景、團隊氛圍也是同等重要的。」

◩ 招募員不是你的敵人

很多人會覺得，談判時跟你談的對象，是站在自己的對立面，因此會認為招募員是要跟自己過招的敵人。但是在軟體工程師的談薪水過程中，不要用敵對面的這個角度看，而是要把招募員當成自己的戰友。

在談薪水的過程中，要保持跟招募員的良好互動。因為事實上，招募員不會是決定你能拿到多少薪水的人，薪資的核定通常是公司有相關的委員會（小公司的可能是執行長決定），而招募員比較像是中間去協助溝通的角色，以我們先前遇過的招募員來說，就有招募員直接說「I would always be happy to try and see if we can compete and offer something more attractive」，意即對方很樂意試著去跟公司爭取更有吸引力的條件。

對此，如果你能善用招募員，可能讓自己更有效談好薪水。

▌ 9.2.3 談薪水前先了解什麼可以談

雖然中文說是談薪水，但事實上在談薪水時，往往談的不只是薪水，而是整體報酬，也就是在英文論壇很常聽到的 total compensation（簡稱 TC）。

這個整體薪水包含了什麼，會隨著每家公司的狀況不同，但一般來說會有以下的不同元素組成：

- 簽約金（sign-on bonus）
- 薪水（salary）
- 股票（RSU）
- 分紅（bonus）
- 各類福利補助

在談的時候，招募員會先讓你知道公司最開始的整體報酬包含什麼，有這個資訊後，你可以利用這個資訊，讓招募員幫你爭取更高的整體報酬。具體來說，可以詢問招募員，哪一個部分是最有可能調整的。

舉例來說，如果該公司在股票方面彈性最高，且同時你也很看好該公司的未來發展，這時你就可以特別跟招募員提，說你可以接受比較低的底薪，讓股票部分高一點，來有更高的整體報酬。

又或者，有些公司不一定會提供股票在整體報酬中，但是該公司有可能有更高的簽約獎金，這時你可以往該方向多談一點。

在談不同部分時，記得要盡可能以對方的角度來想，當你談的方向與公司的方向越接近，就越可能談到好的整體報酬。具體來說，股票的部分是相對好跟公司校準的。

股票的本質是對公司的所有權，而股票實際能換成的現金，取決於股票在市場上的表現，如果表現越好，越能夠讓股票持有者賺越多，而要讓股票的表現好，員工有好的表現會相當重要。因此談越多股票，比起談越多現金底薪，意味著你願意跟公司一起打拼。

因此在談的時候可以說：「我希望能跟公司一起創造更多影響力、帶來更多的成功，因此希望能有多一點的股份。」

事實上，股票是許多人容易低估的部分，因為很多人不懂股票的價值，所以在談薪水時，忽略了這個部分。多數在科技大廠能夠賺到比較多財富的人，多半是透過股票。舉例來說，2024 年有人分享，原本加入 NVIDIA 時的年薪有三十萬美元，但因為 NVIDIA 股票大漲，讓自己年薪變成百萬美元。

就算你偏好比較少風險，也不意味著不能透過股票獲得更高的報酬。以微軟（Microsoft）為例，在 2014 年時，微軟已經是世界上最大的軟體公司之一。然而如果從股價上來看，2014 到 2024 的微軟股票成長了超過八倍。

除了股票外，另一部分比較容易調整的是簽約金或簽約福利，因為比起薪水，簽約金或簽約福利是一次性的。假如你在面試過程中表現出色，在這方面通常相對容易爭取到。

可以爭取的方式包含，假如你因為接受新工作，在原本的工作需要放棄某部分即將拿到的分紅、股票，甚至是一些潛在的升遷機會，這部分可以談透過提高簽約金（或提高股票）來彌補。

又或者，假如因為這份工作，你需要跨國搬家，就可以多從這個角度取爭取，例如在簽約金中加入搬家部分的補助；或是，假如是有家庭的人，可以從家庭面切入來爭取，例如租房要租比較大的房，或者小孩要轉學的問題等。

9.2.4 談薪水前的重要前置作業

在了解完薪水組成後，接下來我們要談一些談薪水前要有的前置作業。如果這些前置作業有做好，將能讓自己更順利談到更好的待遇。

增加自己的底氣

關於談薪水，第一個要做好的前置作業是增加自己的底氣，或說增加自己手上能用的籌碼。當你的手上籌碼多、底氣足，要談薪水會變得容易非常多。

要如何判斷自己的底氣是否充足呢？一個簡單且有效的方式是自己是否有「即使沒這個工作我也不擔心」的信心。如果有的話，就代表底氣夠足，而當你處在一個不擔心的狀態，自然也就更敢開口談。

以下我們來聊聊幾個常見的籌碼，讓自己的底氣變更足：

1. **好的表現（strong hire）**：如果你能夠在面試中獲得好的表現，這將會大大提升自己能談的籌碼。如果你只是勉強通過面試，那在談的時候，話語權會偏向公司一方；反之，如果你是用極佳表現通過面試，那就多了一個籌碼能談。

2. **有其他工作邀約**：其他工作邀約在英文又叫 competing offer，顧名思義是用這一份工作邀約（offer）來跟公司競價（compete）。
   舉例來說，你同時錄取 A 與 B 兩家公司，如果你本來比較偏好 A，但是 A 的薪水相對比較低，這時你可以跟 A 談說「B 公司給比較高的待遇，如果能開比 B 公司更高，會選擇貴公司」，藉此來拉高你比較想去的公司給的待遇。

3. **市場資訊**：如果你能夠有充足的市場資訊，在談薪水時也比較不容易被開低後直接就接受。在下一個小節我們會詳談如何做好功課，讓自己不會因為資訊落差吃虧。

在上面提到的三種籌碼中，第二個籌碼通常是最能協助你的籌碼。然而要做到有其他工作邀約並不容易，以下兩點是需要特別注意的：

- **盡可能不要裸辭找工作**：只要自己還有工作，最差的狀況就是現在這份工作當備案；如果連現職都沒有，很容易因為著急擔心而在被開低的狀況下就接受工作邀約。
- **手上同時有多個工作邀約**：要有其他工作邀約，意味著需要在同一個時間段密集面試，而不是面完一間後換面下一間。雖然這樣同時找多家公司面試很累，但同時面試多家公司、同時有多個工作邀約，可以非常有效地讓自己不擔心失去某個工作邀約。同時，有其他工作邀約，也會產生「這個候選人有高市場價值」的訊號，讓往上談更容易。

這邊分享過去 ExplainThis 團隊成員自身的經歷，在某次換工作時，拿到一個覺得很不錯的工作邀約，整體待遇也比原本工作提升不少。然而因為同時沒有其他工作邀約，變得只有現職作為比較的籌碼；又因為當時現職的薪水又比對方第一次開出的薪水來得低，往上談的空間被進一步限縮。這個經歷後，深刻理解到同時有多個工作邀約的重要。

雖然同時間要排多家面試真的很累，但對談薪的幫助是顯而易見的。後來同一位成員在跟某間 FAANG 公司的談薪，因為在那時有前一週拿到的非 FAANG 大廠的工作邀約，而且數字比 FAANG 公司初次開的還高，所以那時就變得好談非常多。

小心使用

不過也必須說，「其他工作邀約」這個籌碼要小心使用，因為很可能對方會直接放棄跟你談。先前有聽過，有些公司可能聽到候選人同時有拿到 Meta 或 Netflix 等薪水開比較高的工作，他們就會預設候選人不會選自己的公司，進而在談薪水階段不願意往下。

所以如果你有多個選擇，可以提其他的工作邀約，但是建議提相近公司的（例如在薪資上），然後讓招募員知道，你看重薪資，但薪資不是唯一看重的，你也同時看重其他因素。

■ 市場與時機也可能是底氣來源

先前國外知名軟體媒體「The Pragmatic Engineer」曾經分享過，某一家公司在洛杉磯辦公室，同樣的職位、同樣的職級，在 2024 年開的整體待遇，比起 2022 年開的還少了 30%。而這原因也不難理解，因為 2022 年的整體市場好，職缺開非常多，所以候選人往往能夠同時拿到多個面試邀約，以及同時拿到多個工作機會。

在當時的脈絡下，企業需要提高薪資待遇才能夠競爭到好的人才，但是 2024 年是大裁員潮的延續，各家公司開缺都開得相對保守，因為沒有其他太多選項。

■ 功課要做足

除了增加自己的籌碼與底氣，另一個談薪水前一定要做的事，就是功課要做足，不要被資訊差佔便宜。

上面有提到，多數軟體工程師的工作整體報酬不會只侷限在薪水，而是會有股票（RSU）以及簽約金（sign-on bonus）等，因此建議一定要去薪酬相關網站做功課。

在看這些網站時，推薦用職級與地區來看會比較準確。因為即使同公司，不同地區的辦公室也會有不同薪資行情。

以 ExplainThis 團隊成員先前拿到的 Amazon 倫敦辦公室的工作邀約來說，在 Blind 上有看到很多人也拿到很相似的初次整體待遇，然後當他們問這個待遇數字如何時，下面一票都是強烈建議他們要談薪。

然後也有看到同職等但整體待遇高了近百萬台幣的工作邀約，這時也看到下面一票推文說這在 Amazon 倫敦是很不錯的待遇。而在 Levels.fyi 也是一樣可以看到同個職等、開發經驗，高可以高到多少。

因為招募員一定會講得天花亂墜，說什麼這個待遇在該地區是很好的待遇，或說他已經盡力幫忙爭取了；只是假如你看到自己拿到的整體待遇，很明顯比起網路上回報的是偏低的，那就千萬不要被這些話術給套得直接答應。

不過必須提醒，這些資訊雖然很重要，但最關鍵的還是你在面試時的表現、其他的籌碼。舉例來說，在你鎖定的職級中，你有在薪資網站上看到你理想的薪資回報，

但那不代表你最終一定能談到同樣的薪水，很有可能回報那個薪資的人，在面試時每一輪都拿到強烈雇用（Strong Hire）以及同時有其他的工作邀約。然而，即使如此，有這些資訊起碼能讓你知道，如果要往上談，可以談到什麼程度。

▌釐清自己的優勢

上面提到要做足功課，讓自己不會被資訊差佔便宜，與此同時，知彼外也要知己，在開始談薪水前，要釐清好自己的優勢。然而要怎麼做呢？推薦要在前面幾輪的面試中，把握「你有沒有什麼問題想要問」的提問機會。

在面試的最後通常會有一個環節，面試官會問「你有沒有什麼問題想要問」，雖然往往只會留五到十分鐘給這環節，但把握好這五分鐘，會對於面試與談薪水有非常大幫助。

在面對這問題時，有一個特別推薦問的問題是「目前團隊有遇到什麼技術挑戰？如果我有幸加入，期望我能協助解決什麼問題？帶來什麼面向的貢獻？」

這個問題之所以推薦問，不僅僅是讓你能展現對公司的興趣（畢竟有興趣才會好奇），也能展現你已經開始站在公司的角度幫忙想解決問題，這兩點都會在面試官心中留下好印象。

然而這個問題的功用不僅於此，它還能幫你做到為後面談薪水鋪路。

在談薪水階段，如果你能夠知道自己比起其他候選人有什麼優勢，以及為什麼你的優勢會讓該公司更想要招募你，你就能夠把這些資訊變成談薪水時的彈藥，讓你在談薪水階段時可以好好發揮。

而「目前團隊有遇到什麼技術挑戰？如果我有幸加入，期望我能協助解決什麼問題？帶來什麼面向的貢獻？」這個問題，是讓你可以去探詢相關資訊的好機會。

特別是在跟用人主管的那一輪（假如你不確定誰會是用人主管，通常會是工程經理那一輪，而非一般的工程師的那輪），可以好好把握問，你將能夠更具體知道對於用人主管來說，你比其他候選人有的獨特價值在哪，這會成為談薪水很有利的籌碼。

舉例來說，某間你正在面試的公司，目前正好在嘗試拓展國際，只是有遇到一些挫折，所以該用人主管想找有相關經驗的人。如果兩個在技術能力相當，但其中一個有這樣的經驗，顯然會是用人主管更偏好的。

而如果你過去有參與跨國的專案，有跟多個不同時區的同事順利推動大型專案的經驗，且你能透過「目前團隊有遇到什麼技術挑戰？如果我有幸加入，期望我能協助解決什麼問題？帶來什麼面向的貢獻？」這個問題來問到這個點，在談薪水階段時，就可以特別拿這個點來跟招募員說。

因此，強烈推薦大家可以記下這個問題：「目前團隊有遇到什麼技術挑戰？如果我有幸加入，期望我能協助解決什麼問題？帶來什麼面向的貢獻？」在面試的最後來用，一舉兩得。

9.2.5 談薪方法

在建立完談薪水該有的心態、準備好該有的前置作業後，接著就要到實際談薪水了。在這個小節，我們將會詳談，當實際要談薪水時，有哪些推薦要放在腦中的，讓自己能談得更順利。

態度要誠懇

在實際談薪水時，有個非常重要但又常被忽略的要點，就是態度要誠懇。即使你手上有其他工作邀約讓你底氣十足，在過程中還是要保持謙卑的心，並展現出你真的想加入這家公司，這會讓招募員更願意協助你爭取更好的待遇。

招募員也是人，如果候選人態度跩個二五八萬或者反反覆覆，即使是在面試表現良好的候選人，也會讓招募員感到反感。而當招募員反感了，很可能就不會那麼積極幫忙爭取更好的待遇。

前面提到過，要把招募員當成自己的好隊友，想像你對待最珍貴的隊友都是怎麼做的，對招募員就用同樣的態度。因此，最好的回覆方式，是在最開頭就感謝對方，然後再接著談。

用文字來談

在跟招募員談薪水時，建議盡可能用文字來談，具體來說是用電子郵件來談。原因在於，招募員基本上面對過非常多候選人，所以談薪水的經驗會比一般軟體工程師多出非常多，而用電話或者視訊談，很多時候沒有充足的練習，臨場很容易就被帶著走。用信件與文字來談就可以避免這狀況，因為你能夠在寄出回信前，先深思熟慮，甚至諮詢身旁有經驗的人。

雖說有些招募員會說「我很樂意有個通話來聊聊」，但是仍建議讀者，若能的話，還是回招募員說「用信件來談就好」。

不要掀薪資底牌

在談薪水過程，招募員幾乎一定會問「什麼數字會讓你接受這個工作邀約」，這時千萬不要直接說出那個數字，一定要先讓對方出價，因為只要一掀開底牌的那個當下，你能談到的最高數字，上限幾乎會底定就會是你攤開的底牌。保住自己的底牌，才有可能讓對方開出比你預期還高的薪水。

除此之外，也不建議直接透露自己目前工作的薪水，這部分可以用基於目前工作上的保密協定（NDA），沒有辦法直接透露現有的薪水。

假如真的被問到預期多少數字時，可試著反問對方該職位與職等最高可以開到什麼範圍，然後藉此評估這是否在自己的理想區間。

 延伸閱讀

利用手中的工作邀約

談薪水不要掀自己的底牌，但如果你手中有其他牌可以打的話，是可以多加利用的。在「Farewell, App Academy. Hello, Airbnb. (Part II)」這一篇文章中，作者分享他如何透過手中的多個工作邀約來跟不同公司談，非常值得一讀。

文章連結：https://haseebq.com/farewell-app-academy-hello-airbnb-part-ii/

◪ 不要掀職級底牌

不要掀底牌也意味著，不要直接透露你目前工作所在的職級（很多招募員會問）。如果被問到這個問題，你可以談你鎖定的職級，並且分享為什麼你能做到該職級。

推薦不透露的原因是，如果透露了，很可能會讓你現在的職級成為對方「定錨」開給你的待遇的根據。假如你現在是 L4 職級，想挑戰 L5 職級，當你透露你目前在 L4，很可能對方就會抓著這個資訊，後面要談到 L5 就會比較困難。

反之，如果你不透露這個資訊，招募員能用的資訊就會是你的履歷與面試表現。假如你的履歷上已經有 L5 等級在做的事，且面試表現好，要談到 L5 就變得有可能，而不會被侷限在 L4。

當然，在某些情況可能沒辦法做到這點，例如剛畢業時，多數時候都是從初階工程師開始做。但假如你已經有一定的經驗了，建議不要讓對方知道。如果真的被問，也可以說「我希望把討論焦點放在我實際做過的事、對團隊的影響力以及我的面試表現上」來把討論拉回對你有利的方向。

◪ 不要預設薪水提升比例

一個談薪水的誤區是，許多人會用現職提高多少比例來談，例如說提高 30% 或 50%。然而，如果這樣談，在許多角度來看都會是相對不利的。

假如你是原本在薪水區間低，想往高區間談，很可能對方公司一開始開出的薪水，就是你原本的薪水提高 80%，這時如果你因為該薪水已經到達你設定的區間就不談，那會很可惜。

假如你原本在的薪水區間比較高，想換到工作生活平衡好一點的公司，但又堅持某個幅度的加薪，這很可能導致最後對方決定不繼續跟你談（先前一位在日本的 Amazon 工程師就分享過類似的案例）。

因此，比較推薦根據你要申請的公司、地區以及職級，在找得到的公開資料中鎖定合理區間中偏高的區段，會比設定要加薪多少來得更好。

▣ 還不能馬上答應，不是因為不滿意，而是⋯

在經典文章「Ten Rules for Negotiating a Job Offer」裡面有提到「不要成為決策者」（Don't be the decision-maker）這個概念。

這個概念是指說，當被招募員問到「假如開到這樣的待遇，你會不會接受這個工作邀約」時，要讓對方知道，你還沒辦法做決定，而你之所以沒辦法做決定，是因為你還需要跟自己的重要他人做討論。

可以把這個觀念重新理解成「還不能馬上答應，不是因為不滿意，而是⋯」。這邊的「而是⋯」可以帶入任何不是你能掌控、但又真的是有難處的點。

例如先前有人分享，在考量到如果全家搬去新加坡、另一半要辭職等因素，沒辦法接受過低的薪資開價，最後公司也表示願意再談，然後開到符合預期的薪資。

又或者有其他人提到，當時他跟用人主管提到「我真的很抱歉，很抱歉我必須這麼在意薪資。我對這一組真的很喜歡，但因為我身上還有學生貸款，我也希望可以趕快還清，才會對薪水那麼在意」，來讓對方知道現在還無法決定的難處在哪。

透過這個方式，把談薪水的另一方，拉攏成為自己的夥伴，一起幫忙面對不可抗力的第三方（家庭因素、學貸因素等等等）。搬出這種不可抗力的原因，然後把自己弱化成有難處的人，可以讓自己更柔軟地應對招募員的攻勢。

如果你暫時想不出什麼難處，最好用的是「家庭因素」，例如可以讓招募員知道：「我很感謝你幫忙多爭取了更好的待遇，但是我之所以沒辦法馬上做決定，是因為有家庭這個因素要考量，而不是我不滿意這個待遇。」當跟招募員談到這點時，多半對方是可理解的。

▣ 處在險境也不要顯露出來

在談薪水時，還有一個重要的守則，就是「即使你目前處在險境，也不要顯露出來」。所謂的險境可能是，因為你已經離職且找其他工作沒有很順利，而該份工作成了自己的救命稻草。

然而，當你顯得自己很「迫切」，就會讓自己在談薪水時處在下風。這就是為什麼要盡可能避免顯露出自己在險境中，不要讓人感受到你覺得「沒有這份工作就完了」，當別人感受到這點，基本上很難往下談，可能就得直接接受對方開的條件。

🔒🔑 **注意**

展現熱情而非急迫

在談薪水過程中，展現你對該公司的興趣與熱情是必須的，但這不等同於讓自己顯得很迫切。因此，如果你正處在迫切的狀態，試著把你的狀態調整成熱情以對。

⬛ 簽約前的最後一招

假如你已經談到一個自己很滿意的數字，還有一個業界中很著名的妙招，能讓你在最後多談到一點。這個方法是跟招募員説「如果能開到 X 數字，我會馬上簽下這個工作邀約，並且放棄手邊其他正在談的邀約」，而這邊的 X 就會是比你原本設定滿意的數字再高一點的數字。

因為很多招募員也會希望能早點結束談薪水的過程，並把你招募進公司，因此這招會很有效。一般來説這邊加上的數字，多半會是從簽約金去加，所以可以説：「如果簽約金能再加 XX 元，我就沒有其他顧慮的點，會立刻簽約。」

這個方法是在科技大廠的招募員公開分享有效的做法。基本上如果你的態度是誠懇、真摯不帶跋扈的氣息，當你提這句的時候，招募員多半會願意去為你爭取。

如果用英文，可以這樣回：

I really appreciate all the back-and-forth we've had about the offer. I have to say, I'm feeling pretty good about where we've landed.

I wanted to be completely upfront with you – I'm genuinely excited about joining [公司名稱], and I'm almost ready to sign on the dotted line. There's just one small thing that would make this a no-brainer for me.

If we could bump up the signing bonus by [數字], I'd be ready to accept the offer right away and wrap up any other conversations I've got going on. This would really seal the deal for me and I'd be all in, 100% committed to hitting the ground running with the team.

I know it might seem like I'm pushing a bit here, but I truly believe I can bring a lot of value to the role. This little extra would just be the cherry on top that lets me dive in without any hesitation.

What do you think? Is this something we might be able to make work?

◈ 9.3 談薪水實戰常見問答

在這個小節，我們將會針對談薪水時常見的情境，來討論一些可以回應的方式。特別注意，因為每個人面對的公司不同，以及自己在談薪水時有的條件不同，下面提到的實戰講解，不要完全照搬，要加入自己在的脈絡，然後挑適合自己的方式來跟招募員談。

▌9.3.1 什麼時候不該談？

在上個小節中，我們談了許多建議一定要談薪水的理由，然而，過去我們也經常收到讀者詢問「有沒有什麼狀況是不建議談薪水的」。事實上，雖然絕大多數情況是建議要談，但仍有少部分情況可能不適合談。

以下列出幾個常見的「不建議談薪水」的情境：

- **該公司過往就不接受談薪水**：基本上科技大廠都有一定的談薪水空間，然而，不是所有公司都是這樣，所以建議這部分要針對個別公司了解。可以在拿到初步工作邀約後，稍微研究打聽一下，如果該公司是屬於不談薪水的類型，那建議不要談。
- **某些職位是固定薪水**：在科技廠中，有些職位是固定薪水，這種也不建議談。舉例來說，實習生的職缺，即使在科技大廠也都是固定的；或者約聘相關的缺也是偏向固定，那也不太適合談。
- **假如你沒有足夠的籌碼**：前面有提到，有籌碼很重要。如果沒有籌碼，在談薪水上面會處於劣勢。假如你手上沒有前面小節提到的籌碼與底氣，那在談薪水前也要三思。
- **整體市場景氣不好**：如果在整體市場好的狀況下，建議一定要把握住談薪水；反之，如果整體市場景氣不好，除非你仍是籌碼與底氣十足，不然談薪水前也需要多評估。
- **已經接受了工作邀約後**：假如你已經接受了工作邀約，就建議不要談。記得上面提到，最佳的談薪水時機，是拿到工作邀約但還沒答應的這段；如果答應後才談，可能會讓人對你的誠信提出質疑。

9.3.2 你對於這份工作的期望薪資是多少呢？

前一個小節有談到「不要掀底牌」這個要點，然而許多讀者會詢問，如果真的被追問並且招募員說一定要這個資訊，那該如何應對呢？

關於這個問題，理想上不需立刻提供期望薪資範圍，而是建議先從公司那裡得知他們對該職位的薪資範圍。這種反問的做法有助於評估公司對候選人的透明度。

畢竟假如不願意給，這透露的訊號是該公司的透明度低，就會是警訊；特別是近幾年薪資透明化趨勢漸長，在這脈絡下還選擇不透明，不免讓人認為進去後會不會公司對員工也各種不透明。

不過，如果對方堅持問的話，在不同的時間點，針對這問題會有不同的回答方式，以下我們逐一解説，而我們在附錄的「與招募員的回信模板中」會提供這些回信模版。

🔲 在面試前被問

如果是在還沒開始正式面試前，招募員就先問了，這時你可以説希望先多了解團隊，希望在等到有正式的工作邀約後再討論。

🔲 拿到工作邀約後被問

如果拿到工作邀約後，招募員説想了解你對薪資的期望，然後以此來往下討論詳細的工作待遇，這時可以分三個情境來應對。

1. 有其他面試正在進行中

如果有正在面試的其他工作，且那些工作可能有競爭力的薪水，即使你還沒真的拿到其他工作邀約，可以提説其他潛在還在面試的工作，然後説想先了解目前自己在市場可能拿到的薪資條件，把球丟還給招募員。

2. 有其他工作邀約，且開出的薪資很不錯

這時可以直接把話題轉移到競爭對手的工作邀約，表明自己目前拿到的數字，以及不希望因為薪資問題而沒有選貴公司，然後再把球丟還給招募員。

3. 沒有其他工作邀約

這時可以根據前面有談到的薪水網站（例如 Levels.fyi），你目標職級中薪水偏高的那個區段，然後説你偏好在的區段，即使這時候可能你並沒有在面試其他公司。

🔲 如果招募員要現職薪水資訊，該怎麼處理？

有些時候，除了期望薪資，招募員也可能會問你現職的薪資。關於這個問題。可以分成兩塊來討論，有些地區沒有這種業界習慣，這時候可以提説因為現職工作的保密條款，沒辦法給一個精確的數字。

然後你可以提供一個範圍，而該範圍的上界，可以拉高一點（例如原本你的年薪是 200 萬台幣，你可以提説在 180 到 230 萬這個區間）。

然而，確實有些國家（例如日本、新加坡）的業界，都會有要現職薪水的資訊的做法；這時候為了讓流程可以順利往下走，提供現職薪資是不可避免的，所以建議就如實告知。在這種狀況，如果沒有其他工作邀約來談，會變得劣勢許多，這也是為什麼前面談到一定要盡可能把面試集中安排，讓自己最終能夠同時有多個工作邀約作為籌碼來談。

▣ 如果是獵頭問的話，該如何回應呢？

如果是獵人頭，因為多數的獵人頭也會希望幫忙爭取到高一點的薪水，讓他們的抽成能拿到多一點，所以相對不用太有戒心。不過仍建議與獵頭討論時，不需要一開始就透露所有細節。

推薦可以反過來問獵頭，以你目前的經歷，正在面試的該職位可能談到什麼薪資級距？以及如果想要提高薪資，需要滿足哪些目前還沒有的條件？

透過這個方法，你可在揭露自己的薪資前，來了解目前的市場概況。

▌ 9.3.3 如果答覆時限很緊迫

除了被問薪資，有另一個實際在談薪水時會遇到的狀況是，你還有其他正在面試的公司，但是已經拿到某家公司的工作邀約，這時候該公司希望你盡早給出答覆。有些招募員甚至會給緊迫的答覆時限，例如要兩天內答覆。

但多數時候，不是公司真的兩天內要做聘僱決定，而是招募員希望盡快把候選人招進來，或者希望透過這個方法，讓你在還沒有其他工作邀約（沒有其他籌碼）時就先接受。

關於這種狀況，如果認真想，一個候選人前面花了好幾週從申請到面試，這些時間假如公司都沒有很急，到了發工作邀約才急於處理並不合理。因此，假如你手上有其他機會，建議可試著要多一點時間。

在要時間時，有兩個要注意的原則：

1. 講的時候記得，態度要誠懇，不要很粗魯地問：「能不能多給我兩天時間思考後再回覆？」
2. 要解釋為什麼你需要更多時間才能回覆。舉例來說，你可以說：「因為這是一個重要的決定，所以我希望能夠審慎且全面評估。審慎的評估不僅是為我自己，也是為了公司，所以希望能有多一些時間來全盤考慮。」
   又或者可以說：「因為我同時有另一個面試正在最後一輪，我希望能完整評估完所有選擇，這樣能確保當我決定接受這個工作邀約時，我是全心全意投入的狀態。」

除了上面提到的這兩個要點，還有一種要時間的方式，是去爭取跟該公司的人多聊聊。這個是一舉兩得的做法，因為一來能爭取更多時間，二來能有機會蒐集更多資訊來協助自己做決策。

退一步來說，如果某家公司真的非要你立刻做決定，不給你考慮時間，你可能要有警覺心，因為正常的公司肯定會希望候選人也會做深思熟慮的決定；如果要你在很短的時間（例如一到兩天）就決定，可能背後有問題。推薦這時候可以多去打聽，而不要因為時間的壓迫就直接答應。

▌ 9.3.4 反悔答應工作邀約該如何處理？

在找工作時，一個很常見的狀況是，在你答應工作邀約後、正式入職前，另一家在各方面（工作內容、地點、薪水）都更吸引你的公司也發給你工作邀約。這時該怎麼辦？該反悔嗎？反悔會讓自己黑掉嗎？

理想上要避免這種狀況，如上面提到的，盡可能把面試都排在一起，讓你可以在同一段時間內拿到不同的工作邀約。然而，如果真的遇到更好的機會，沒有道理不接受。

求職是雙向的，你並沒有真的對該公司有責任，在法律上不會站不住腳。就像過去有許多新聞，有人剛入職遇到公司大裁員，結果剛好被裁，從公司的角度來說可以這樣做，反過來從候選人的角度這樣做，在法律上也沒有問題。

然而,多數人擔心的,是自己可能會黑掉,所以會想了解,如何讓黑化程度最小化?這邊提供兩個觀點,具體則需要讀者根據自身情境去判斷。

如果真的要反悔,請確保盡早提。如果能在入職前就提,起碼能減少對方的損失;反之,如果是已經入職一到兩個月,這種時間點就會很尷尬,因為公司已經花時間成本協助你入職,同時還拒絕了其他潛在候選人,這種時間點提,導致自己黑掉的程度,會比入職前提還要更大。

除了時間點外,在提反悔的時候,態度要誠懇。可以提說不是公司不好,是自己加入後發現不適合;或誠實地說,因為額外獲得的機會中,有 XXX 原因是對自己很重要,但是在加入後評估發現自己沒辦法在這邊獲得這些機會,坦誠地讓對方知道你的考量點,能夠談得比較順利。

最後,建議如果可以,不要把自己的橋給拆了。雖然反悔本身不是件太理想的事,但如果能夠誠懇地好好談,未來還是希望有機會的話可以跟該公司合作。

參考資料

1. How to Do What You Love
   https://paulgraham.com/love.html
2. CALM COMPANY FUND: FIVE YEARS IN
   https://calmfund.com/writing/five-years
3. How Long Does It Take to Hire Someone?
   https://jacobian.org/2021/mar/11/hours-to-hire/
4. Farewell, App Academy. Hello, Airbnb.（Part II）
   https://haseebq.com/farewell-app-academy-hello-airbnb-part-ii/
5. Ten Rules for Negotiating a Job Offer
   https://haseebq.com/my-ten-rules-for-negotiating-a-job-offer/

10

入職篇

❖ 10.1 進公司後的前三個月準備

假如你順利完成面試、也談到一個自己覺得理想的薪水,雖然值得恭喜,但還不能夠鬆懈,因為如果你是找實習的工作,會有實習轉正的考驗,而如果你是找正職的工作,多數的公司都會有試用期。

又或者是,許多外商公司沒有試用期,但會毫不留情地把你放到 PIP(Performance Improvement Plan)的清單中。這個清單是指你需要在一定時限內改善自己的表現,如果沒有做到,就會被公司開除。不少外商公司雖然沒有試用期,但幾個月表現不好就被放到 PIP 的案例也不算少見。

因此,如何有效通過實習轉正、試用期的考驗,會是在找到工作後下一個必須面對的關卡。

剛加入一家公司或團隊,前面三個月對於你能否通過試用期至關重要,這個小節我們將講解前三個月,推薦大家務必要做的事情。如果你即將入職或者剛入職,務必要閱讀這個小節。

▍10.1.1 Career Cold Start Algorithm

Career Cold Start Algorithm 是 Meta 技術長 Andrew Bosworth 幾年前在網路上分享的方法,他在加入任何新團隊時都會使用。

這個方法很簡單,只有三個步驟:

- **步驟一**:找團隊裡的人,花 25 分鐘向他請教任何你需要知道的事。過程中有任何不懂的事情或名詞,一定要釐清到弄懂為止。
- **步驟二**:接著再花三分鐘了解目前團隊遇到最大的挑戰。
- **步驟三**:最後花兩分鐘問他推薦哪些人是你應該去聊聊的,寫下所有他推薦的人。拿到第三步驟的名單後,對名單上的人重複這三個步驟,直到沒有任何新的名字被推薦為止。

這三個步驟有其各自的目的。

步驟一可以讓你了解團隊目前的概況，因為會跟團隊中不同人聊，透過這步驟可以讓你逐步拼出一個完整的輪廓，對團隊狀況有更全面的了解。

步驟二則是讓你知道團隊現在有哪些挑戰，這些挑戰將是你的機會，如果你能夠協助解決這些挑戰，你將能在團隊中建立好的聲譽，並受團隊其他成員信賴。雖然有些挑戰不是能立馬解決，但有些事情是常被忽略但可以立刻處理的，例如「我們浪費了很多時間在會議上」，Andrew Bosworth 會優先著手這類可以被解決且能產生正向影響力的問題。

步驟三除了讓你能獲得不同角度切入、更全面地了解組織外，也可以讓你更了解組織動態。在過程中，你可以觀察誰的名字最常被其他人提到，了解誰的影響力比較大。

這三個步驟除了讓你能更了解要加入的新團隊，更關鍵的是你問問題的過程，是對團隊展現你尊重團隊。比起很多人加入新團隊就直接提一些空降的方案，先去了解團隊的脈絡更能讓既有團隊成員感到被尊重。這是個常被忽略但相當重要的要素。

▌ 10.1.2 快速上手任務

透過 Meta 技術長分享的「Career Cold Start Algorithm」，相信你能在入職後迅速掌握多數需要知道的資訊與脈絡。除了這個方法外，還有幾個推薦大家可以做的事。

▢ 多問問題，但要先做功課

加入新的團隊，肯定會有很多東西是不熟悉的。因此在這個階段要盡可能多問問題，特別是前一個月，大家會認為你剛加入多問點問題沒關係，但當你加入團隊越久，大家對你的期望會轉變成你應該已經熟悉團隊的業務。

雖然一開始要多問問題，但問之前也務必要先做功課。在問問題前，先確認以下幾點是有想清楚的。這邊提供大家一個模板：

- 我要達到什麼目標？在達到目標的過程遇到什麼困難？
- 在解決困難的途中我試過什麼方法？查過什麼資料？
- 因為試了這些方法與讀了這些資料仍無法解決，想問你有沒有什麼建議？

記得，在問完問題後，務必要做筆記，不要未來問重複的問題。如果問重複的問題，會讓人覺得你不夠細心，之前問過的問題怎麼馬上就忘。重複的問題問多了，別人可能覺得你又來浪費他的時間，這會有損你在團隊中的聲譽。

▇ 不要只是完成任務，要了解背後細節

在做被分配到的任務時，不要只是做，要好好地了解使用的工具以及相關的商業邏輯，這對加速上手會有幫助。前 Twitch 工程師 Theo 推薦多去看過去別人發的 PR，特別是 PR 中的討論，這可以讓你知道「為什麼」過去某個是這樣寫，這能讓你更清楚不同功能的開發歷程，也能夠寫出更符合脈絡的程式碼。

▇ 找導師（Mentor）

除了自己的直屬主管，在公司中找到一個非直屬關係的導師也會很有幫助。找導師可以是在公司內網找，然後禮貌詢問對方是否能夠當你的導師，如果能就主動約對方每固定 1:1，在工作上有任何煩惱都可以聊，也可以聊長期的職涯發展。

▎ 10.1.3 把事情做好

除了蒐集必要資訊，另一個對於剛入職的人來說非常關鍵的點，就是贏得團隊其他人的信任。要能贏得其他人的信任，就需要不只是做事，而是要把事情做好。

以下讓我們透過比較具體的例子來說明。

以開發來說

- 開發完一個功能是「做」
- 開發完確保有完整測試、上線後有持續監控，才能說是「做好」

以修 bug 來說

- 修掉被回報的 bug 是「做」
- 不僅把 bug 解掉，還進一步重構，確保未來同樣的錯誤不會再出現，才能說是「做好」

以團隊溝通來說

- 傳了訊息到群組是「做」
- 傳完訊息，確保相關人員都有讀到，才能說是「做好」

透過上面這幾個例子可以看到，假如只做了某件事，不代表是做好。當能夠去確保做的事情有達到預期的成果，甚至進一步推進，讓未來同一件事能更容易被完成，這才能夠被認為是做好。

停止「那不關我的事」的想法

要做好事情，有一個很重要的思維改變，就是要把「那不關我的事」（That's not my job）的想法從腦中移除掉。以上面舉的例子來說，你大可以說「我功能已經開發好了，剩下的就不關我的事」，或者「我 bug 已經修完了，後面的維護不在我這次處理的範疇」，但是當有這種覺得不關自己的事的想法，將導致自己沒辦法真正做好事。

很多時候，做好要花的額外成本並沒有想像中的大。以上面提的團隊溝通來說，比起認為「我已經有傳訊息，對方有沒有讀不是我的責任」，在傳完訊息可以簡單加一句「如果有看完訊息，請在下班前點表情符號」，然後如果下班前有相關人員沒點，可以再特別私訊來確保對方有讀到訊息。後者的做法會更有效讓你能把事情做好。

知道自己在幹嘛

要能夠做到上面提的「做好」，有一個核心的關鍵是「知道自己在幹嘛」。這是什麼意思？以前面舉的例子來說，你在開發一個新功能時，如果只認為自己單純在開發，這代表對於所做的事情理解不夠透徹。

如上面提到，追根究底，工程師開發新功能，是為了能夠透過新功能創造價值。所以假如今天思考的角度不是「開發」而是「創造價值」，自然會去確保該有的測試有寫、上線後做的監控有做，並且會去追蹤是否有達到預期的成果。因為假如沒做這些，將沒辦法確定自己是否真的有創造出價值。

「知道自己在幹麻」有一個先決條件，就是要先釐清在當前的環境與脈絡下，什麼是重要的。舉例來説，在新創公司跟科技大廠，重要的事情會有所不同。在新創公司，迭代速度很重要，所以很多時候如果沒有寫測試能加快上線的時程，那麼這時選擇不寫反而是更明智的選擇；但是到科技大廠的脈絡，假如產品是上千萬、上億規模的使用者，開發新功能不寫測試就不是明智的選擇。

我們或許可以反過來看，先釐清自己在的脈絡下，什麼是最重要的，基於重要的事情，展開需要完成的要件，當這些要件都有做到，才能説是把事做好。

總的來説，如果你不只是做事、而是進一步把事情完整做好，將能透過一件件事情來建立起在團隊心中的信任，這樣會讓你能夠有效通過實習或試用期。

⇨ 10.2 如何快速與團隊建立關係？

在加入一個團隊後想把事情做好，往往不能僅是自己做好就好，跟團隊有效地合作、共同創造出更大的價值也很重要。而要能夠有好的團隊合作，需要先建立良好的團隊關係。

就像關係好的朋友出事了，你會主動去幫忙，關係不好的朋友要你幫忙，你可能會想避開；在正職工作職場與同事維持良好的關係，遇到需要幫忙時也會比較容易獲得協助。因為人的偏見（bias）是難免的，在其他條件不變下，有好的關係就是一種驅動力，讓人更願意幫助你。

讀完上面這段也不用太擔心，建立好關係這件事，不需用拍馬屁、搞政治也能做好。這個小節將會探討幾個有用的方式，讓你在加入一個新的團隊後，能快速有效地與團隊建立關係。

▌ 10.2.1 剛入職時主動找團隊中的人聊

要能在剛入職後快速與團隊其他成員建立關係，最有效的方式之一，就是直接找人聊。當然，找人聊也要有方法，這邊最推薦的是在上一小節談到的 Career Cold Start Algorithm。

這邊再次總結該方法的三步驟：

- **步驟一**：找團隊裡的人，花 25 分鐘向他請教任何你需要知道的事。過程中有任何不懂的事情或名詞，一定要釐清到弄懂為止。
- **步驟二**：接著再花三分鐘了解目前團隊遇到最大的挑戰。
- **步驟三**：最後花兩分鐘問他推薦哪些人是你應該去聊聊的，寫下所有他推薦的人。

這邊最核心的點在於，在問問題的過程，展現你對團隊的尊重。這能讓你先建立起與他人的關係，避免直接提一些空降的方案。先去了解團隊的脈絡，更能讓既有團隊成員感到被尊重，未來要推動事務，也會容易許多。

▌ 10.2.2 了解同事的協作偏好

除了透過上面提到的 Career Cold Start Algorithm，有另一件推薦在一開始就做的事，是先去了解同事的協作偏好。這邊說的同事，不僅侷限於不僅是你的主管，也包含其他同為工程師的同事、跨組的同事，甚至其他部門的人（例如產品經理、設計師）。

了解的偏好包含「他們比較喜歡用什麼方式溝通」（例如是用文字訊息、Email 還是偏好直接拉一個會議來討論）以及「去了解對方的人格特質」。舉例來說，有些人雖然樂於幫人，但多數時候偏好自己能安靜的做事，當你對這類同事的人格特質有理解後，就知道如果真的有問題可以放心去問，但平常要留空間不去打擾該同事。

另外推薦要知道，合作的對象有什麼絕對不可以踩的雷點。例如先前有認識一位資深前輩，非常不能接受沒有帶著想法進到會議討論中，假如你已經知道這點，下次

跟這類型的同事協作，就務必要在會議前先梳理出自己的觀點，才不會讓這類同事失去對你的信任。

▌10.2.3 工作說明書 How to Work With Me

除了去了解其他同事的偏好外，要能建立好關係，也要讓別人知道你的偏好。舉例來說，要讓別人知道你擅長什麼、喜歡什麼，或是有什麼是你仍在持續努力改進的？

目前科技業界，有一個非常推薦的機制叫做「工作說明書」，或是英文很常見的「How to Work With Me」文件。透過這個文件，你可以快速讓要與你合作的人，知道如何與你合作。這對於團隊之間的合作會非常有幫助。以下我們將會一探工作說明書中，應該要含有哪些內容。

▢ 個人基本介紹

首先，可以在最開頭放一些個人基本介紹，或是有任何有關你的外部連結。以下的列點是我們在不同工作說明書看過的，推薦可以挑你覺得適合的放：

- 個人簡介
- 興趣偏好
- 個人使命
- 座右銘
- 不介意的話可以放個自己的生活照

▢ 職位介紹

接著可以介紹一下自己守備範圍，包含：

- 是什麼部門
- 負責什麼產品、模組
- 負責什麼職位（前端或後端）

此外，可以放你目前的工作路徑圖（roadmap），或者是 OKRs 等季度目標。推薦的放法是區分優先順序，例如先列出 P0（最重要的）然後再列出 P1、P2 等以此類推。這樣能讓別人知道目前你正在做的事，以及什麼是你最優先關注的。

當放了這個資訊後，就比較容易讓別人知道，除非他們對你發出的請求比你手邊的事情更重要，不然可能無法被優先處理。

介紹完自己的職位後，可以列出有什麼事情可以找自己。除了自己負責的項目，如果有其他你樂意幫忙的，也可以特別提。例如你擅長 JavaScript 的可讀性，就可以提你很樂意幫忙做 JavaScript 的程式碼審查。

最後，也可以放推薦別人找自己之前先讀的文件，例如自己過去寫過的相關技術文件，讓別人先看過後，很多時候說不定問題已經解決，就能省下找自己的時間。即使問題沒能被解決，也可以多一些脈絡，讓別人找自己時，討論的效率可以提高。

■ 協作偏好

接著可以列下自己的協作偏好，以下的面向是最推薦要寫的：

- **專注時間**：什麼時間通常有會議？什麼時候是可以被隨時約會議？什麼時間通常要做深度工作不希望被打擾？
- **溝通模式**：可以列下你喜歡怎麼樣的溝通，例如偏好先講結論，或者偏好先給足夠多的脈絡後講結論？又或者偏好非同步（用訊息）溝通或者偏好直接拉會議？或是偏好用語正式或用大量的表情符號？
- **思考與決策**：可以列下平常的思考與決策流程為何？會偏好別人先想好哪些問題後再找自己？做決策前需要先思考過什麼？偏好被用什麼方式給回饋？
- **個人雷點**：可以寫下哪些點是自己不希望被踩線的雷點，例如有些人不喜歡沒有帶著觀點到討論中，或者有些人不喜歡承諾要做到的事沒有交付，這種都可以寫下來。
- **注意事項**：可以寫下協作時的特別注意事項。例如有些人雖然常常會提反面觀點，但不是針對個人，這種常會被誤會的點，就可以特別寫下來。

以下是一些過去我們看過不錯的範例，讓大家參考：

- 「我比較喜歡透過 Slack 進行非同步溝通。如果你收到我的消息，你不需要立即回覆。有時候你可能會在週末或深夜收到我的 Slack 訊息。我分享這些訊息是因為我突然想到了一個點子，不想忘記。我不預期你在週末、休假期間或不在的時候回覆。等你到下個工作日，開始工作時再回覆就可以了。」
- 「我有時候可能會讓人覺得總在挑戰對方觀點，但這絕不是針對個人。我希望在討論時，參與討論的人都能夠有足夠的佐證支持自己的觀點。如果在討論中，你覺得我講得有誤，希望你能給予指正。」

🔲 找人指引

在大型軟體團隊中，很常會遇到某個問題不知道要找誰的狀況。往往會遇到先找 A 然後問完後找 B 然後再一路找下去才找到對的人，這個過程很浪費時間。

為了解決這問題，過去我們讀過比較好的工作說明書，會特別放上找人指引。假如你知道在你所待的團隊中，如果有人想諮詢某個特定模組的特定問題，應該要找誰的話，推薦可以特別放這個找人地圖。

推薦可以製作成表格的形式，除了指引可以去找誰外，也可以放相關模組的文件或任何連結。

🔲 回饋表單

最後，推薦可以附上一個回饋表單，讓別人能夠給你回饋或交流。

⇨ 10.3 如何排定好優先順序？

在與團隊建立好關係後，下一個在入職後必須牢記在心的事情是「排定好優先順序」。更進一步講，推薦在剛入職時，要做到「毫不留情地排定優先順序」或是大家英文很常聽到的「relentless prioritisation」。

為什麼要特別加上「毫不留情」呢？因為在現實的軟體開發世界中，有太多事可以做，所以經常會遇到的狀況是，覺得每件事都很重要，所以都不能放掉，所以最終沒能排定優先順序，而是被事情淹沒。特別剛入職前幾個月，很多人求好心切，反而導致自己燃燒殆盡。

為了避免這種狀況，「毫不留情」變成必須的。毫不留情意味著，有些事情可能很重要，但沒有到最重要，這時即使你覺得棄之可惜，但仍必須要果斷且不留情地捨棄。因為唯有這麼做，才能真正專注在最優先的事情。

▌ 10.3.1 沒有排定優先順序的後果

這時你可能會問，為什麼要排定優先順序？這樣有什麼好處？

這邊讓我們用一個切身之痛，來說明為什麼這件事重要。先前 ExplainThis 的成員剛加入先前待的公司時，試著積極地去爭取事情做，這讓加入公司時，累積了很多事，在績效考核拿到不錯的成果，這看似不錯，但事實上掉入了一個有問題的坑。

是什麼問題呢？是在第一年結束跟主管聊到升遷的話題時卡關了。當時收到的回饋是做的事情沒有到「下一階段的標準」。沒錯，在原本的職級做很多事，可以讓自己在該職級獲得好的績效，但這不代表做的事情有足夠大到讓自己能升遷。換句話說，做再多影響力不夠大的事，怎麼樣都可能沒辦法獲得升遷。

這個慘痛的教訓，背後意味著，比起累積很多沒那麼重要的事，不如把時間與精力，專注在一個有足夠大影響力的事情上面。在意識到這點時，你的腦中可能會出現一個問題，那就是：「該如何排定什麼該優先做？」

▌ 10.3.2 排優先順序前，要先知道什麼最重要

關於排定優先順序，前 Google 工程師 Edmond Lau 曾說過一個很精闢的觀點，他說如果你花幾分鐘找到便宜幾千塊錢的機票，那麼是否省下買杯星巴克的錢就變得沒那麼重要；如果你花幾個小時好好談薪水讓年新增加幾萬美元，那麼是否要省下買便宜機票的幾百美元就變得沒那麼重要。

做某些事情，能夠帶來的效益，會遠遠高過於其他沒那麼重要的事。而想要成為高效工程師，就需要先辨別出那些最重要的事。

如何判斷什麼是重要的事呢？一個簡單的原則是從投資報酬率 ROI（Return on Investment）的角度來看。對於工程師來說，投資不是財務上的投資，而是時間上的投資，因為對工程師來說最重要、最有限的就是時間。

具體來說，從 Edmon 的觀點來看，工程師的優先順序可以「影響力 / 所花的時間」來判斷。當今天除下來的結果越大，就越應該做。從「影響力 / 所花的時間」的觀點切入，要能夠有效提高，很顯然地可以做兩件事：

1. 減少所花的時間
2. 提高做的事情的影響力

在往下講之前，有個誤區強烈推薦一定要避免，那就是影響力這件事，要有一定的門檻；如果低於某個門檻，即使所花的時間降到很低，最終得到的結果不足夠。

以上面提到的例子來說，即使用很快的時間，解掉某個無關痛癢的 bug，因為解掉該 bug 帶來的效益本身不大，這樣不管多快解掉，最終累積的影響力，還是被判定為不足以獲得升遷。

因此在下個段落，我們會先試著談如何做更高影響力的事。

▌ 10.3.3 做影響力更高的事情

首先要有清楚的指標，知道要衡量什麼。接著去辨別出做什麼對該指標有幫助。假如沒有一個清晰的指標，就沒辦法有效去比較哪件事比較重要。

以軟體工程來說，假如是做產品開發的，可以衡量對使用者的影響，例如增進使用者的使用率，或者提高轉換率，或者降低流失率。之所以說一般的前後端工程師要培養產品思維，因為這能讓你有效跟產品端對齊，讓你能把時間花在高影響力的事情上。

舉例來說，同樣是解一個 bug，假如解一個能夠大幅降低使用者流失率的 bug，而流失率又正好是產品端現階段看重的，那麼解這個 bug 就很有價值。反之，假如產品的使用者轉換率本來就很好，解某個 bug 能增進一些轉換率，但偏偏這時轉換率不是最關鍵的，那解這種 bug 就沒有太高的影響力。

10.3.4 如何降低所花的時間

延續上一小節談的，給定你已經確定做的事情有足夠的影響力，這時就可以進一步優化花在上面的時間。當能夠用更短的時間完成，就有更多時間去挑戰其他具有影響力的事。這個小節讓我們一起聊聊，從工程師的角度可以如何有效降低所花的時間。

善用工具與自動化

想要降低花的時間，最直觀可以從工具與自動化的角度來看。現在有非常多 AI 輔助工程師的工具，以 ExplainThis 團隊來說，我們在開發上用到 Cursor、Supermaven 等工具，讓寫程式的時間大幅降低。

另外，從工程的角度來看，如果某件事情讓你手動重複做好幾次，就是可以開始思考自動化的好時機。以測試功能來說，寫自動化測試，可以有效讓未來每次改動時需要手動測試的時間降低，累積起來能幫助未來省下很多時間。雖然寫的當下可能會多花時間，但未來能幫忙省下大量時間，這就會是值得做的。

懂得拒絕

以上面提到的例子來說，當初之所以會做很多小事，除了自己想要積極外，還有一個點是不善於拒絕。當想著「反正這舉手之勞，一下就處理掉」，會導致當同時有三五個小事疊加起來，可能一天的時間就被吃掉，以至於沒辦法真的去做什麼太重要的事。

至於如何有理又有禮貌的拒絕呢？Google 主任工程師 Lee McKeeman 曾分享一個好用的句型，推薦大家使用，他的句型是：「我很樂意幫忙，但新的需求需要先經過優先排序流程後，才能排入來做，因為排入新任務會影響到既有的優先任務。額外

的工作可能會導致我目前的任務被延遲，而要延遲這些任務，需要經過審慎評估與批准。」

上面的句型包含幾項重要元素：

- 先讓對方知道自己有意願幫忙、不是不想幫忙
- 接著說，但現在手邊有幾項高優先度的專案要做
- 如果要插入事情，需要透過某個流程（例如跟產品經理、工程經理討論）
- 因為如果不這麼做，手邊重要的事就會被耽誤到
- 最後再次強調，如果要調整優先順序，需要更高層級的人同意

▢ 懂得授權

要減少自己花時間在某件事的另一個有效方法，就是放手讓其他人去做，或者找到適合的人來做。這背後代表的是有「授權思維」，授權思維是很多資深、主任工程師談過的重要思維，因為一個人有的時間就那麼多，想要讓更多事完成，勢必沒辦法每件事都自己做。

更進一步說，可能做某件事對目前你所在的職級幫助沒很大，但可能對其他人卻很有幫助。以解簡單的 bug 來說，對實習生就會有幫助，簡單的 bug 一來不至於讓實習生不堪負荷，二來也能協助實習生累積實務經驗。這時與其自己覺得順手解掉就好，不如放手讓實習生去解，然後自己擔任審查的角色。

當你能有效辨別可以如何透過團隊中的其他人來分擔並完成任務，你就能有時間專注在對自己最重要的事。

▌ 10.3.5 請務必毫不留情

希望大家在讀完這章節後，對於「豪不留情地排定優先順序」，有更清楚的了解。總結來說，要優先做的事情，就是要符合「影響力 / 所花的時間」最大化的事。

在我們自己實踐這個要點的經驗中，其實最困難的還是在「毫不留情」。現在很多生產力相關的書籍，教你如何用更短的時間完成事情，多數時候，其實要判斷什麼事情重要與不重要，也不是太困難的事。

但沒辦法做到「毫不留情地放下那些不是最重要的」，往往是最終讓自己沒辦法有效排定優先順序的主因。股神 Warren Buffett 曾提過：「**列出對你重要的 25 件事，選出最重要的 5 項，然後剩下的 20 項要仔細看好，提醒自己千萬千萬不要再去分心碰觸。**」

在剛入職後，你需要做的是專注在那些最優先的專案中，當你看到那 20 項「雖然重要，但不是最重要」的事，請務必毫不留情地拒絕碰觸。

⟡ 10.4 如何有效與工程經理協作？

加入一家新的公司，決定你是否能通過實習轉正或者是通過試用期的人，絕大多數時候是團隊的工程經理，因此與工程經理有效協作，會是能否通過的重要關鍵。

這邊先定義一下名詞，上面提到的工程經理，在多數的軟體工程組織中，管理團隊的工程經理 EM（engineering manager）與負責技術的技術領導 TL（tech lead），是兩個不同的職位。一般來說會在資深工程師後，有這兩條不同的路可以選。在多數組織，這兩個職位在職級上可能是相同，只是負責的範疇不同，一個是團隊的管理，另一個是技術的領導。

在有些組織，工程經理與技術領導可能是同一個人，這種角色通常會被稱為 TLM（tech lead manager）。不論你平常是直接對到 EM 或者是對到 TLM，這邊都先暫時用「工程經理」一詞來泛指會管到自己的主管。

▌ 10.4.1 找偏好一致工程經理

在談如何跟工程經理合作前，有一個重要的前提要先談，那就是挑對工程經理。每個人在職涯上追求的東西不同，有些人想要在極短的時間內大幅度衝刺，但有些人要兼顧家庭或其他重要的事，所以偏好更多的生活平衡。

而工程經理有百百種，假如你是重視短時間快速升職的人，就要確保你要加入的團隊的工程經理，對於團隊接下來的發展路徑，也是朝這個路線規劃。反之，如果你

偏好更多生活平衡，就要確保你即將加入的團隊的工程經理，也很看重團隊成員的生活平衡。

通常沒辦法跟工程經理有效協作，很可能是自己想要的方向與工程經理想要把團隊塑造的方向不同導致，所以務必在面試階段，先跟該團隊的工程經理確認彼此偏好的方向是一致的。

▌ 10.4.2　要避免的工程經理

上面提到在找團隊加入時，很重要的選擇要素之一，是找跟自己偏好一致的工程經理。與此同時，也有一些工程經理是建議要避免的。如果可以，加入團隊前要先打聽清楚（例如在面試時的提問階段來問），避免有下列特徵的工程經理。

▢ 沒有自己的觀點

如果一個工程經理沒有自己的觀點，會是非常大的警訊，強烈建議要避免加入該工程經理在的團隊。要如何觀察一位工程經理有沒有自己的觀點呢？可以去看上面領導層（例如工程總監、副總），或者隔壁的產品側丟需求來的時候，該位工程經理是否總是直接照單全收？如果是的話，就是個警訊。

通常沒自己觀點的工程經理，因為什麼都照單全收，很可能會讓該團隊的工作量爆掉，進而變成一個不健康的團隊。除此之外，沒觀點的工程經理對於幫助工程師成長也有侷限性，因為要越往上走，越需要有觀點，而這需要從最開始就培養的；如果你還在職涯初期，加入沒觀點工程經理的團隊，意味著你沒辦法觀察與學習有觀點的人如何做事，這會對個人成長很傷。

▢ 微觀管理（Micro-Manage）

微觀管理也是工程經理的大忌之一，特別對於軟體工程師這種類型的工作，如果你發現自己的工程經理在微觀管理，會是個警訊。

所謂的微觀管理，是指連各種小事都管，讓實際做事的人變得綁手綁腳。好的工程經理要能夠放手讓團隊的人去做事，如果不論什麼事都要抓在自己手上，這會讓該

工程經理成為團隊的瓶頸。舉例來說，如果什麼決策都要經過工程經理，那麼當團隊擴張後要做更多的決策，工程經理時間不夠，很多事情的決策就會被拖延。

此外，微觀管理容易讓團隊有單點故障（single point of failure）的風險。假如工程經理什麼都要管，那當工程經理自己因為生病或各種事要請假，團隊就變得無法有決策繼續往前。更進一步說，如果沒有放手讓團隊的人自己做決策，會變成團隊成員沒有辦法練習決策、練習承擔責任，進而讓團隊成員無法成長。

◾ 沒有做好 1:1

沒有做好 1:1 這點可以從兩個面向來看，第一個最基本的要先看該工程經理「是否固定安排 1:1」，例如每週到每個月，固定有 30 到 45 分鐘的 1:1。如果沒做到這點，代表工程經理沒有固定預留時間給團隊成員；如果都沒固定預留時間，很難證明該工程經理對於團隊成員有足夠關心。

另一個點則是，工程經理要做到不會讓人感到意外。舉例來說，假如今天你原本預期自己能通過試用期，但最後卻沒有，這種意外就是不理想的徵兆，會有這種狀況，通常代表平常在跟工程經理 1:1 當中的溝通出了問題。我們在下一個小節會進一步談如何做好跟工程經理的 1:1。

▌ 10.4.3 同理你的工程經理

假如目前與你共事的工程經理沒有上面提的徵兆，那將是好的開始。然而，與工程經理的協作是雙向的；要能夠良好合作，你自己這邊也需要做到該做的。從概念上來說，「同理你的工程經理」會是最重要的。當你能夠站在工程經理的角度想事情，自然能跟工程經理有良好的協作。

舉例來說，工程經理的重要工作之一，是把對的人放到對的位置上，然而他要如何知道「誰是對的人」，這會基於他所知道的資訊。所以，今天如果你能讓工程經理有足夠多的資訊幫助你，當有適合你的任務、興趣所在的任務，工程經理要分配時自然就會想到你。但假如你沒讓工程經理知道，對方不會通靈，自然不會想到你。

又或者從團隊角度來看，要讓工程經理有足夠的時間聚焦在團隊協作流程的優化、聚焦在人力分配的最佳化上。所以如果讓工程經理花時間去處理別的事，他就沒辦法有足夠時間做這些讓團隊變更好的事情。

舉例來說，如果今天一個工程師在團隊中搞辦公室政治，工程經理就需要花時間處理，讓團隊從有問題的團隊變成能正常運作的團隊，這變相等同於，團隊無法從一般的團隊升級成卓越的團隊。因此，如果能站在工程經理的角度同理，自然會避免去搞事、搞辦公室政治。

10.4.4 把工程經理當成 API

從同理的角度出發，讓我們接著來談具體可以如何從工程經理身上獲得最大的幫助。之前聽過一個說法，非常的精闢，那就是把工程經理當成一個 API。你需要給定某些輸入，才能夠從 API 獲得預期的輸出；假如沒有給輸入，API 自然不會給預期的輸出。以下列出推薦大家一定要給的輸入。

讓工程經理知道你的職涯目標與偏好

就算你沒有想要積極爭取快速升遷，也建議要讓工程經理知道你偏好在目前的職級，然後跟工程經理溝通要完成什麼，來讓自己起碼能順利通過試用期。過去聽過非常多故事，是有人覺得自己沒有要爭取升遷，所以就順順的做，結果最後沒能通過試用期。

假如你有具體想要達成的職涯目標，例如快速升上資深工程師的職位，這時從輸入的角度看，你需要給工程經理足夠多的資訊，包含你目前在的水準、你預期可以有的成長速度、你目前有遇到的困難，接著，在跟工程經理討論過後，共同去制定出如何往下成長與發展的計畫。

讓工程經理知道你的興趣所在

如上面已經有提到的例子，如果工程經理知道你的興趣所在，這樣當有相關類型的工作任務時，工程經理第一個可以想到你、然後指派給你。除了興趣外，也可以讓

工程經理知道有哪些工作是你在做的時候會能量滿滿（what type of work gives you energy?），這樣未來有相關任務時，工程經理也知道可以找你來做。

讓工程經理知道什麼卡住你

很多時候，因為開發是團隊協作，所以可能因為各類因素，導致你的開發進度被卡住，工程經理的工作之一，就是協助你移除卡住你的東西。所以當有遇到因為外部因素導致你的進度沒辦法推進，務必要找工程經理聊。

另外，推薦在聊這類問題時，可以帶著解決方法溝通遇到的問題。舉例來說，你經常因為各種突發的問題被中斷工作，必須時常轉換脈絡，導致工作效率變低。在跟工程經理討論這件事時，先想幾個你覺得可以解決這問題的方法。

主動尋求回饋

平常在與工程經理 1:1 時，也推薦可以主動尋求回饋，這會對成長很有幫助。具體推薦可以問對於目前的表現、團隊合作等面向，是否有符合預期？是基於什麼樣的觀察會覺得有或者沒有達到預期？建議可以如何改善？收到回饋後記得感謝對方，即使你不是百分之百同意，也不要直接採取防禦姿勢，不然這會讓對方未來不再願意給你回饋。

出問題後不要藏

當平常遇到問題，例如你做的功能發生事故，在排除的同時，建議要第一時間同步給工程經理，不要想試圖藏問題，以為沒被知道就沒事。

假如真的出事故，且被追查到，你的工程經理可能會被上頭的人問，這時最終會一路問回到你身上，這時如果被發現到有藏問題，會大大降低工程經理對你的信任感。試想，假如今天換成是你要帶團隊，但團隊發生事故卻沒讓你知道，導致上面問的時候，你沒辦法好好解釋；相信如果是你擔任這個角色，該名團隊成員在你心中的信任值肯定會降低。

▋ 10.4.5 主動讓工程經理看到你有進步的潛能

上面提到，平常可以主動尋求工程經理的回饋。在收到回饋後，如果有調整並改進後，要進一步讓工程經理知道。這不是為了在工程經理面前刷存在感，而是當別人給你回饋，你也能因著調整，會讓人未來更願意給你回饋，這對成長幫助很大。

要如何讓工程經理得知呢？一個簡單的方法，是再一次問回饋。舉例來說，可以在 1:1 時說：「在先前的 1:1 你提了 XXX，根據這個回饋，我後來做了 OOO 改變，在你的觀察下，覺得這樣有更貼近你給的回饋嗎？有沒有其他我能做更好的地方？」這種問法，一來讓工程經理知道你有聽進回饋並做了調整，二來讓工程經理能再提供更多幫助你成長的回饋。

除了上面提到的點，往下我們會進一步講在跟工程經理 1:1 時，可以如何最大化利用這段時間。

◈ 10.5 如何有效與工程經理1:1會議？

在多數的軟體團隊，工程師都會定期跟工程經理有 1:1 會議，所謂的 1:1 會議，就是你與自己的工程經理，約三十分鐘到一小時，只有你們兩個人一對一的會議。

這個會議對職涯非常重要，然而很多時候大家不太知道如何好好把握 1:1 會議的時間，很多時候不知道要聊什麼，就這樣帶著尷尬聊一些不是太重要的事，白白耗掉那寶貴的時間。

以下我們將解析，可以怎麼樣有效利用與工程經理的 1:1 時間，讓大家能在實習或試用期間有更理想的表現。

▋ 10.5.1 為什麼要 1:1 ？

在具體談如何做好 1:1 前，這邊想花一些篇幅來談為什麼要做 1:1。畢竟身為工程師，你的時間很寶貴，工程經理的時間也很寶貴，這些寶貴的時間應該可以拿去開發更多功能，為什麼反而要花在 1:1 上面？

我們常聽人說「選擇比努力重要」，若是選對方向，往往事半功倍。做好 1:1 可以讓你做出的選擇，更貼近你要的方向。

舉例來說，在「軟體工程師的修煉與成長（5）— 1:1 該談什麼才能讓職涯起飛？」一文當中，Dropbox 工程師 vgod 提到，過去自己常常一個人埋頭做事，雖然做了很多事，但績效考核時卻沒有達到預期。

他一開始不能理解，直到他跟工程經理深聊後，才意識到原來一直把精力放錯方向，這導致他雖然產出很多，卻沒辦法幫助自己升遷，畢竟不重要的事就算做兩倍也不會變比較重要。在他開始善用與工程經理的 1:1 後，他改變了努力的方向；同時因為他有表達自己的職涯需求，工程經理也開始幫他留意機會，這讓他在那之後的四年間升遷了三次。

總的來說，在大公司當中，一個工程經理往往要負責很多人，所以你不能預期自己默默做好守備範圍的事就能得到賞識與機會。唯有在 1:1 中主動出擊，才能讓自己在實習與試用期間，被看見與認可。

█ 10.5.2 1:1 該聊什麼？

在了解了 1:1 的目的後，你可能會問，1:1 該聊些什麼？ 在經典文章「The Art of the Awkward 1:1」提到，1:1 要盡量聊那些會讓人覺得「尷尬」的話題，所謂尷尬的話題，就是那些你會不太好意思提出來聊、或是不太敢提出來聊的話題。舉例來說，聊你最近的績效，或是聊你在跨部門協作時遇到的困難等等。

同時，不要聊那些在其他會議就可以聊的話題。舉例來說，不要拿 1:1 來做工作進度報告，你的工作進度應該在平時的站立會議就跟工程經理有同步；也不要整個 1:1 都在閒聊生活，雖說 1:1 從聊生活開始會有助於跟工程經理建立關係，是不錯的開頭，但稍微閒聊完生活後，別忘了要切入核心話題，才不會浪費寶貴時間。

在讀完多篇 1:1 相關文章後，以下大致整理了一些可以聊的話題。假如大家不知道在 1:1 聊什麼，或許可以看看下面這個列表有沒有與自己狀況相似的，有的話就可以挑出來跟工程經理聊。

1. 期待校準

- 我目前的表現有「符合預期」，有什麼是我應該做但沒做的？
- 團隊中有誰表現特別好，是值得我多學習的呢？

2. 專案類

- 我目前在做的專案，遇到了一些狀況，你能協助我排除嗎？
- 我目前在做的專案還缺少 XXX 等資源（或人），你能協助我爭取這些資源（或人）嗎？
- 我對 XXX 專案的看法是這樣，從你的層級與角度來看，你同意這看法嗎？有什麼是我沒考慮到的？

3. 團隊合作

- 我目前跟 XXX 同事的合作好像出了點問題，你有什麼建議？
- 我覺得自己目前在團隊中的角色定位不是很明確，你怎麼看呢？
- 我覺得目前團隊協作上有 XXX 面向讓我覺得不是太有效率，我覺得可以改成 OOO 方式，你覺得呢？

10.5.3 1:1 後的行動

1:1 會議除了聊之外，也切記要做好會議記錄。常見的做法，是開一份文件專門記錄 1:1 跟工程經理聊的內容，在每次的 1:1 後寄一份會議記錄給工程經理，這會讓工程經理感受到你很重視這個 1:1，當你展現出你的重視時，通常工程經理也會更願意幫助你。

此外，假如在 1:1 中有獲得回饋與具體建議，一定要在後續有實際行動來改善，並且在後續的 1:1 中持續跟工程經理同步你的改善狀況，讓工程經理知道你有持續行動與成長。

10.5.4 1:1 的頻率

目前業界在 1:1 頻率多半是一週一次到三個月一次。通常是在加入新的組或者有新的工程經理的前幾個月,會比較頻繁地 1:1,這段時期通常是一週一次。而當加入新的組一段時間,或者跟工程經理配合一段時間,多數 1:1 會是變得間隔比較久。

因此,如果是在實習階段或者剛入職,建議可以的話就一週一次,如果真的不行也至少要兩週一次與工程經理 1:1。

◈ 10.6 如何有效與產品經理協作?

除了工程經理外,產品經理也是工程師需要密切合作的對象。因此在實習與試用期間,如果能跟產品經理有良好的協作,將能大幅提升你的通過可能性。

10.6.1 當一個有產品思維的工程師

在聊跟產品經理的協作前,有個更重要的概念要先談,那就是「產品思維」。

「好的技術設計需要產品思維」這句話是我們聽過多位不同的資深前輩(L7+ 職級的前輩)都講過的話。除非是純學術或個人興趣的技術鑽研,不然在一般職場上,技術終究需要回扣到其能創造的價值,而從真實使用者的需求出發做的技術設計,往往能創造更大的價值。

有產品思維,不僅能夠讓與產品經理的協作更順暢,還能指引思考更長遠的技術規劃。舉例來說,電商常會看的 GMV(商品交易總額),如果是一個具有產品思維的工程師就會去思考,以目前的 GMV 以及成長趨勢來看,半年後或一年後的 GMV 會到什麼量級?目前的架構在該量級下是否仍可以應付?是否仍是合理的?

又或者如果平常像產品經理一樣,會去探索這個市場上存在哪些不同的產品,甚至直接拿用看,也能協助技術規劃。舉例來說,現在各種類型的資料庫,在市場上很頻繁地被推出,身為一個工程師,如果有新的資料庫出來,就去玩玩看,對於未來

有資料庫選擇需求時，就能夠有更多的考量，而不是只選自己一直以來都用的那個選項。

10.6.2 為什麼工程師該具備產品思維？

讀到上面的段落，你可能會有「如果沒有產品思維，純從技術角度思考會怎麼樣」這種疑問。關於這個問題，歷史上有許多案例可供我們警惕。

以近期來說，2024 年在社群討論度很大的一個 AI 產品，是 Humane 的 Ai Pin。這家公司先前拿到 2.3 億美元融資，投資人包含 Microsoft、OpenAI 甚至 Sam Altman 本人。然而 Humane 推出的 Ai Pin 被全世界最有名的科技評論 YouTuber MKBHD 評價為他至今評論過最糟的產品（the worst product）。

在評論影片中，MKBHD 講了非常多次，他認為 Ai Pin 是很讓人驚艷的硬體（an impressive hardware），但他認為 Ai Pin 能做的任何事，現在的智慧型手機都能做得更好、而且更容易操作。

以傳照片來說，如果要用 Ai Pin 傳照片，要在很小的投影畫面中預覽，然後用很困難的手勢輸入要傳送的對象，收到照片的人還是收到一個連結、並且要到一個專門的網頁才能查看。不論是傳的人還是收的人，都感到非常不方便。

因為 MKBHD 本身的影響力大，當他發布這個評論後，在 X（推特）引起極大的討論，接著引發一系列的 Ai Pin 評測，多數人也發了 Ai Pin 負評。在負評聲浪中，有人發文談到：「很多人批評 Ai Pin，但你試過把一個雷射投影機、相機、麥克風、LED 燈、磁力助推器放到一個手錶大小的裝置嗎？」

確實，MKBHD 在評論中也多次談到從技術角度來看，Ai Pin 讓人感到驚艷，畢竟要在這麼小的裝置中整合軟體、硬體、AI 等，非常不容易。然而從使用者的角度來看，使用者不會去思考到這個裝置背後的技術有多複雜與困難，而是只會覺得這裝置對自己有沒有用、能幫忙解決什麼問題、帶來什麼價值。

這是許多從技術角度出發的工程師經常會遇到的盲點。純粹追求技術本身沒有錯，假如是基於個人興趣或想推進知識演進，這樣做很不錯；然而，多數工程師開發的產物，是要被人使用的產品，這時就不能不考量該技術對使用者的價值。

▌10.6.3 工程師可以如何培養產品思維

在談完前面的先備脈絡後，接著讓我們進一步談，從工程師的角度可以如何培養產品思維。當你能夠有效培養產品思維，在跟產品經理協作時，就自然能夠同理產品經理，讓協作更順利。推薦從以下兩個角度切入，來提升產品思維。

- **微觀面**：深入了解使用者：先前聽一位資深的前輩說，他特別愛問團隊中的工程師：「你的使用者是誰？你會用什麼方式收集他們的聲音？你多頻繁與他們接觸？」假如你目前無法回答這些問題，建議多去接觸你開發的產品的使用者。
- **宏觀面**：廣泛了解產品的領域（domain）與市場，例如平時要養成習慣去研究市場上有哪些其他相關的產品，舉例，如果你的團隊是開發 A/B 測試的工具，你可以去研究目前市面上有哪些做 A/B 測試的工具，它們的特點分別是什麼。同時也可以研究有哪些最新的趨勢，例如定期關注 A/B 測試相關的最新最佳實踐是什麼。

▌10.6.4 如何有效與產品經理協作—把自己當成技術顧問

前面我們談了產品思維的重要性，也談了如何培養產品思維，如果你能帶著產品思維跟產品經理合作，已經好過多數的工程師。進一步從實務面來講，要跟產品經理有效合作，建議可以不只把自己當成只是開發的人，而是把自己當成技術顧問。

這兩者的差別在於，如果只把自己當成「只是負責開發」的角色，那就會相對被動，會變動地反應產品端的需求；而從技術顧問角度出發，就會有更全盤的考量，包含去思考可以如何透過技術去改善產品、去預判未來產品需求來提前做技術規劃。

進一步來說，從產品經理的角度來看，在排定優先順序上，因為產品經理對技術細節不熟，可能無法去考量到技術面的權衡，而從技術顧問的角度來看，就需要主動

讓產品經理知道（例如技術 A 對產品的影響是什麼、需要投入的成本多少、有什麼未來潛在風險等等）。

10.6.5 讓產品經理知道「這是為產品好」

上面談了為什麼工程師需要產品思維、可以如何培養產品思維，以及最後談了如何有效跟產品經理協作。

最後想提的一點是，要能跟任何其他跨部門團隊協作，最有效的方式之一就是讓對方知道，你這麼做是為對方好，並解釋為什麼這樣會對產品好。對產品經理來說，如果你能協助讓產品變更好，對方肯定覺得何樂不為。

當然，很多時候大家對於「什麼對產品好」可能有不同的觀點，要能消除歧異、有效校準，在過程中會需要用同理的方式來溝通。而最能夠有效同理的方式就是上面提到的，用產品思維的方式來思考，然後從使用者、市場的角度切入來溝通。

要鍛鍊產品思維並不容易，但如果能做到上面提到的點，相信在與產品經理的協作上將能越來越順利。而當你能夠有效與產品經理協作，在實習轉正或者通過試用期上，會得到更多支持的聲音。

◇ 10.7 有意識展現你的工作成果

除了前幾個段落談到的重要概念外，有一項在剛入職後一定要適時做的事情是，要有意識地去展現自己的工作成果。當你能做好這件事，就能更容易通過試用期，也將能避免自己被放入 PIP 當中。

10.7.1 為什麼要有意識展示工作成果？

你可能會問，為什麼要展示自己的工作成果？畢竟多數公司都有績效考核，在考核時都會要寫自己的季度或年度產出，這樣還不夠嗎？

關於上面這個問題，從工程師職涯的觀點來看，僅在績效考核寫下自己的產出，確實會是不夠。因為當你能夠更有意識地展示自己的工作成果，對於個人職涯發展甚至是團隊都會有所幫助。

舉例來說，假如你想要通過試用期或是挑戰更困難的專案，你需要讓你的主管、團隊知道你已經準備好了，如果你過去都沒有意識展示工作成果，別人不會知道，就難以信任你能勝任某個十分困難的工作。

Meta 主任工程師 Ryan Peterman 曾分享，他之所以能在剛畢業三年內，從 L3 初階工程師升到 L6 主任工程師，其中一個重要的關鍵是他會有意識地展示自己的工作成果，逐步建立起他是某個重要模組的專家形象，進而讓他獲得更具挑戰的機會。

從團隊的角度看，展示你有能力做出某些具影響力的成果，也會對團隊協作有幫助，因為團隊中的工程經理將會更清楚，當某個新任務下來時，該分派誰去做；而團隊中其他成員也會更清楚，知道當遇到某個問題時，要去找誰諮詢。

▌10.7.2 為什麼很多人不這麼做？

在往下談可以如何有效展示自己的工作成果前，要先聊一點常見的問題，那就是很多人早已知道展示工作成果對通過試用期和自己的職涯發展有幫助，但在平時工作中卻不會這麼做；為什麼會這樣呢？

很多人會說，因為會選擇當工程師的人，多數是生性內斂、不喜歡自我推銷；又或者會說，亞洲文化普遍鼓勵不要有個人主義的出頭行為。這些說法確實都是過去我們自己本身、觀察過的工程師遇到的問題。以我們自己為例，過去也曾有過「不要太高調」的想法，因而沒有選擇有意識去展現工作成果。

然而，縱使如此，假如你想讓自己的職涯能走得更順，就不該讓上述提到的點，成為自己不那麼做的理由。先前讀過一位日籍的前 Amazon 資深工程師提及：「日本人普遍比較害羞，但假如你不讓別人知道你的成果，即使做得很好，就可能在全球競爭中失去優勢（Japanese people are shy. But if you cannot clearly report your achievements, you risk losing out in the global arena, regardless of how good you are at your job.）」。

退一步説，假如你想維持低調、不想讓別人覺得你很張揚，是有方法讓自己展示成果的同時，不讓其他人覺得你高調炫耀。我們在下個小節來談談可以怎麼做。

▌ 10.7.3 如何不高調且同時展示工作成果？

展示成果代表著建立自己的能見度，然而你可能會説，這有點像是「刷存在感」，會讓人有些反感。關於這點，我們必須説，存在感很重要，但是確實不要為了刷而刷。

存在感之所以重要，是因為別人想到重要任務時，假如你完全沒有存在度，別人不會想到要找你，這種狀況可能導致你失去做高影響力專案的機會。然而，要如何避免為了刷而刷導致別人反感呢？有幾種方法可以做到。

◪ 向對的人展示成果

首先，雖説要展示你的成果，但其實不用對所有人展示，只需要挑對的人展示即可。那麼誰會是對的人呢？這其實蠻看情況，但不論何種情況下，你的工程經理（或説你的主管）都是你需要展示成果的對象。

當你對工程經理展示成果，你不僅不會被認為是在高調炫耀，反而會被認為是好的團隊成員。這是因為，對工程經理來説，團隊中有許多人要管，但是一般工程經理不會有那麼多時間隨時緊迫盯著每個人；因此，如果某個團隊成員能夠主動讓工程經理了解成果，自然會是工程經理喜歡的協作模式。

向工程經理展示成果的方式，可以是在定期的會議中，又或者是跟工程經理的 1:1 時提及。記得在前面小節談到的，1:1 不要做進度報告，但可以做成果報告，並且在聊完成果後可以跟工程經理聊有什麼新的挑戰可以分派給自己。

◪ 展示成果的同時表揚其他人

除了對工程經理展示成果，適時在團隊中展示成果也是非常重要的。而具體的方式會是在某個專案完成後，可以特別寫帶有成果的專案總結，然後將該總結分享到全組織的群組當中。

而在做這件事情的同時，記得要同時表揚其他團隊的貢獻者。過去我們看過比較值得學習的做法，是先以整個專案的角度來闡述專案的影響力（理想上需要有量化數字，所以這部分務必跟進並取得），接著進一步提不同角色對專案的貢獻。提的時候可以特別標注，然後同時簡短敘述在專案過程中特別貢獻的地方。

這種做法一來能讓組織中的其他人看到你的成果，但又能同時觸及其他貢獻者；讓你在展現自我的同時，減少造成他人的反感。

◼ 其他讓人感受你的存在，但又不過度張揚的方式

除了上面提到的兩個要點外，有一些具體方法可以讓人看到你能帶給團隊的貢獻，同時建立起自己在團隊中的技術專家形象，既有存在感但又不會過度張揚。推薦大家平時可以做以下幾個事項：

- **積極參與技術評審（technical review）、程式碼審查（code review）或是任何團隊中的技術討論**：當你在這些場合中發言（理想上是講有洞見的內容），幫助團隊把事情做更好，這不張揚又能夠讓你被看見。
- **定期在團隊內分享知識與新學習**：分享是個會讓多數人喜歡且能感受到你存在的好方法。從轉貼新讀到的技術內容到群組中，到在團隊中做深度的技術分享，這些都能讓你被看見，同時讓團隊受益。
- **做其他人會想避開的挑戰**：在軟體工程的領域中，經常有些困難、吃力不討好的專案，這會讓很多人想避開，然而，如果你反其道而行，選擇接受這些挑戰，將能自然而然打開自己的名聲。當然這會有失敗的風險，但是高風險高報酬，如果你去嘗試這些有難度的挑戰、也真的做起來，就算不用主動去講，其他人也能感受到你的貢獻。
- **協助他人**：要讓自己能被看見的最有效方法，是去協助他人。身為工程師，需要跟許多不同角色協作，而這些協作過程，會有很多機會能幫別人。
  - 跟主管合作：從最基本的把文件整理好、幫忙協助新團隊成員入職適應、幫忙主持團隊會議
  - 跟其他工程師合作：幫忙一起討論技術、梳理流程、解決某個 bug，或是上面提到的技術評審、程式碼審查給回饋
  - 跟跨部門同事合作：從技術角度幫產品經理

⟡ 10.8 職涯發展路徑

在順利通過試用期後，接著就要看在新工作的長遠職涯發展。由於過去在解答讀者的職涯發展問題時，發現有部分讀者對於工程師的職涯發展路徑有一些困惑。因此，這個小節會帶大家理解業界常見的工程師職涯發展路徑。

特別注意，軟體工程師的職涯可以有很多發展方向，甚至可以不用侷限在工程師這個職位，例如可以轉去做產品經理（PM）或技術專案經理（TPM），甚至過去看過不少工程師轉去行銷或銷售職位也發展很好的案例。

但這個小節會主要聚焦在，如果你決定要持續在工程師的職位上發展，可以有哪些不同的發展方向。

▍10.8.1 工程師的職涯框架

當談到工程師的職涯框架，就不能不提 Dropbox 公開的「Dropbox Engineering Career Framework」。之所以這樣說，是因為過去這類職涯框架雖然在各大公司行之有年，但並沒有在業界與社群中流傳，而過去 Dropbox 公開後，才有了在社群中流通的版本。

雖然在那之後有許多公司也都公開自己的版本，但當大家談到這類資源時，第一個會想到的還是 Dropbox 公開的。事實上，目前業界在這類職涯框架的訂定上，有越來越收斂的趨勢；換句話說，雖然每家公司的細節會不同，但多半在概念上是互通的。

因此，這個小節所寫的內容雖然未必跟你的公司一模一樣，但是從概念上來看，應該都會是通用的。

通則上來說，軟體工程師的職涯，是在成為資深工程師開始會有一個分流。換句話說，在初階（junior）與中階（mid-level）的階段，基本上都會是作為個人貢獻者（Individual Contributor，也就是大家很常會聽到的 IC），接下來我們會用工程師來指稱這個路線。

所謂的工程師，是對比工程經理（Engineering Manager）這個路線；前者會專注在技術，後者則會是專注在人。工程師路線的頂點會是一家公司的技術長（CTO），而管人路線的頂點會是一家公司的工程副總（VP of Engineering）。

你可能會問，技術長跟工程副總在做的事情，有什麼差別呢？ Meta 的工程副總 James Everingham 曾經寫過一篇貼文分享兩者的差異，他提到當年在 Instagram 時，技術長負責技術願景、路徑圖、研究最新的技術、跑實驗、與產品端共同制定計劃；而他則是負責流程、績效、職涯成長、招聘，以及確保團隊有使用最佳實踐。

技術長與工程副總彼此合作，但是當團隊中的人遇到問題時，不同的問題需要找不同人。舉例來說，如果是團隊想要增加人手、團隊成員間有衝突，會需要找工程副總；而如果要展開一個新專案需要人給架構面的輸入、想要實驗一個新技術需要回饋，則是要找技術長。

如果要對應職級，兩者的路徑分別會有以下階段：

- 初階工程師（junior software engineer）
- 中階工程師（mid-level software engineer）
- 資深工程師（senior software engineer）╱工程經理（engineering manager）
- 主任工程師（staff software engineer）╱資深工程經理（senior engineering manager）
- 首席工程師（principal software engineer）╱工程總監（engineering director）
- 資深首席工程師（senior principal software engineer）╱資深工程總監（senior engineering director）
- 傑出工程師（distinguished software engineer）╱工程副總（VP of engineering）
- 技術長（CTO）╱資深工程副總（SVP of engineering）

（備註：以上僅為概要式的以職級比對，不同公司可能會有不同的職級對照、職位稱呼。）

10.8.2 不同的職級，有什麼區別？

在大致了解工程師可以有什麼樣的職涯路徑以及工程師與工程經理的差異後，接著我們拉回從最初階的工程師，一路到開始分流的資深工程師與工程經理，這些不同的職級，具體上有什麼差別？

我們會從技術（technical excellence）、方向（direction）、團隊（team）、商業影響力（business impact）四個角度來切入。不同公司使用的詞彙可能不一樣，但從概念來看，影響能否往上走的，最主要會是這些因素（當然，與公司文化的契合也是，但由於每家公司的文化不同，這邊就不展開這面向）。

具體來說，這四個角度分別衡量以下的內容：

1. **技術**：衡量你的系統設計、程式碼品質、對團隊與公司做出的技術面優化貢獻等。
2. **方向**：衡量你的策略思考、長期願景能力。具體來說，會看你的目標設定能力、排定優先順序的能力，例如你是否都做重要的事，而不是做很多但不重要的事。
3. **團隊**：衡量你對團隊協作面的貢獻，例如有沒有協助指導他人、有沒有在別人需要時跳出來幫忙、有沒有促成團隊正向的文化。
4. **商業影響力**：衡量你的產出，對於團隊與公司要達成的目標帶來多少貢獻。如果是做產品開發，會看你的產出對於終端使用者的影響；如果是做基礎設施，則會看你的產出幫助到其他工程師多少。

初階工程師

1. **技術**：能在資深工程師指導下，開發好被交派的功能，負責的範圍會是兩週內能完成的。不會被預期要做複雜的系統設計，但會被預期寫出高品質的程式碼。
2. **方向**：能在資深工程師的協助下，排定好優先順序，且會專注在重要的事情上。

3. **團隊**：會參與技術評審、程式碼審查，在一開始不會被預期能貢獻太多，但隨著加入團隊的時間變多，也會被預期有所貢獻。此外，會被預期能協助新加入的實習生。

4. **商業影響力**：能貢獻到團隊要完成的目標上。

■ 中階工程師

1. **技術**：能在沒有資深工程師的協助下獨立完成開發，負責的範圍會是一季（三個月）內能完成的。會被預期做有一定複雜度的系統設計，程式碼不僅要維持高品質，還會被預期主動改進程式碼庫、幫忙做程式碼審查（code review）。

2. **方向**：拆解被分派到的專案成多個子任務，並設定合理的時程，且時時與利害關係人更新進度，確保專案能順利完成。

3. **團隊**：協助指導團隊中的初階工程師，且開始能有跨部門（cross- functional，俗稱 XFN）的協作。

4. **商業影響力**：具備產品思維，知道什麼對終端使用者好，且會主動去追相對應的指標，確保開發出的成果對指標有所貢獻。當成果不如預期時，也會主動去追原因出在哪，並提出改善的方案。

■ 資深工程師

1. **技術**：系統設計與程式碼品質都能達到帶領團隊的層級（10 人內的團隊）。舉例來說，如果只是自己重構和清理程式碼，是屬於中階工程師的等級，而資深的等級則是需要更進一步帶領團隊來共同優化程式碼。負責的專案是以半年度（六個月）為單位的大型專案，且會是當別人有技術相關問題時，第一個會找的人。

2. **方向**：設定團隊等級的技術方向，甚至開始做到跨團隊層級的方向設定，能夠辨別做什麼東西有影響力，並帶領團隊往該方向前進。與中階工程師的差異在於主動性，中階工程師仍屬於被分配專案，但資深工程師則需要進一步推動團隊規劃，並建立多個中到大型功能的專案路徑圖。

3. **團隊**：有效與工程經理協作，讓工程經理知道什麼重要，以幫忙爭取資源。同時協助指導團隊的初階、中階工程師在技術面的成長，例如透過技術評審、程式碼審查的回饋來協助其他工程師成長。

4. **商業影響力**：總是會把終端使用者需求放在腦中，能帶著產品思維來確保技術決策有對終端使用者的影響力。當沒能達成預期指標，能迅速辨別原因，並帶領團隊一同改善。

從上面的描述可以看出

- 初階工程師是在有他人協助下順利完成任務
- 中階工程師是可以獨立完成被交付的任務
- 資深工程師則是不僅能完成，還能協助團隊中的其他人完成任務

▢ 工程經理

1. **技術**：在技術設計上給予回饋，確保團隊能有高品質的技術設計，確保該考量到的面向都沒有遺漏；同時，能預判技術設計有的潛在風險，並確保團隊有相對應的解決方案

2. **方向**：能夠發掘機會點，並幫助團隊爭取到更大範疇的專案，且能確保團隊不受瑣事分心，能專注在最重要的事情上。

3. **團隊**：能獨立帶領一個團隊，打造健康的團隊文化、高效率的協作流程，同時協助個別團隊成員發展出理想的職涯。能預判團隊的需求，提前完成調度支援、跨團隊協調、招募人力等事項。

4. **商業影響力**：清楚知曉公司層級的目標，並確保團隊順利交付成果，同時確保所交付的成果能夠達到預期的商業成果。

如上面提到，在資深工程師與工程經理後，還有能繼續往上走的職級，但我們在這個章節暫時不展開，有興趣的人，推薦可以看附錄中的各公司職涯框架，來進一步了解再往上的職級具體有什麼差別。

▌ 10.8.3 該往哪條路線發展？

這是個萬年大哉問，如果你也有相同的問題，不確定該往哪個方向發展，你並不孤單。以下分別列出，哪類人適合走工程師路線、哪類人適合走工程經理路線。

▢ 哪類人適合走工程師路線？

要判斷是否繼續往工程師路線發展，一個簡單的問題是：「自己對技術的熱情是否大於對團隊的熱情？」要如何判斷自己對哪個比較有熱情呢？很簡單，當你去深度鑽研技術時，比起協助團隊其他人成長時，是否感到更多的滿足感，如果有的話，那或許代表你對技術比對團隊有熱情。

另一個判斷指標是你對於深與廣，哪一個比較有興趣？如果對於深入的技術底層更有興趣，那麼或許會更適合走工程師路線。特別是如果你有「想要成為某個技術領域專家」的自我期許，這會與工程師路線更為符合。

除了從喜歡著手，也可以反過來從不喜歡的一面著手。如果你不喜歡處理人的問題，那會更適合走工程師路線，因為技術討論通常比較客觀，但人之間的問題則不是。

舉例來說，衡量一個人的表現有很多指標，可能某個人很優秀，但在公司的衡量指標下卻被打負評。身為工程經理，需要去跟這個人溝通，讓他知道他不合格，但同時又要讓他知道不是他沒天分，要溝通好這件事不容易，很多時候做起來壓力會很大，甚至比解決技術難題壓力更大。因此，如果你不喜歡做這類事，那麼繼續走工程師路線或許會更適合。

過去業界很常出現的慘案，是有些公司認為「很會技術代表很會管人」，所以把某些技術能力強的人拉去當工程經理。然而事實是，很會技術不代表很會管人，也不代表想往管人的方向發展，所以當這類人被拉去不合適的位置，一來沒能發揮長才，二來做得更不開心，不論對個人或對公司，這都是相當可惜的。

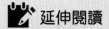 延伸閱讀

創客（maker）與管理者（manager）平常日成的不同

Paul Graham 曾經寫過一篇經典文章叫「Maker's Schedule, Manager's Schedule」，裡面談到創客（maker）與管理者（manager）平常日程的不同，並談到創客（例如：工程師）多半更偏好有一大段完整時間來專注在解決技術問題；而管理者則是會把時間分散到不同會議中。如果你發現你更偏好前者，那或許更適合走工程師路線。

文章連結：https://www.paulgraham.com/makersschedule.html

哪類人適合走工程經理路線？

在理解完哪類人適合工程師路線後，接著來談工程經理路線。由於 ExplainThis 團隊成員目前沒有人真的在當工程經理，我們與業界的一些工程經理前輩聊，從他們親身經歷的觀點來分享。

工程經理很大一部分的工作是確保團隊良好運作。具體來說，要讓團隊良好運作，需要確保以下幾個事項：

- **流程與制度完善**：確保各類流程完善，例如新成員入職、上線流程、輪班（on-call）流程、程式碼審查流程、文件化等等的建置，都會由工程經理負責（但執行可能是工程經理找人來做）。
- **團隊有充足的人力**：需要預判專案發展，並向上層爭取職缺額度（headcount），同時要負責向外招聘。舉個例子來說，假如團隊成員要請育嬰假，不會去找資深工程師談，而是會去找工程經理提。而工程經理就要判斷，接下來三個月團隊會少一個人，那要如何調度人力來完成任務。
- **團隊成員有持續成長**：要協助團隊成員的職涯規劃、績效、升遷等議題。

- **要留得住人**：確保團隊成員能做自己想做的事、領的薪水不會委屈。如果有來自上層不合理的要求，要代表團隊幫忙擋下來。
- **要把不適任的人請出團隊**：不論是文化上不適切或者是績效不達預期的人，工程經理都需要出來處理。

上面這些任務，很多時候很消磨人，因此除非你對於團隊整體發展、團隊成員成長的興趣大於鑽研技術，不然可能做沒多久就被消磨到殆盡。

如果不清楚的話，兩邊都試試看

在跟一些工程經理聊下來，發現工程經理與資深工程師在很多部分的能力是重疊的，舉例來說，不管哪一個方向，都需要有領導能力。要有設立願景的能力，並且能說服團隊與你一起往那個方向前進。

因此雖然兩者有所區分，但並不是非黑即白式的劃分。如果你偏好某一方，不代表做的事情完全不會碰觸另一方在做的事。

當然，假如你仍不是很確定自己適合哪一方，就直接去試試看吧。

在我們訪談到的前輩多數都提到，要繼續做工程師還是轉去管人，這件事往往要試過後才知道；而最好的做法是，兩條路徑都試試看。其中有一名我們訪談的前輩談到，很多人對於這兩個路線感到迷惘，但同時又不兩邊都試試看，是因為誤以為如果轉過去就會轉不回來。

事實上，在業界與社群中，有不少工程師是轉去當工程經理後，覺得不適合自己再轉回來。嘗試個一兩年，如果真的不喜歡，在過程中也能學到很多。與此同時，在未來以工程師的身分與工程經理協作時，也會變得更能同理對方，讓合作更順暢。

不是只有往管人的路線才能升職

在業界有一個很常聽到的迷思是，只有往管人路線走才能夠獲得升職。雖然說過去業界確實有這種現象，但是在近年來，這個狀況幾乎已經不存在。

從歷史的角度來看，過去許多公司在工程師職位的職缺，最資深就只開到資深工程師，再往上就是跳到技術長；然而，隨著越來越多軟體公司規模變大，過往舊的職級分類逐漸不適用。

多數公司發現，對於資深技術人才的需求，不會比工程經理來得少，而也是在這個脈絡下，才陸續新增主任工程師、首席工程師、傑出工程師等超越資深的工程師職位。

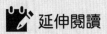 **延伸閱讀**

建立專家職業：打破工程師和產品經理的新校長制度

日本的軟體大廠 Mercari 曾經有一篇文章，談到他們如何隨著組織成長，設立更資深的工程師職級。

文章連結：https://reurl.cc/VzGZlb

事實上，在制度設計良好的公司，同職級的工程師與工程經理在薪酬上應該要是相當的。先前 The Pragmatic Engineer 甚至分享，當年他在 Uber 時有一個規範，是同職級想從工程師轉為工程經理時，薪水不會有任何提升。

這樣的設計之所以特別不錯，是可以確保不論選哪一個路線，不是因為薪水這種外部因素，而是因為你真正覺得自己適合才選。

📄 參考資料

1. Establishing a Career as a Specialist: Breaking Down the New Principal System for Engineers and Product Managers
   https://mercan.mercari.com/en/articles/41238/
2. Dropbox Engineering Career Framework
   https://dropbox.github.io/dbx-career-framework/

3. Career Cold Start Algorithm

   https://boz.com/articles/career-cold-start

4. I wish I did this WAY earlier in my dev career

   https://youtu.be/1rC4cTRZeWc

5. 軟體工程師的修煉與成長（5）— 1:1 該談什麼才能讓職涯起飛？

   https://vgod.medium.com/軟體工程師的修煉與成長-5-1-1該談什麼才能讓職涯

   起飛-eaa10f2df56e

6. The Art of the Awkward 1:1

   https://reurl.cc/lQEb8A

7. Are you sure you want to hire a CTO?

   https://www.linkedin.com/posts/jevering_are-you-sure-you-want-to-hire-a-cto-

   ceos-activity-7172270758109413376-6YnL/

Note

11

附錄篇

Designed by pikisuperstar / Freepik

⇨ 附錄一、履歷模板

City, Country
your_email@gmail.com
+886-12345678

Ming Chen

linkedin.com/in/your_linkedIn
github.com/your_github

Work Experience

Senior Software Engineer
Customer team

ABC Company
Taipei, Taiwan

Sep 2022–Present

- Led the development of a Customer Relationship Management (CRM) system that integrates 20+ infrastructure services across the company's internal stack, providing a unified self-service portal and significantly improving customer data management efficiency
- Designed and implemented enhancements to the customer ID lookup tool, reducing engineers' debugging lookup time by 75% and greatly improving issue diagnosis and resolution speed
- Built an internal customer resource planning platform that serves as the single source of truth for the company's customer resource procurement and deployment plans, worth billions of dollars annually, providing critical input for strategic decision-making
- Developed a series of automation tools that cut the customer fiber sourcing team's time by 70% in planning, ordering, and deploying hundreds of millions of dollars worth of optical fibers, significantly boosting work efficiency

Frontend Engineer
Ecommerce team

DEF Company
Taipei, Taiwan

2020–2022

- Developed an innovative PWA for DEF Company, delivering a native-like mobile experience. Adopted by 500+ businesses within the first year, empowering them to enhance their mobile presence
- Introduced Jest as the primary testing framework for the frontend codebase, writing comprehensive unit and integration tests to ensure code quality and prevent regressions. Achieved 90% test coverage for critical components and successfully caught and fixed numerous bugs before production releases.
- Mentored junior frontend engineers. Conducted pair programming sessions and code reviews to foster knowledge sharing and improve overall code quality
- Created and maintained detailed documentation for frontend projects, including API references, user guides, and technical architecture diagrams

Frontend Engineer

GHI Company
Taipei, Taiwan

2018–2020

- Implemented a real-time collaborative editing feature using WebSockets, enhancing user engagement and resulting in a 25% increase in user retention
- Developed a reusable UI component library using React and TypeScript, reducing development time by 30% and ensuring consistent branding across products

Projects

- **ABC project** - Developed an AI-powered tool that extracts information and answers questions from large PDF files, using OpenAI's API to provide users with relevant insights. See the source on GitHub.
- **Tech Blog** - Authored popular technical articles on various software development topics, providing valuable insights to the tech community.

Skills

- Languages: JavaScript, HTML, CSS, React, Python
- Technologies: AWS, Git
- Communication Skills: Bilingual in Chinese (Native) and English (IELTS Overall 7)

Education and Certifications

- **M.Sc. Computer Science,** National Taiwan University   2015–2017
- **B.Sc. Computer Science,** National Taiwan University   2011–2015

⇨ 附錄二、履歷範本資源

履歷	連結
Meta 工程師 Brian	https://goo.gl/Dq7Pky
前 Amazon 工程師 Abdullah Arif	https://reurl.cc/YEVZ80
前 Google 工程師 Sourabh Baja	https://reurl.cc/7076kD
前 Netflix 工程師 Mayuko	https://youtu.be/3oCGpr3bKog
NeetCode	https://www.youtube.com/watch?v=bwgjvzMSlMQ
前 Google 工程師 Clement	https://youtu.be/aKjsy-b00QM?si=8JRlBtUr19zqMIda
前 Amazon 工程師 Pirate King 的履歷	https://www.youtube.com/watch?v=kCgn-7NBPSs
Ebay 工程師 Jeff Leu	https://standardresume.co/r/jeffleu
Dropbox 工程師 Zac West	https://standardresume.co/r/zacwest
Standard Resume 有許多軟體工程師的履歷	https://standardresume.co/examples/software-engineer

⇨ 附錄三、履歷檢查清單

▣ 基本

- 履歷頁數最好只有一頁，盡量不要超過兩頁
- 字體統一，並且使用通用的字體，例如：Arial、Georgia、Helvetica、Roboto
- 履歷上的日期格式需要統一，建議使用以下格式，"MMM YYYY"，例如："Jan 2024"
- 地址用城市 + 國家來呈現，例如：Taipei, Taiwan
- 輸出為 PDF，檔案名稱：name_resume.pdf，例如："john_doe_resume.pdf"
- 避免非通用的縮寫，除非是業界通用的，不然避免縮寫

- 避免用不好解析的格式、避免使用設計軟體、推薦直接用 Word 或 Google Docs 撰寫，模版可以參考 ExplainThis 提供的模版或其他資源
- 多媒體連結可以用藍字或是下底線的樣式來呈現，履歷上若有出現連結，務必確認連結無誤
- 錯別字校閱

▣ 個人資訊相關

- 最基本的需要含有：姓名、Email、手機電話
- 避免放學校、公司的信箱以免該信箱之後被註銷（請用個人信箱）
- 有放有幫助的連結（LinkedIn、GitHub、個人專案連結）
- 若放 LinkedIn，記得要設定個人連結；若放 GitHub，記得要有完整的 README

▣ 技能相關

- 是否放最相關的技能
- 是否每個技能都是熟悉的，確保面試回答得了相關問題
- 注意拼字和字母大小寫，例如：JavaScript 不是 Javascript 或 JS

▣ 經歷相關

- 是否都是與職位相關的
- 每段經歷使否都有放公司、職稱、就職期間
- 經歷由近到遠（最近一份工作經歷放最上面）
- 每段經歷是否有用強動詞開頭
- 每段經歷是否都有質性或量化的成果

▣ 教育相關

- 是否都有放學校、主修、就讀期間
- 學歷由近到遠（最近一份學歷放最上面）
- 如果 GPA 大於 3.5 是否有放

- 可以放與應徵職缺有相關的獎項或榮譽
- 如果年資大於兩年，盡量將重點放在經歷區塊，教育區塊不需太多篇幅

⇨ 附錄四、求職信模板與範本

求職信模板（通用）

除了可以用 ChatGPT 或其他 AI 助手來幫忙自己寫 cover letter 外，你也可以用以下模板來寫 cover letter。此模板為通用模版，如果你是剛畢業的新鮮人，可以參考求職信模板（新鮮人）。

使用這個模板寫出基本內容後，可以再用 4.4 章節中提到的指令，請 AI 助手改得更加更人化。

> Dear [用人主管名稱],
>
> I've been a long-time admirer of [公司名稱] and recently came across a post about the [你要申請的職位在做的事] you're doing. It made me think, "I really want to work with these people who care so much about what they do." I'm super excited to hear about all the advancements you have made to [該公司做的某個讓你特別興奮的成果]; that's right up my alley.
>
> There are two reasons why I'd be a great addition to your team.
>
> First, my background in [你的專長] aligns perfectly with your team's needs. I have a proven track record of success in [某個領域]. For example, [某個重大成就]. This experience has honed my [某個能力], enabling me to contribute [你能帶給團隊的] to your team.

In addition, I'm drawn to [公司名稱]'s culture of [某個你特別認同的該公司文化]. My own values of [於該文化符合的價值觀] strongly align with this, and I can see myself thriving in an environment that encourages [某個基於該文化的行為].

Please find my resume attached, highlighting further details of my accomplishments. I am very keen to discuss how my background, innovative approach, and commitment to excellence can contribute to the exciting work at [公司名稱]. Thank you for considering my application. I look forward to potentially discussing this opportunity with you.

I look forward to hearing from you soon.

Best regards,
[你的名字]

◪ 求職信模板（新鮮人）

Dear [公司名稱],

I am writing to express my genuine interest in the [職位名稱] position at [公司名稱]. As a recent graduate, I am particularly impressed by [你特別喜歡該公司的點]. Despite being new to the professional field, my background in [你的所學] has equipped me with foundational skills and knowledge relevant to this role.

Throughout my time at [學校名稱], I was actively involved in [相關的大學活動或專案], which fostered my interest in [與職位相關的領域]. I am excited about the opportunity to apply my learning to real-world challenges, particularly in projects like [產品或專案] that your team is working on. I believe this initiative has the potential to make a significant impact in [某個領域], and I am eager to contribute fresh perspectives and ideas.

The projects I did throughout my school year have helped me to develop skills in [列出相關技能或能力]. For instance, during my final year project, [描述一個重大學術成就或專案], I learned valuable lessons in [學到的技能或經驗], which I believe can be beneficial to your team.

I am particularly drawn to the culture at [公司名稱], especially your emphasis on [某個你特別認同的該公司文化]. I share similar values, such as [於該文化符合的價值觀], and I am excited about the prospect of working in an environment that promotes [某個基於該文化的行為].

Attached is my resume, which provides more detail about my academic achievements and skills. I am enthusiastic about the opportunity to discuss how my background and fresh approach can contribute to the innovative work at [公司名稱]. Thank you for considering my application. I look forward to the possibility of discussing this exciting opportunity with you.

Sincerely,
[你的名字]

⇨ 附錄五、求職信檢查清單

◼ 求職信的注意事項

- 使用與履歷相同的字體、格式
- 限制在一頁內，精簡到位比冗長的篇幅有效
- 針對不同的職位，客製化每封求職信
- 檢查拼字錯誤、語法正確性和準確性。現在的 AI 工具都能幫忙這件事，請務必善用
- 求職信要輸出成 PDF 的版本

- 請確保使用標準稱呼，例如 Dear Mr.Wang 或 Dear Ms.Lin。如果沒有具體的對象，則可以使用：Dear Hiring Manager、Dear Graphics Department Hiring Team 或 Dear Recruiter 等形式
- 開頭有客製化，確保能用第一段抓住閱讀者的目光
- 寫的內容沒有跟履歷重複
- 寫的內容有呼應到公司的需求，讓公司覺得你能對該職位有特別的貢獻
- 寫作風格是否與該公司的風格一致

▣ 求職信要避免的

- 不要寫冗長的求職信，寫最重要的事即可
- 不要重複履歷已經提到的內容
- 不要使用通用型求職信，請務必要客製化
- 不要過度使用形容詞，尤其是主觀形容詞，如果遇到任何形容詞的描述，都建議換成具體描述
- 不要誇大自己的技能或經驗
- 不要把重點放在自己，而是要把重點放在你能為該公司帶來什麼

◈ 附錄六、準備回家作業後的追問檢查清單

如同前面章節提到的，假如順利通過了回家作業關卡，下一關通常會是針對回家作業關卡的面試。在這個關卡中，面試官會針對回家作業進行提問，因此在這個小節，我們將以檢查清單的形式，來確保大家都能有效準備回家作業後的面試追問。

技術設計面向的問題

- 你是如何設計系統架構的？請分享你的設計決策與取捨。
- 在設計過程中，你有考慮哪些擴展性和可維護性的因素？
- 你是如何選擇技術堆疊的？為什麼選擇這些技術？
- 在你的設計中，如何處理錯誤和異常情況？

- 你是如何確保系統的安全性？
- 如果需要進行效能優化，你會從哪些方面著手？

程式實作面向的問題

- 你是如何架構程式碼？為什麼這樣做？有什麼好處？
- 在實作過程中，你遇到了哪些挑戰？如何解決的？
- 你如何測試程式碼？用了哪些測試工具和方法？
- 如果要進一步優化程式碼，你會優先重構什麼？如何進行重構？
- 你有用任何設計模式嗎？如果有，請解釋為什麼選擇這些設計模式。
- 你是否針對效能面做優化？具體做了什麼？

其他可能被問到的問題

- 在這次回家作業中，你學到了什麼？
- 你如何確保你的解決方案符合回家作業的需求？
- 如果有更多時間，你會如何針對哪些面向做優化？
- 在這次任務中，有哪些部分你認為最具挑戰性？為什麼？
- 你在這次任務中是否有任何創新的做法？如果有，請多分享。
- 你是如何處理緊迫的死線？

⇨ 附錄七、白板題溝通互動模版句型

在白板題面試過程，很多人會忽略與面試官的互動與溝通。技術面試不僅僅是解決問題而已，先前有位在 Meta 當過面試官的資深工程師分享：「在面試中，需要找到幾個訊號（signal）來證明面試者在問題解決（problem solving）、程式（coding）、驗證（verification）和溝通（communication）四個方面的能力是合格的。如果沒有能夠證明的這些訊號，即使面試官很喜歡面試者，也難以寫出有說服力的記錄。」

具體的狀況可能是，即使某個面試者在解題和程式方面都表現很好，但在溝通方面沒有能讓面試官記錄的東西，這樣面試官也沒辦法在記錄中寫錄取（hire）或強烈推薦錄取（strong hire）。

這是為什麼非常建議在整個面試的過程中，要把握每個環節互動與溝通想法。在這個附錄中，我們將會拆解，進一步來看在每個環節與情境下，可以怎麼做到保持互動與溝通，同時附上一些框架句型，讓大家在實際面試時可以用得上。

在互動與溝通上，有一個三明治方法，就是先跟對方說你要說什麼，然後具體說那件事，說完後總結你剛剛說的。透過這個三明治方法，能讓對方更清楚你要說的內容。這些框架句型，可以作為「跟對方說你要說什麼」的起手式，溝通起來更順暢與清楚。

釐清問題

在一場白板題面試最開始，面試官會開場講題目，**這時候千萬不要直接跳下去解題，一定要問釐清問題**。這邊推薦大家可以採用的心態是「把面試當成實際工作與同事互動，而不要當成面試」。就像平常如果同事提了某個點，如果你想確認你有聽懂的話，會問釐清的問題，跟面試官的互動也該這樣。

以下我們會一步步講每個階段應該要釐清的，並提供框架語句。框架中的 XXX 需要大家依照遇到的題目與情境去替換。

首先，重複面試官講的問題，確認你理解對，這時可以用的句型如下：

- Can I summarize what I've understood so far about the problem? This way, I can confirm if I'm heading in the right direction or if I've missed any crucial details. My current understanding is that we're looking for an algorithm that XXX. Does that align with your expectations?
- If I understand correctly, the main challenge lies in overcoming XXX, right?

在釐清完問題後，要進一步確認輸入（input）、輸出（output），這時可以用：

- Could you provide an example of what the ideal output would look like for a given input?This can give me a clearer picture of the expected results
- I'd like to ensure I'm on the right track with the output format. Could you please confirm if this example matches your expectations? [write down output example]

- Just to double-check, should the output be formatted exactly as shown in the example, or is there some flexibility?

接著確認限制，這時可以用：

- Just to clarify, are there any limitations that I should be aware of?
- Before I start coding, I'd like to go over the constraints one more time. Specifically, are there any limits on XXX that I should keep in mind?

如果有確認極端案例（edge case）會更加分，可以用：

- Is there a particular edge case or scenario you'd like me to focus on while solving this?
- Based on my understanding, these seem like potential edge cases. Would you agree?
- I'm curious, what are some interesting edge cases you've encountered with this

極端案例也可以用具體狀況來確認，例如：

- How would this function behave if given an empty input?
- What happens if an unexpected value is passed as an argument?
- Are there any boundary conditions I should be aware of for this input?
- Do we need to consider the case where the data is unavailable or incomplete?
- Can this function handle malicious or invalid input gracefully?

如果想特別釐清某個點可以用：

- Could you elaborate on what XXX specifically entails in this context?
- Regarding the XXX, does this imply that the solution should YYY? I want to ensure I'm interpreting this aspect correctly.
- I want to make sure I've got this right. When you say the algorithm should XXX, does that mean our primary focus is on YYY over other factors?

◩ 提出解法

在釐清完問題後，也還不要急著開始寫程式，先跟面試官溝通可能的解決方法，然後用偽程式碼（pseudo code）展開邏輯，並且想幾個測試案例來走過邏輯。

溝通解法的思路時可以用：

- I've thought about a few different ways to tackle this problem [接著講解法]
- As a first pass, we could implement this using a straightforward method like XXX
- Building on this basic idea, we can optimize further by XXX

選定解法時可以用：

- I'm leaning towards a XXX, but I'm also contemplating XXX to see which might be more readable.
- This method is effective because it XXX
- I chose this approach because XXX
  - 選定解法的原因可能有以下這幾個：
    - because it aligns with the key priorities of [list priorities]
    - because it offers the best balance between time complexity and space complexity, which is crucial for this problem
    - because it might be more maintainable in the long run
    - because it can handle edge cases gracefully and avoid unexpected errors

詢問面試官對解法的回饋可以用：

- I'm open to your feedback on this approach. Do you have any initial thoughts or concerns?
- Are there any other factors I should consider before proceeding with this implementation?
- Would you like me to elaborate on any specific aspects of the solution?
- I'd be happy to work through any potential issues or edge cases together to refine the solution.

要 dry run 可以用：

- Let me walk through the code step by step, manually tracking variables and output to validate its correctness.
- let's execute the first line of code. This will XXX
- Moving to the next line, we'll XXX
- After XXX, the values will be YYY

寫偽程式碼（pseudo code）前可以用：

- Would you like me to walk you through my pseudocode before I start coding?
- Before jumping into coding, I'd like to outline the logic in pseudocode to ensure a clear approach. Here's a rough outline of the steps I'm envisioning

測試案例可以用：

- Before writing the actual code, I'd like to walk through the algorithm step by step, using a few test cases to test its correctness.
- I'll start with a simple test case and then move on to more complex ones to cover different scenarios. Let's begin with test case 1. If we input [input values], the algorithm should produce [expected output].
- I'm noticing a potential edge case with this test case. Let's discuss how we can handle it in the code.

■ 撰寫程式

在提完解法後，就是實際寫程式的時候，這時推薦一定要邊寫邊溝通想法（think out loud）。這邊列出幾個在邊寫邊講時常見的可用句型：

要用某個資料結構或演算法時可以用：

- I'm considering using a XXX here because...

假如一開始寫不是那麼乾淨的版本，想跟面試官討論要不要現在修，可以用：

- My current implementation isn't super clean right now. Maybe I should take a step back and organize it better. What do you think? Should I keep going or try refactoring?

要把程式拆小拆乾淨可以用：

- I'm breaking this code into smaller functions to enhance readability and maintainability.

如果寫到一半發現時間不太夠可以用：

- If we only have a few minutes left, what would be the most valuable thing for me to address? Are there any specific parts of the solution you'd like me to follow up on
- Would you like me to focus on completing XXX? Or would you prefer me to move on to YYY?

適時確認

在每個環節都要適時確認，做確認能確保自己在整個面試過程都有在對的方向上。以下為各個階段可以使用的框架句型。

理解完問題後要確認可以用：

- Does this seem like a clear understanding of the problem? Are there any additional details I should be aware of?

在提出解決方案後要確認可以用：

- Would you like me to go deeper into my proposed approach, or are you comfortable with the general direction?

在 dry run 後確認可以用：

- Do you have any questions or concerns about the logic and the result based on the dry run

在寫完偽程式碼（pseudo code）後可以用：

- Are there any potential edge cases or error scenarios that I should consider in my pseudocode? Is there any part of the pseudocode that you'd like me to elaborate on or clarify further?

提出測試案例後要確認可以用：

- Do these test cases seem appropriate? Are there any edge cases you'd like me to consider?

寫完程式後要跑測試案例可以用：

- I've finished implementing this part. Would you like me to run it with some test cases and get your feedback before proceeding?

結束前最後確認可以用：

- Please let me know if you have any final questions or feedback about my solution

當卡住時

讓面試官知道自己卡住了可以用：

- I'm encountering a bit of a roadblock here. Let me take a moment to gather my thoughts and see if I can figure it out
- My brain seems to be hitting a wall here. Perhaps I need to switch gears and try a different perspective to unlock the next step.

卡住後想跟面試官要一些時間思考可以用：

- There's an aspect of this problem that's challenging me right now. Would it be okay if I take a minute to step back and approach it from a different angle?

卡住時跟面試官要提示可以用：

- Is there any additional information that might help me think through this?
- Would you be open to suggesting a different approach or technique I could consider?
- Do you have any suggestions for how I could optimize this section of the code?

收到提示後，提出改進的方式可以用：

- Thank you for the suggestion! I think I can build on that and also combine it with XXX to YYY
- Based on the feedback received earlier, I'm adjusting this section of the code to improve XXX

⇦ 附錄八、模擬面試評分模版

評分模版說明

此為模擬面試評分模板，在兩兩一組的模擬面試前，擔任面試官角色的人，可以基於這份模板，來進行面試。模板中有一些需要先填入的，例如預計要問的問題。而在實際模擬面試時，也可以同時做記錄，在結束後可以針對記錄結果給對方回饋。

▣ 回饋總結

這邊為面試結束後，用來記錄給對方的回饋總結。

▣ 模擬面試

- 時間：
- 參與者：
- 面試流程：

  1. 自我介紹
  2. 行為面試
  3. 履歷相關問題（resume deep dive）
  4. 技術面試 - 知識點
  5. 技術面試 - 程式題（coding question）（資料結構與演算法）

◪ 面試記錄與評分

1. 自我介紹

問題

這邊可以問「請稍微介紹自己（Tell me about yourself）」

面試官備註

這邊用來記錄給對方的回饋

2. 行為面試

問題

從常見的行為面試挑一題行為面試問題來問

面試官備註

這邊用來記錄給對方的回饋

3. 履歷相關問題（Resume Deep Dive）

問題

從對方的履歷中，挑專案來問行為問題或技術問題

面試官備註

這邊用來記錄給對方的回饋

4. 知識點

問題

根據被面試者要面試的職缺，挑一題該領域的知識點問題來問。例如：如果是面試「前端工程師」可以問：「請解釋什麼是事件循環（Event Loop）？」

面試官備註與評分

評分說明 （評分標準會根據問的題目，有不同的標準，在面試前面試官可以先填寫。詳細可參考下方表格範例）	評分與備註 這欄用來記錄給對方的回饋和評分
• 1分： • 2分： • 3分： • 4分：	評分： 備註：

評分範例（填寫完上方的表格後，可自行刪除此區塊）

問題

請講解在軟體開發時，有什麼不同的測試方式以及分別適用的情境？

評分說明	評分與備註
• 1分：無法解釋不同測試方式 • 2分：能初步解釋不同測試方式 • 3分：有進一步講解每種測試的特性 • 4分：除了進一步講特性，也談了分別適用的情境	評分： 3分 備註： 有舉出幾測試方法，並講解到個測試的優缺點，但缺少實際舉出各個方法的情境。

5. 程式題（Coding Question）

問題

挑一題程式題、手寫題、Leetcode 題目來問

面試官備註與評分

維度	詳細描述	評分與備註 這欄用來記錄給對方的回饋和評分（可參考下方表格的評分標準）
溝通 （communication）	• 是否對問題進行釐清？ • 是否在寫程式前有先溝通思路？ • 是否在寫程式時，有跟面試官持續溝通在寫什麼？	
問題解決 （problem solving）	• 是否解決對的問題？ • 是否解出問題，並且說明思路？ • 是否有針對解決方法，討論不同的切入角度與權衡？ • 是否討論不同解方的時間與空間複雜度差異？	
程式 （coding）	• 能否將思路轉成具體的程式碼？ • 選用的語言掌握度如何？是否有語法錯誤？ • 程式實作的速度和準確度如何？	
驗證 （verification）	• 是否主動提起不同測試案例？ • 是否針對極端案例（edge case）進行測試？ • 當解法有錯時，能否梳理自己的邏輯、找出錯誤？	

各個維度的評分標準參考

維度	評分與備註 這欄用來記錄給對方的回饋和評分（可參考下方表格的評分標準）
溝通 （communication）	• 4 分：溝通清晰明確，讓人理解思考過程、不同方法的權衡 • 3 分：在整個面試過程中溝通尚可，面試官可能需要提出追加問題，以了解其思考過程、方法等 • 2 分：整個面試中的溝通表現不佳或不夠清晰。面試官可能難以理解候選人的思考過程。應徵者的回答組織混亂，或在講解思路前就直接開始寫程式 • 1 分：無法以清晰的方式進行溝通，極難理解應徵者的思考過程或處理方式。即使直接問，候選人仍可能保持沉默
問題解決 （problem solving）	• 4 分：有提出釐清問題，並提出準確的問題解決方案，並討論取捨、相關問題和替代方案 • 3 分：提出有效且準確的解決方案，但沒有太多時間來討論子問題、替代方案或取捨 • 2 分：展現出一些適當的解決問題技巧，但部分面向沒有思考透徹 • 1 分：無法解決問題，或者在缺乏深思熟慮的情況下解決了問題
程式 （coding）	• 4 分：寫出語法無誤的、可運行且簡潔乾淨的程式碼，對所選的程式語言規範理解深入 • 3 分：寫出可運行的程式碼，只有少數語法錯誤。可能在解決問題時遇到了小困難，對語言部分規範掌握，但沒有完全掌握 • 2 分：寫出帶有一些語法錯誤的程式碼，在基本解決方案實作上遇到困難，對語言整體理解不佳 • 1 分：無法提供可運行的解決方案，其程式碼中存在重大的語法或邏輯錯誤。候選人對程式設計範式和構造理解不足

維度	評分與備註 這欄用來記錄給對方的回饋和評分（可參考下方表格的評分標準）
驗證 （verification）	• 4 分：基本與極端案例都有涵蓋，且測試過程發現有誤時，能梳理自己的邏輯、找出錯誤 • 3 分：基本測試案例都有提到，也有針對極端案例進行討論 • 2 分：有提出或討論測試案例，但沒有涵蓋完整 • 1 分：沒有提出或討論任何測試的案例來驗證

⬦ 附錄九、行為面試STAR模板

◳ 面試問題

範例

過去是否因為其他同事表現不好，影響到你的工作進度，那時你是如何應對處理？

填入你的面試問題

  …

◳ 情境（Situation）

回答重點

- 用 1-2 段描述你所處情境的背景
- 不要給一個含糊抽象的回答，要盡可能提出具體的例子
- 在描述時，談到為何此情境對你或對公司帶來 / 造成的重要性

範例

> 我在前一份工作時，有位新加入的同事 XXX，他上手工作的時間比別人
> 長，在前期不僅產出速度慢，寫出來的程式碼往往需要多次來回的 code
> review，甚至偶爾會出現 bug。
>
> 因為要幫忙他做 code review 以及有時要幫他 debug，我有很大一部分的時間
> 被佔用到，以至於我自己的工作進度被延誤。

你的回答

> …

◼ 任務（Task）

回答重點

- 具體而言，你被要求承擔什麼工作？你要解決什麼問題？達成什麼目標？
- 可以稍微提到團隊所做的，但請聚焦在自己的工作上、而不是整個團隊的工
  作，不要將自己的努力混在團隊內
- 可以同時說量化（quantative）與質性（qualitative）的目標

範例

> 當時我跟我的 manager 反應這個情況，manager 也同意這問題需要解決。此
> 時我自告奮勇說我可以分配一些時間協助該同事，希望能夠幫助他加快開發
> 速度，每次 sprint 能夠從本來只完成 80% 的分配任務，提升到至少 90%，
> 以及減少 code review 來回的次數，可以在不多於兩回 code review 就讓程式
> 碼被合併進生產環境。

你的回答

> …

🔲 行動（Action）

回答重點

- 提你具體做了什麼
- 在回答中有時使用「我們」是可以的，但必須使用「我」來描述你的具體工作
- 過度使用「我們」來描述團隊的行動，面試官可能會不清楚你的具體角色

範例

在跟 manager 討論完後，我跟那位同事約了一個 1:1，透過這個 1:1 來了解該同事的狀況。這時我發現到該同事的問題，不是因為他不夠聰明，而是因為我們沒有提供足夠的 onboarding 與相關文件，加上他比較內向，會偏好先自己研究而不是直接找人問。

了解這個問題後，我先跟他提了有任何問題都要主動提問，同時我花了一些時間去了解我們在文件上有哪些不足，邊協助他補上那些知識缺口，一邊製作新的文件。

你的回答

…

🔲 結果（Result）

回答重點

- 行動帶來的結果
- 常見的正向結果包含節省成本、減少時間、提高量體、提升品質等
- 在可能的情況下，這些結果應該是具體的、數字化的結果

範例

透過一對一的協助，這位同事的生產有了顯著的提升，往後的 sprint 不僅達到本來設定的完成 90% 任務，幾週後幾乎每次 sprint 都完成所有分配任務。

程式碼也有所改善，後面常常是一次 code review 就足夠。也因為這名同事，讓我們組上更重視完善新同事的 onboarding 流程，也因為我後來陸續補齊的文件跟完善的流程，後續的新同事入職狀況有明顯的改善。

你的回答

…

▢ 額外問題（Bonus Question）

這些問題雖然不是傳統的 STAR 格式的一部分，但通常是追加問題。在初始回答中不一定會包含這些內容，但在面試前準備時考慮這些問題可能會有幫助：

- 從這次經驗中學習到了什麼？
- 有什麼可以做得更好的地方？你會有什麼不同的做法？

⇨ 附錄十、談薪水檢查清單

▢ 談薪水前檢查清單

- 是在適當的時機談（拿到工作邀約但還沒正式答應的這區間）
- 心態建立

  - 有試著用多元角度思考是否接受該工作
  - 有一定要談的心態，不會覺得談薪水是在麻煩別人或貪心
  - 不把招募員當成敵人，而是當成隊友

- 資訊調查

  - 知道該公司有什麼是可以談的
  - 有先到 Levels.fyi 或各類網站研究該公司開的薪水級距，了解該公司職級最高能談到多少

- 目標設定

  - 沒有用「提升現職薪水多少比例」為目標
  - 有根據過去資料列下自己的談薪目標

- 準備好談判的籌碼

  - 其他工作邀約
  - 有釐清自己能帶給團隊的獨特優勢

- 有找人練習模擬談薪

☐ 談薪水時檢查清單

- 沒有馬上答應工作邀約，而是真的有談
- 態度保持誠懇，就算最後沒有要接受該公司的工作邀約，務必整個過程保持良好與誠懇的態度，這對未來如果想再申請並加入該公司會有幫助
- 用文字來談薪水
- 沒有掀「期望薪水」的底牌
- 沒有掀「目前職級」的底牌
- 有跟招募員提到有助於你談到更高薪水的元素（例如：其他工作邀約）
- 談薪水的過程，要跟招募員要紙本的合約（或者是電子檔），假如沒有，也可以請對方把數字白紙黑字寫在電子郵件中。一來，避免只有口頭；二來，可以確保雙方認知是一致的

⇨ 附錄十一、與招募員對話的回信模版

▣ 與招募員詢問面試細節

如果招募員在一開始來信時，有把接下來各個階段會有什麼不同關卡都展開來說了，我們可以像下面範例這樣，詳細詢問下一個面試階段的資訊；如果招募員沒有直接告知完整流程，建議主動詢問。

> Thank you for the update and for moving me to the next step in the process. I'm excited to continue.
>
> Could you please provide some insight into what I might expect during the phone screen? Any details on the format or topics covered would be greatly appreciated.
>
> Looking forward to it!

中文版本可以這樣回覆：

> 感謝來信告知，並安排下一階段的面試。期待能與貴公司在下場面試有更深入的交流。
>
> 想請問是否能分享更多關於電話面試的資訊？例如電話面試的形式、會涉及什麼主題等等，謝謝。

▣ 如果想要把面試提早

書中我們有談到，推薦盡可能把面試都安排在相近的時段，例如一個月密集面試完所有公司，會好過面完一間後再面下一間。最主要的原因是因為到後面的談薪水階段，如果手上同時有多個工作邀約，能談的籌碼會變比較多，這樣能讓自己談薪水時比較輕鬆。

但如果有時候時間沒辦法安排那麼剛好，那就需要詢問招募員能不能盡可能把面試約早一點。具體來説，可以這樣寫：

Thank you for the encouraging update! I'm excited to hear that the team wants to move forward.

I wanted to let you know that I have an offer meeting with another company soon, and their potential offer is quite attractive. However, XXX is still my top choice. I'm willing to be as flexible as possible with scheduling the final interview to make it happen sooner rather than later.

I look forward to the final interview!

中文可以這樣回：

感謝來信告知，很期待後續的面試

由於近期我同時正在與另一家公司談，他們初步提了很有吸引力的條件。不過因為 XXX 仍是我的首選，因此希望能加速完成最後一輪面試。如果能及早安排面試，我願意配合貴公司的時間安排。

非常期待最後一輪的面試！

在面試前被詢問期望薪資

如果是在還沒開始正式面試前，招募員就先問期望薪資，這時你可以説希望先多了解團隊，希望等到有正式的工作邀約後再討論。

I'm very excited about this potential role, and I'd love to learn more about the job and the team. If it's not too much trouble, could we revisit this in more depth later if I'm fortunate enough to receive an offer?

拿到工作邀約後被詢問期望薪資（有其他面試進行中）

如果有正在面試的其他工作，且那些工作可能有競爭力的薪水，即使你還沒真的拿到其他工作邀約，可以提說其他潛在還在面試的工作，然後說想先了解目前自己在市場可能拿到的薪資條件，然後把球丟還給招募員。

I appreciate your interest in my salary expectations. At the moment, I'm in the interview process with a few other companies that may offer competitive compensation packages. While I haven't received any concrete offers yet, I'm eager to gain a better understanding of my market value.

 I'm very interested in this opportunity with your company, and I'd like to learn more about the role and responsibilities before discussing compensation.

This will help me better understand the value I can bring to your team.

Would it be possible for you to provide some insight into the salary range you have in mind for this position? This information would be incredibly helpful as I evaluate my options and ensure we're aligned in our expectations.

拿到工作邀約後被詢問期望薪資（手中有其他薪資很好的工作邀約）

這時可以直接把話題轉移到競爭對手的工作邀約，表明自己目前拿到的數字，以及不希望因為薪資問題而沒有選貴公司，然後再把球丟還給招募員。

I've got to say, I'm really excited about the possibility of joining [公司名稱]. There's so much that appeals to me about your company, especially [提 1-2 點特別喜歡該公司的點].

I wanted to be upfront with you about something – I've actually received an offer from another company. They've put forward a package of [其他工作邀約開的待

遇]. Now, I'm not telling you this to play hardball or anything. It's just that I'd hate to miss out on working with you folks because of the compensation.

I'm wondering if there might be some wiggle room in your offer to make it competitive with what's on the table elsewhere? I really think I could bring a lot to your team, and I'd love to find a way to make this work for both of us.

What are your thoughts on this? I'm all ears and ready to discuss further.

拿到工作邀約後被詢問期望薪資（沒有其他工作邀約）

這時可以根據前面有談到的薪水網站（例如 Levels.fyi），你目標職級中薪水偏高的那個區段，然後說你偏好在的區段。即使這時候可能你並沒有在面試其他公司，可以用以下的回覆：

我目前有其他幾個正在探索的機會，因為面試下來真的很喜歡 [公司名稱]，如果 [公司名稱] 在薪水面能達到 [你研究到該公司可能開出的區間中偏高的那一段薪資]，我會願意直接接受，並停下目前其他的面試流程

用英文可以這樣回：

To be honest, I'm currently exploring a few other opportunities. But I've got to say, after going through the interview process, I'm really impressed with [公司名稱]. You guys really stand out to me because [提 1 - 2 點特別喜歡該公司的點].

Here's where I'm at: if [公司名稱] could offer a package in the ballpark of [提你研究到，該公司可能開出的區間中偏高的數字], I'd be ready to accept on the spot. I'd even be willing to wrap up my other ongoing interview processes. That's how excited I am about the possibility of joining your team.

What are your thoughts on this? Is this something we could potentially work towards?

初次爭取薪資

如先前提到，在收到招募員初次提供的工作待遇後，不要直接就答應下來，要根據你做的事前功課來談。然而，要如何具體開始呢？推薦可以用下方的模板。

Dear [招募員的名字],

Thank you for the offer. I'm excited about joining [公司名稱] and would like to discuss the compensation package briefly.

Based on my research and [specific skills/experience], I've found that similar roles in our industry typically range from $[數字] to $[數字]. Given my [key strength], I believe a salary between $[數字範圍] would align well with the value I can bring.

Is there flexibility to adjust the offer closer to this range? If not immediately possible, could we consider:

* A performance-based salary review after [數字] months?
* Additional bonuses or equity options?
* A clear path to increase based on specific milestones?

I'm confident we can find a mutually beneficial arrangement. What are your thoughts on this?

Best regards,
[你的名字]

接受工作邀約

如果你談到滿意的工作待遇，決定要接受工作邀約，則可以使用以下的模板。

Dear [招募員的名字],

I hope this email finds you well. I'm writing to formally accept the offer for the [職稱] role at [公司名稱]. I'm thrilled about the opportunity to join your team and contribute to [你想為公司與職位帶來的貢獻].

As discussed, I understand that:

My start date will be [日期]
The annual salary is [薪水]
[可以補上其他任何有談到的福利]

Please let me know if there are any additional steps I need to take before my start date or any paperwork I should complete.

I'm looking forward to starting this new chapter with [公司名稱] and working alongside the talented team you've assembled.

Thank you again for this opportunity. I'm excited to get started!

Best regards,
[你的名字]

爭取更多時間

如果你還有其他正在面試的公司，但是已經拿到某家公司的工作邀約，而這時候該公司希望你盡早給出答覆。有些招募員甚至會給緊迫的答覆時限，例如要兩天內答覆，這時你可以這樣回覆：

Thank you so much for extending this offer. I'm genuinely excited about the opportunity to join [公司名稱].

Given the significance of this decision, both for myself and for the company, I was hoping I could have a bit more time to give it the thorough consideration it deserves. I want to ensure that when I come on board, I'm fully committed and ready to give my all to the team.

I'm currently in the final stages of another interview process, and I believe it would be prudent to complete that before making my decision. This will allow me to evaluate all my options comprehensively and make the most informed choice possible.

爭取跟該公司的人多聊聊

除了爭取時間的方式，另一種方式是去爭取跟該公司的人多聊聊。這個是一舉兩得的做法，因為一來能爭取更多時間，二來能有機會蒐集更多資訊來協助自己做決策。這時你可以這樣回覆：

Thanks so much for this offer – I'm really excited about the possibility of joining the team at [公司名稱].

Before I make my final decision, I was wondering if it might be possible to have a chat with [某個團隊成員，或用人主管] to get a better feel for the day- to-day aspects of the role? I find that these conversations are incredibly valuable in helping me understand how I can best contribute to the team.

I'm eager to wrap this up and give you my decision, and I believe this conversation will help me do that with full confidence. Let me know if this is doable, and if so, when might work best?

Really appreciate your help with this.

🔲 婉拒工作邀約

如果你決定婉拒工作邀約，則可以使用以下的模板。

> Dear [招募員的名字],
>
> I hope this email finds you well. I want to thank you for offering me the position of [職稱] at [公司名稱]. I appreciate the time you and your team invested in interviewing me and considering me for this role.
>
> After careful consideration, I have decided to decline the offer. While I was impressed by [公司名稱] and the opportunity presented, I have decided to pursue a different path that aligns more closely with my current career goals.
>
> I want to express my gratitude for your confidence in me and for the professionalism shown throughout the interview process. [公司名稱] is clearly an excellent organization, and I wish you and your team continued success.
>
> Thank you again for your time and consideration. I hope our paths may cross again in the future.
>
> Best regards,
> [你的名字]

⟫ 附錄十二、職涯發展路徑

除了前面提到的 Dropbox「Dropbox Engineering Career Framework」外，這邊也彙整了網路上公開的職涯發展路徑。如之前提到，各家公司的定義不會差太多，但是切入的描述角度可能不同，因此仍推薦可以多看幾個不同的作為參照。

另外，如果你在的公司目前還沒有類似的職涯框架，推薦你可以試著跟你的主管提議，討論如何將這類制度帶到組織中，讓團隊中的成員都能有更明確清晰的發展路徑。

公司	連結
Dropbox Career Framework	https://dropbox.github.io/dbx-career-framework/
Gitlab	https://about.gitlab.com/handbook/engineering/career-development/matrix/engineering/
Mozilla	https://glennsantos.com/wp-content/uploads/2021/03/MozillaICCareerLevels.jpeg
Soundcloud	https://developers.soundcloud.com/blog/engineering-levels
Sourcegraph	https://handbook.sourcegraph.com/departments/engineering/dev/career-development/framework/
Spotify	https://engineering.atspotify.com/2016/02/spotify-technology-career-steps/
Medium	https://medium.com/s/engineering-growth-framework/engineering-growth-introduction-8ba7b78c8d6c
Square	https://developer.squareup.com/blog/squares-updated-growth-framework-for-engineers-and-engineering-managers/
Patreon	https://levels.patreon.com/
Remote	https://remotecom.notion.site/Remote-Engineering-Career-Paths-998d7d0e0f8d45c7ba5f7f2d2da7a26f#00e3421c8c6c46409b58cf701ba098e0

PART
II
刷題篇

12

開始刷題前要知道的事情

⇨ **12.1 記憶體的連續空間與非連續空間**

首先,我們要先清楚記憶體是什麼。記憶體是用來臨時存放電腦執行程序和處理資料時所需資料的一部分硬體,它允許 CPU 快速訪問這些儲存的資料,加快了處理速度和程序運行效率。在電腦程式中,所有的變數存取都必須放到記憶體中,記憶體的存取方式大致可以分為兩種。

▌ **12.1.1 連續空間**

連續空間

arr = ["a", "b", "c", "d", "e"]

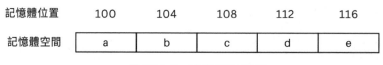

▲ 圖 12.1.1　連續空間示意圖

舉例來說,我們宣告一個陣列 arr = ["a", "b", "c", "d", "e"],而系統會申請連續的記憶體空間位置,用來存放這些元素,而由於是連續的記憶體位置,因此我們可以直接透過第一個元素的位置(稱為基址),和其他元素與它的距離(偏移量)計算得到該元素的位置,來達成快速存取。如圖 12.1.1 所示,陣列元素 "c" 可以透過 "a" 的位置加上索引位置 2 * 4(bytes)到 108 這個記憶體位置。

 說明

何謂偏移量?

陣列當中每一個元素會存放於一個索引當中,以圖 12.1.1 為例,"a" 所在的索引值為 0,而 "c" 所在的索引值為 2,因此偏移量相減得到 2。

然而，連續空間的主要缺點在於靈活性較低。由於空間一開始就被固定，當需要擴展或縮減集合大小時，通常需要進行昂貴的記憶體重新分配和資料複製操作。例如，如果一個陣列需要增加容量，則可能需要申請一個更大的記憶體區塊，並將原有資料從舊陣列複製到新陣列，這個過程的時間複雜度為 O(n)。

除了陣列，其他使用連續空間的資料結構還包括向量（動態陣列）、堆等。這些結構提供了不同程度上的靈活性和效能優化，但通常都受到基本的連續空間限制的影響。

總結來說，連續空間的資料結構在存取速度上具有顯著優勢，特別是在資料量固定且頻繁讀取的應用場景中。然而，當涉及到資料結構大小的動態變化時，這類結構的效率可能會受到影響，這時非連續空間的資料結構如鏈結串列可能更為適用，這一部分我們會在下一個小節中說明。

12.1.2 非連續空間

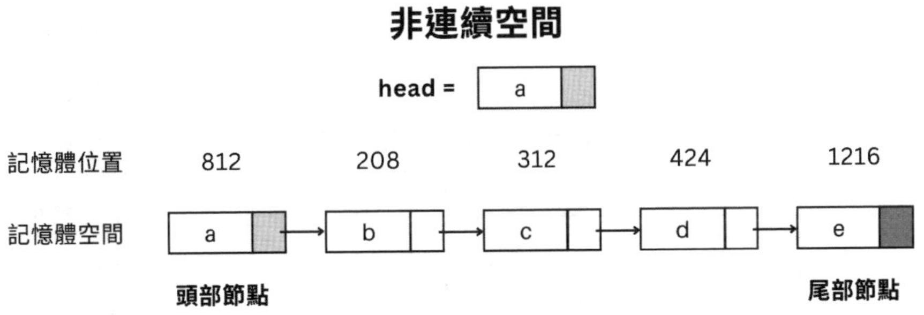

▲ 圖 12.1.2　非連續空間示意圖

與連續記憶體空間不同，非連續空間的使用可以將數值儲存在記憶體中的任意位置，並透過指標將這些元素串連起來。非連續空間的做法只能知道到第一個元素的記憶體位置，後續的節點位置都需要透過前一個指標位置才能夠拜訪。因此，非連續空間在插入或刪除節點時具有優勢，因為這些操作不需要元素的物理連續性，只需重新指定指標即可迅速完成，不受元素多少的影響。通常鏈結串列就是利用非連續的空間來實作的。

以圖 12.1.2 為例，每一個節點所在的記憶體位置都不同，而我們僅能知道頭部節點所在位置，而每一個節點會指向下一個位置，因此不能支援隨機拜訪，甚至還需要多一個空間去記憶下一個節點所在位置，造成空間上的浪費。

使用非連續空間的資料結構，包括鏈結串列、樹狀結構如二元樹、圖結構等。這些結構之所以採用非連續空間，是因為它們在動態操作中（如新增、刪除節點）能夠更靈活且效率較高。

▍12.1.3 連續空間與非連續空間的比較

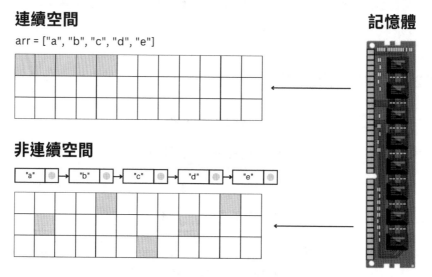

▲ 圖 12.1.3 連續空間與非連續空間的比較示意圖

在資料結構的實作中，選擇使用連續空間或非連續空間來儲存資料是一個重要的設計決策，而圖 12.1.3 可以快速比較兩者在記憶體儲存上的差異。這兩種儲存方式各有其特點和適用場景，理解它們的差異有助於選擇最適合特定應用需求的結構，我們接下來可以比較這兩者的優缺點。

◧ 連續空間

優點：

- 快速訪問：由於資料連續儲存，支持高效的隨機訪問，對於需要頻繁讀取任意元素的應用非常適用。
- 記憶體利用率：不需要額外的空間來儲存指標或其他結構，提高了記憶體的利用效率。

缺點：

- 大小調整：如果資料集大小動態變化，調整陣列大小可能會非常昂貴，因為它可能涉及到資料的拷貝和重新分配。
- 記憶體碎片：大塊的連續記憶體分配可能會導致記憶體碎片化，特別是在有限的記憶體環境中。

◧ 非連續空間

優點：

- 靈活性：非連續空間允許動態地添加和刪除元素，而不需要重新分配整個資料結構，非常適合於元素數量頻繁變動的情況。
- 記憶體分配：可以根據需要逐個分配記憶體，減少大塊記憶體需求和碎片化問題。

缺點：

- 訪問效率：由於資料不是物理連續的，訪問特定元素可能需要更多時間，尤其是在深度大的樹結構或複雜的圖結構中。
- 記憶體使用：每個元素通常需要額外的空間來儲存指標，這會增加總記憶體的需求。

應用場景

選擇連續還是非連續空間，應該根據具體的應用需求來決定。例如，如果應用需要頻繁地進行大量的隨機訪問，那麼連續空間（如陣列）可能更合適；而如果應用涉及到大量的動態插入和刪除操作，非連續空間（如鏈結串列或樹結構）可能更加高效。

總的來說，連續與非連續空間各有利弊，在設計資料結構時應該考慮到這些因素，以選擇最適合的儲存方式。

◈ 12.2 演算法的底層邏輯

當我們理解了資料儲存方式的概念後，接下來需要了解什麼是演算法，這樣才能夠有效地處理和操作資料。演算法是一組明確的步驟或規則，用於解決特定問題或完成特定任務。而後面我們也會特別介紹迭代法和遞迴法，因為現今常見的演算法，基本上會有固定的寫法和邏輯，先從這兩個學起對後續學習演算法會有所幫助。

12.2.1 什麼是演算法？

演算法本身需要存在某些特點，包含以下：

1. **有限性（finiteness）**：演算法應該在有限步驟內完成，不能無限地執行下去。
2. **確定性（definiteness）**：每一步驟都應該有明確的定義，沒有歧義。
3. **輸入（input）**：一個演算法應該有零個或多個輸入。
4. **輸出（output）**：一個演算法應該有一個或多個輸出，即解決問題的結果。
5. **有效性（effectiveness）**：演算法中的每一步都應該是基本且可行的，能夠在有限時間內完成。

舉例來說，我們可以發明一個演算法叫做「找最大值」演算法，它完全符合演算法的特點，實際的程式碼如下：

```
1   import math
2
3   def find_max(nums):
4       max_num = -math.inf
5       for num in nums:
6           if num > max_num:
7               max_num = num
8       return max_num
9
10  nums = [1, 3, 2, 5, 4, 6]
11  find_max(nums)          # return 6
```

會特別介紹演算法是什麼的原因在於，很多人聽到演算法就感到害怕，畢竟是一個很陌生的專有名詞，但其實並不是任何演算法都是這麼高深且複雜，而是我們在寫程式的過程當中，很多函式本身就可以視為一種演算法，因此不用感到害怕。而除了自己去寫演算法以外，當然也可以使用當前套件已經編寫好、更簡潔的內建函式，如下：

```
1   nums = [1, 3, 2, 5, 4, 6]
2   max(nums)               # return 6
```

雖然簡潔，但我們也必須知道它的底層語法式怎麼實作的，確保我們在做時間複雜度的估算時，不會少評估了它的成本，以這個 max 函式為例，它需要掃過陣列 nums 的每一個值，因此其時間複雜度為 O(n)。而這是剛學演算法、在評估複雜度時很容易忽略的部分。

▌ 12.2.2 迭代法

迭代法（iterative）是一種在寫程式時廣泛使用的技術，它透過重複執行一段特定的程式碼來解決問題。這種方法在需要多次執行相同操作或計算時非常有效，如遍歷資料結構、重複計算直到達到某種條件等。

迭代法的基本思想是透過循環結構（如 for 迴圈或 while 迴圈）來反覆執行特定操作，直到滿足預定條件。這種方法的優勢在於它的簡單性和高效性，適用於多種問題場景。

以下是一個使用迭代法計算陣列中所有元素總和的範例：

```
1  def sum_array(nums):
2      total = 0
3      for num in nums:
4          total += num
5      return total
6
7  nums = [1, 2, 3, 4, 5]
8  print(sum_array(nums))    # Output: 15
```

在這個範例中，我們定義了一個 sum_array 函式，透過 for 迴圈遍歷陣列 nums，並將每個元素累加到 total 變數中，最終返回總和。

而以迭代法為基底常見搭配的演算法包含：廣度優先搜尋（迭代法搭配佇列）、雙指針、滑動窗口、二分法、前綴和、貪婪法、動態規劃等，而這些演算法會在 12.3.2 小節中詳細解說。

▎ 12.2.3 遞迴法

遞迴（recursive）是一種在函式或演算法中自我呼叫自身的技術。遞迴法透過將問題分解為更小的相同問題來解決問題，每次呼叫都將原問題規模縮小，直到達到基本情況（base case），進而停止遞迴。

遞迴函式通常包含兩個主要部分：

- **基本情況（base case）**：直接解決問題的簡單情況、停止遞迴，而因為他會是整個終止遞迴不斷呼叫的重要條件，通常又稱為終止條件。
- **遞迴情況（recursive case）**：函式呼叫自身，將問題規模縮小，逐步接近基本情況。

以下是一個使用遞迴法計算階層的範例：

```
1  def factorial(n):
2      if n == 0:  # 基本情況
3          return 1
4      else:
5          return n * factorial(n-1)  # 遞迴情況
6
7  print(factorial(5))  # 輸出: 120
```

在這個範例中，我們定義了一個 factorial 函式，透過遞迴法不斷地呼叫自身函式，直到最底層符合基本情況時（當 n = 0）才停止呼叫。

用遞迴法時要注意，每當一個遞迴函式被呼叫時，電腦會在堆疊（stack）中為該函式分配一個新的堆疊記憶體區域（stack frame）。堆疊記憶體區域儲存該函式的區域變數、參數以及返回地址等資訊。當遞迴呼叫結束後，堆疊記憶體區域會被彈出，並將控制權返回給呼叫該函式的上下文。因此呼叫堆疊來支援遞迴會需要將其所占的空間也計算到空間複雜度當中。

以計算階乘的範例中，遞迴深度為輸入整數 n 的深度，因此其空間複雜度為 O(n)，而詳細的空間複雜度計算可以參考第 12.3.2 章，而這個空間複雜度是很常在白板題中忽略的，請務必注意。

而以遞迴法為基底常見搭配的演算法包含：深度優先搜尋、回溯法、分治法、排序等，而這些演算法會在 14.2 章詳細地解説。

▎12.2.4 迭代法 vs. 遞迴法

大部分狀況，兩種方法都可以實作出我們想要的結果，但是兩者之間還是有一些優缺點需要注意：

◳ 迭代法

優點：

- 易於理解和實作
- 通常佔用較少堆疊的空間，減少記憶體使用
- 不容易引起堆疊溢出（stack overflow）

缺點：

- 某些問題的迭代解法不如遞迴解法直觀
- 對於某些複雜問題，迭代法可能難以設計出合適的迭代步驟，而導致程式碼複雜且不易維護

◳ 遞迴法

優點：

- 更適合解決分治問題和樹狀結構問題
- 程式碼更簡潔，邏輯更直觀

缺點：

- 可能導致大量的函式呼叫，增加記憶體使用
- 深度遞迴可能引起堆疊溢出（stack overflow）
- 在某些情況下，效能不如迭代法

⇨ 12.3 什麼是複雜度？

複雜度（complexity）在電腦科學中是一個非常關鍵的概念，它通常指的是分析算法效能的兩個主要方面：時間複雜度和空間複雜度。

▌ 12.3.1 時間複雜度

時間複雜度是衡量算法根據輸入大小所需執行時間的指標，它試圖估計執行某個演算法所需要的步驟數（或者説指令數），並通常以大 O 符號（O-notation）來表示。這能幫助工程師預測，隨著輸入資料增加，演算法的運行時間將如何增加。以下是一些常見的時間複雜度類型及其解釋：

- O(1) 表示常數時間，演算法的執行時間不隨輸入大小變化。

```
1   def get_first_element(arr):
2       return arr[0]  # O(1)
3
4   print(get_first_element([1, 2, 3, 4, 5]))  # 輸出：1
```

以上述程式碼為例，不管陣列 arr 有多少元素，get_first_element 函式僅關注索引為 0 的元素，因此回傳所需的時間不隨 arr 大小而有所變化。

- O(n) 表示演算法的執行時間隨輸入大小線性增長。如果輸入大小加倍，運行時間也將加倍。

```
1   def linear_search(arr, target):
2       for item in arr:
3           if item == target:
4               return True
5       return False  # O(n)
6
7   print(linear_search([1, 2, 3, 4, 5], 3))  # 輸出: True
```

以上述程式碼為例，由於 for 迴圈會掃過陣列中所有的元素，因此要搜尋的次數會跟陣列 arr 長度有正相關，而且是線性的增加。

- O(n²) 表示當輸入大小加倍時，演算法的執行時間會增加四倍，通常出現在需要嵌套循環的演算法中。

```
1   def bubble_sort(arr):
2       n = len(arr)
```

```
3        for i in range(n):
4            for j in range(0, n-i-1):
5                if arr[j] > arr[j+1]:
6                    arr[j], arr[j+1] = arr[j+1], arr[j]  # O(n²)
7        return arr
8
9    print(bubble_sort([5, 1, 4, 2, 8]))  # 輸出: [1, 2, 4, 5, 8]
```

以上述程式碼為例，bubble_sort 函式當中有一個巢狀迴圈（for 迴圈當中又有 for 迴圈），因此外層迴圈需要跑 n 次，而內層迴圈也需要跑 n 次，因此總共為 n^2。

簡單來說，時間複雜度就是跑完這道演算法總共需要多少時間，而時間又跟跑的指令數有關，而如果「需要跑的指令數」和「輸入變量」呈常數關係，則其時間複雜度為 O(1)；若呈現線性關係，則其時間複雜度為 O(n)；而倘若為平方關係，則其時間複雜度為 $O(n^2)$，其他更多時間複雜度的分析，我們會在後續在例題中來一一說明。

12.3.2 空間複雜度

空間複雜度是衡量算法在執行過程中需要多少記憶體空間的指標，舉例來說，宣告多少變數用來存放元素，這都將決定占用了多少記憶體空間。而空間複雜度同樣也常用大 O 符號來表示，評估空間複雜度對於了解算法對計算資源的需求非常重要。我們以三種不同的複雜度來看例子。

- O(1) 表示算法使用的記憶體空間是固定的，不隨輸入大小的變化而變化。

```
1    def constant_space_algorithm(n):
2        count = 0  # 只使用一個變量，空間複雜度為 O(1)
3        for i in range(n):
4            count += 1
5        return count
6
7    print(constant_space_algorithm(100))  # 輸出: 100
```

以上述程式碼為例，無論輸入大小 n 是多少，函式只使用固定的空間來儲存變量 count，因此空間複雜度為 O(1)。

- O(n)：表示演算法的記憶體使用與輸入資料的大小成正比。

```python
1   def linear_space_algorithm(n):
2       arr = []   # 使用一個串列，其大小隨著 n 增加
3       for i in range(n):
4           arr.append(i)
5       return arr
6
7   print(linear_space_algorithm(5))  # 輸出: [0, 1, 2, 3, 4]
```

在這個例子中，串列 arr 的大小隨著輸入大小 n 增加而增加，因此空間複雜度為 O(n)。

- O(n^2)：表示演算法的記憶體使用與輸入資料的大小的平方成正比。

```python
8   def quadratic_space_algorithm(n):
9       matrix = [[0] * n for _ in range(n)]   # 使用一個n x n 的矩陣
10      for i in range(n):
11          for j in range(n):
12              matrix[i][j] = i + j
13      return matrix
14
15  print(quadratic_space_algorithm(3))  # 輸出: [[0, 1, 2], [1, 2, 3],
    [2, 3, 4]]
```

在這個例子中，列表 matrix 為二維矩陣，其長度與寬度皆為 n，因此需要 n * n 的空間，因此空間複雜度為 O(n^2)。

簡單來說，空間複雜度就是「輸入的變量長度」，與「需要的額外空間」關係為何。以上述三個範例為例，如果是常數關係，其空間複雜度為 O(1)；若是線性關係，則空間複雜度為 O(n)；而倘若是平方關係，則空間複雜度為 O(n^2)，其他更多的複雜度關係後續章節會在用範例來一一介紹。

▌12.3.3 複雜度之間的關係

複雜度從低到高可以分別為：O(1)、O(log(n))、O(n)、O(nlog(n))、O(n^2)、O(2^n)、O(n!)，可以藉由圖 12.3.1 可以知道，複雜度如果能在 O(n) 以下就是個很有效率的做法，而只要在 O(n^2) 以上就需要做複雜度的優化，但是否要優化並不是一定的，因為有些比較複雜的狀況是無法再更優化的狀況，而在實務上可能會需要修改業務邏輯來達到系統效能滿意度。

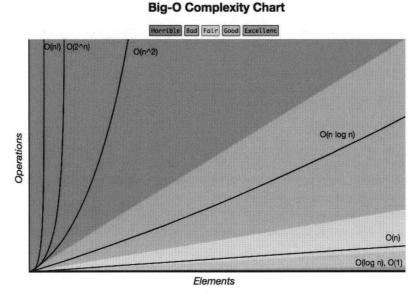

▲ 圖 12.3.1　複雜度比較

通常在白板題的考試中，複雜度的分析不困難，通常也不太會考一些太奇怪的複雜度，我們可以藉由下面這題來嘗試分析看看其時間複雜度與空間複雜度。

```
1    def binary_search(arr, target):
2        low = 0
3        high = len(arr) - 1
4        while low <= high:
5            mid = (low + high) // 2
6            guess = arr[mid]
7            if guess == target:
```

```
8              return mid  # 返回目標元素的索引
9          if guess > target:
10             high = mid - 1
11         else:
12             low = mid + 1
13     return None          # 沒找到就返回 None
14
15 arr = [1, 2, 3, 4, 5, 6, 7, 8, 9, 10]
16 target = 7
17 binary_search(arr, target)    # 返回 6
```

時間複雜度

時間複雜度可以關注的部分是我總共需要跑多少指令數，因此真正造成大量指令數產生的部分在於程式碼的第 4～12 行，也就是說這個 while 迴圈會需要跑幾次。

在評估 while 迴圈需要跑幾次之前，我們必須要先能夠理解這個迴圈到底想要做什麼樣的事情，能夠有效地幫助我們來做評估。而我們已經先知道了，這是一個二分法的演算法，其演算法的核心邏輯在於，每一次都能夠把「輸入的變量」去除掉一半不可能的數值。舉例來說，如同我們在做英文字典查找時，我們已經知道字典會從字首 a 到字首 z 來做編排，而如果我想要找字首 c 開頭的篇章，我可能會這樣做：第一次將書從中間翻開，如果看到字首為 m，那我就可以知道這本書的前半部是字首 a 到字首 m，而後半部是字首從 m 到字首 z；第二次我要再從前半部分拆一半來看，又可以再將書分成字首 a 到字首 f，以及字首 f 到字首 m；以此類推，不斷地將書做二分，就能夠快速找到我想要找的章節。

因此，二分法時間複雜度就可以拆分成：「每一輪所需的時間」乘上「共幾輪」，若總共輸入變數長度為 10,000 分別為數字 1 到 10,000，第一輪可以將 10,000 分成 1 到 5,000 以及 5,001～10,000；第二輪再拆一半、第三輪再拆一半以此類推，所以總共需要進行 $\log_2$（10,000）輪，數字約為 14，也就是說程式碼第四行的 while 迴圈，最糟狀況需要跑 14 次才能夠找到我想要找的數字，而每一輪都需要執行程式碼第 5 到 12 行，每一道指令都是常數時間可以完成，因此時間複雜度為 O(log(n))。

空間複雜度

空間複雜度我們需要看的是需要佔用記憶體的空間有多少，首先第 2 以及第 3 行兩個變量（low 以及 high）各佔一個空間，而第 5 以及第 6 行（mid 以及 guess）也各佔一個空間，因此不管輸入的範圍有多長，也僅需要四個記憶體空間就好，因此空間複雜度為常數空間，為 O(1)。

對應到查找英文字典的範例，就如同我們不需要一張紙和筆，記錄每一次拆分的頁碼，而只要知道我要搜尋範圍的頭尾就好，舉例來說，一本英文字典 1000 頁，第一頁是字首 a 開頭，最後一頁是字首 z 開頭，我將字典拆分成一半時（第 500 頁），前半可能是字首 a 到字首 m，而後半是字首 m 到字首 z；如果我要找字首 c 的篇章，那我就只要找 1 到 500 頁的範圍就好，我也只需要記住這兩個數字，因為這個數字的意思就是字典的前半段所在位置，超出這個位置以外的我就不管它，也就是一開始提的，我不需要紙跟筆去記錄每一次拆分的狀況。

參考資源

1. Big-O Algorithm Complexity Cheat Sheet (Know Thy Complexities!)
   @ericdrowell (bigocheatsheet.com)

13

資料結構

⇔ 13.1 資料結構的基本概念

上一個章節我們知道資料做儲存的時候，需要先將資料存放到記憶體當中，而記憶體又可以分成連續空間與非連續空間的儲存策略，而這一章會從這個角度來分析每一個資料結構。

13.1.1 資料結構的類型

1. 雜湊表（Hash Table）

- 特點：透過將鍵值（key）透過雜湊函數轉換成索引，將資料儲存在一個陣列中。這樣可以提供快速的查找、插入和刪除操作，時間複雜度通常為 O(1)。
- 空間策略：雜湊表使用連續的記憶體空間來儲存資料，但為了處理衝突，可能需要額外的非連續空間來處理鏈結。
- 適用場景：適合於需要快速資料查找和存取的應用，如快取等。

2. 陣列（Array）

- 特點：陣列是一種固定大小的資料結構，用於儲存相同類型的元素。元素在記憶體中連續存放，可以透過索引直接訪問。時間複雜度為 O(1)。
- 空間策略：使用連續的記憶體空間來儲存所有元素。
- 適用場景：適合於需要快速訪問元素，且元素數量固定的場景，如 26 個字母出現的次數。

3. 鏈結串列（Linked List）

- 特點：由一系列節點組成，每個節點包含資料部分和指向下一節點的指標。不需要連續的記憶體空間，插入和刪除操作時間複雜度為 O(1)，查找操作時間複雜度為 O(n)。
- 空間策略：使用非連續的記憶體空間，節點可以分散在記憶體的不同位置。
- 適用場景：適用於資料元素數量不固定，頻繁插入和刪除操作的場景，如動態記憶體管理。

4. 堆疊（Stack）

- 特點：遵循後進先出（LIFO）原則的集合。添加和刪除元素僅在同一端進行，即「頂部」。插入和刪除操作時間複雜度為 O(1)。
- 空間策略：可以使用連續空間（基於陣列）或非連續空間（基於鏈結串列）來實現。
- 適用場景：適用於需要後進先出操作的應用，如函數呼叫堆疊、回溯演算法等。

5. 佇列（Queue）

- 特點：遵循先進先出（FIFO）原則的集合，元素從一端添加，從另一端移除。插入和刪除操作時間複雜度為 O(1)。
- 空間策略：可以使用連續空間（基於環形陣列）或非連續空間（基於鏈結串列）來實現。
- 適用場景：適用於需要佇列管理的場景，如資料快取、任務排隊系統等。

6. 樹（Tree）

- 特點：一種非線性的資料結構，由節點組成，每個節點包含一個值和多個指向其他節點的指標，形成層次結構。常見的操作如插入、刪除和查找，其時間複雜度為 O(log n)。
- 空間策略：使用非連續的記憶體空間，節點可以分散在記憶體的不同位置。
- 適用場景：廣泛應用於需要層次排序的場景，如文件系統的結構、資料庫索引等。

7. 堆（Heap）

- 特點：堆是一種特別的樹形資料結構，通常是一個完全二叉樹。它主要有兩種類型：最大堆和最小堆。在最大堆中，每個父節點的值都大於或等於其子節點的值；在最小堆中，每個父節點的值都小於或等於其子節點的值。插入和刪除操作時間複雜度為 O(log n)。
- 空間策略：通常使用連續的記憶體空間，基於陣列實現。
- 適用場景：適用於需要快速訪問最大值或最小值的場景，如優先佇列、排程演算法等。

8. 圖（Graph）

- 特點：由節點（或稱為頂點）和邊組成的集合。邊可以是有向的也可以是無向的，表達元素之間的關係。常見操作如遍歷和最短路徑查找，其時間複雜度取決於具體演算法，如深度優先搜尋（DFS）和廣度優先搜尋（BFS）均為 O(V + E)，其中 V 為節點數量、E 為邊的數量。
- 空間策略：使用連續或非連續的記憶體空間來儲存，例如鄰接矩陣（連續）或鄰接表（非連續）。
- 適用場景：適用於表示複雜的網絡關係，如社交網絡的使用者關係、網絡路由等。

▍ 13.1.2 資料結構的操作複雜度

首先，我們要先對於資料結構基本的操作有其平均的時間複雜度的認識，可以參考表 13.1.1 所示：

表 13.1.1 資料結構時間複雜度整理

資料結構	搜尋	插入	刪除
雜湊表	O(1)	O(1)	O(1)
陣列	O(n)	O(n)	O(n)
鏈結串列	O(n)	O(1)	O(1)
堆疊	O(n)	O(1)	O(1)
佇列	O(n)	O(1)	O(1)
樹	O(log(n))	O(log(n))	O(log(n))
堆	O(n)	O(log(n))	O(log(n))

網路上有許多類似以上的表，而這樣的表永遠背不完，甚至還有多種版本，而與其把它背誦下來，冒著未來可能忘記的風險，我們更傾向於去理解它為什麼如此。因此我們來介紹一下，這張表是怎麼產生的。

從上一章，我們理解了記憶體的運作方式，就可以輕易地洞悉每種資料結構的限制和特性。例如，雜湊表通常是用陣列（連續空間）來作為底層實作的方式，而陣列本身又支援隨機拜訪，因此雜湊表在搜尋時可以利用陣列的第一個元素地址搭配偏移量，只需要 O(1) 的時間就能夠找到元素，因此其搜尋只需要 O(1) 的時間，就能夠判斷 key 時否存在於雜湊表當中。

再舉另一個例子，佇列（queue）這一資料結構，可以用陣列（連續空間）與鏈結串列（非連續空間）來實作，而如果是用陣列來實作，很有可能會因為在加入元素時，導致陣列空間不足，因此需要動態的擴展，導致時間複雜度上升，但均攤下來仍然只要 O(1) 的時間；而如果是使用鏈結串列來時做則不會有動態擴展的問題，但每一個節點需要額外的指標去記錄下一個節點位置，仍然有其他記憶體的開銷。

⇨ 13.2 資料結構的基本操作

這個章節將針對每一個資料結構挑選一些代表性的題型，藉此來學習和掌握每一個資料結構的基本操作和應用。透過這些實例，我們將深入了解不同資料結構的特性、操作複雜度以及它們在實際寫程式過程的具體應用場景。

▌13.2.1 雜湊表（Hash Table）

雜湊表是最常運用到的資料結構之一，而且題目不會特別提到要用到雜湊表，而常見的特徵是，如果題目需要在 O(1) 的時間複雜度，就能夠用 key 找到對應的 value 時，以下題為例：

387. First Unique Character in a String

原文

> Given a string s, find the first non-repeating character in it and return its index. If it does not exist, return -1.

中文翻譯

> 給定一個字符串 s，找出它中的第一個不重複的字符並返回其索引。如果不存在，則返回 -1。

輸入、輸出範例

Example 1:

```
Input: s = "leetcode"
Output: 0
```

Example 2:

```
Input: s = "loveleetcode"
Output: 2
```

限制

- 1 <= s.length <= 105
- s consists of only lowercase English letters.

思考路徑：首先隨意拿一個輸入字串來嘗試，並且把第一個字母上方畫一個箭頭，問自己這個 l 是不是重複的字母，如圖 13.2.1 所示。

↓

l o v e l e e t c o d e

▲ 圖 13.2.1　人工試跑示意

很神奇的事情在於，當你這樣問自己時，你腦中的思考方式就會越來越像電腦，你腦中可能會開始出現這樣的話：「是重複的字母，因為後面也有一個 l。」再往下一個字母去，如圖 13.2.2 所示。

▲ 圖 13.2.2　人工試跑示意

不斷地這樣從左到右，依序著順序，不斷地問自己相同的問題，這就是一個演算的過程，並試圖從過程當中找到一個規律，最後再將這個規律實踐出來。

選擇做法：針對以上做法可以找到一個規律，可以利用兩層迴圈，外圈需要從左到右掃過字母，內圈則掃過自己以外的其他字母，判斷是否有重複，如果沒有重複的則直接回傳外圈的索引，否則就繼續往下找。

實際解題：其中第 8～9 行程式碼時常見的手段，因為迴圈是從左到右掃描，因此如果發現字母唯一時，直接回傳其索引，就會是題目要求的「第一個不重複的字符」。

```python
1   def firstUniqChar(s: str) -> int:
2       for i in range(len(s)):
3           unique = True    # 先預設每一個字母是唯一的
4           for j in range(len(s)):
5               if i != j and s[i] == s[j]:
6                   unique = False  # 如果存在第二個相同字母則設定為不唯一
7                   break
8           if unique:
9               return i     # 如果字母真的唯一就直接回傳索引
10      return -1            # 如果不存在則回傳 -1
```

複雜度分析：如果用兩層迴圈實作的話，其時間複雜度為 $O(n^2)$，因為每一個數值需要被拜訪 n 次，而總共有 n 個數值；空間複雜度為 $O(1)$，因為沒有用到額外的其他空間。

優化分析：剛開始刷題時，一開始可能都無法找到最好的做法，但卻是一個重要的過程，我們以這題來看，會發現 dry run 時會一直重複不必要的計算，像是「l」明明已經知道它有重複出現，但每一次遇到卻都要重新判斷一次。這就是接下來我們可以優化的方向。

```
hashmap = {
    l: 2,
    o: 2,
    v: 1,
    e: 4,           只出現一
    c: 1,           次的字母
    d: 1
}
```

▲ 圖 13.2.3　利用雜湊表來計數

而本題可以用到雜湊表的地方在於，第一個不重複的字母意思其實是：「將每一個字母統計其出現次數，並找出第一個只出現一次的字母為何。」如圖 13.2.3 所示，最後再去判斷符合條件的字母當中，誰是第一個出現的即可，而程式碼如下所示，我們先將每一個字母出現的次數記錄在雜湊表當中，第二輪再從頭掃過一次字串時，判斷其次數是否為 1，是的話就回傳其索引。

```python
1   def firstUniqChar(s: str) -> int:
2       # 利用 defaultdict，表始預設雜湊表 key 對應的 value 皆為整數 0
3       character_to_count = defaultdict(int)
4       for c in s:
5           # 先將每一個字母計數次數
6           character_to_count[c] += 1
7
8       # 為了找出第一個不重複的字母，因此需要左到右掃一次
9       for i, c in enumerate(s):
10          if character_to_count[c] == 1:
11              return i
12      return -1
```

改成用雜湊表來執行時，可以將時間複雜度從 O(n²) 下降到 O(n + n)，雖然用到兩個迴圈，但兩個迴圈並非巢狀，因此為 O(n)；而空間複雜度會從原本的 O(1) 上升到 O(n)，因為雜湊表平均需要有 n 個空間去存放各字母出現的次數，雖然速度變快但是空間卻也跟著增加，利用空間去換取時間。所以並非哪一種演算法是最佳的，而是可以和面試官討論，他期待的是時間複雜度低一點，還是空間複雜度低一點。

本題學習：藉由本題可以知道，可以利用雜湊表來達到利用空間換取時間的可能，並非哪一種演算法就一定較優，而是通常在白板題測驗中，面試官會更傾向於優化時間複雜度，但我們兩個方法都要會。

建議練習題目：

Hashmap 題型

1. Two Sum

242. Valid Anagram

290. Word Pattern

387. First Unique Character in a String

Hashset 題型

128. Longest Consecutive Sequence

217. Contains Duplicate

13.2.2 陣列（Array）

陣列是最常看到的資料結構之一，而其題型衍伸出來演算法也是最多元的，陣列又可以分成一維陣列以及二維陣列，而這邊以二維陣列為例。

48. Rotate Image

原文

You are given an n x n 2D matrix representing an image, rotate the image by 90 degrees (clockwise). You have to rotate the image in-place, which means you have to modify the input 2D matrix directly. DO NOT allocate another 2D matrix and do the rotation.

中文翻譯

你被給定一個 n x n 的二維矩陣,代表一張圖像,將該圖像順時針旋轉 90 度。你必須在原地旋轉圖像,這意味著你必須直接修改輸入的二維矩陣。不要分配另一個二維矩陣來進行旋轉。

輸入、輸出範例

Example 1:

```
Input: matrix = [[1,2,3],[4,5,6],[7,8,9]]
Output: [[7,4,1],[8,5,2],[9,6,3]]
```

限制

- n == matrix.length == matrix[i].length
- 1 <= n <= 20
- -1000 <= matrix[i][j] <= 1000

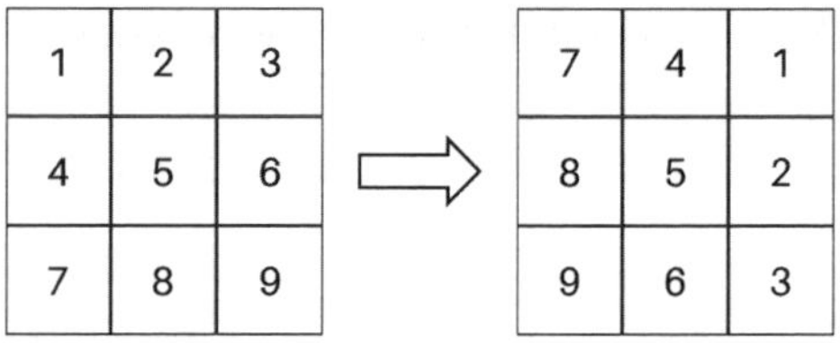

▲ 圖 13.2.4　Example 1 示意圖

思考路徑：這題考驗的是對於程式碼的實作能力，又稱為 simluation 的題型，意旨照著題目的要求來一步一步執行。以這題需要向右旋轉 90 度，就需要找到旋轉的規律，如圖 13.2.5 所示，一樣我們先將箭頭指向第一個位置（0, 0），它下一個位置需要移到（0, 2）的位置，而直接複製過去可能會導致原本的數值被覆蓋，因此需要其他數字都要一起轉，如圖 13.2.6 所示。

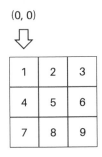

▲ 圖 13.2.5　48. Rotate Image
　　Dry Run 範例

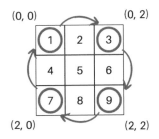

▲ 圖 13.2.6　48. Rotate Image
　　旋轉示意圖

選擇做法：針對規律直接旋轉，利用兩層迴圈，外層迴圈 row 從外圈往內圈做拜訪，但僅需拜訪到 n 的一半即可；而內層迴圈 col 則從左到右做拜訪，而詳細的轉換方式可參考程式碼。

實際解題：第 5～9 行，是在執行旋轉的替換過程。

```
1    def rotate(matrix: List[List[int]]) -> None:
2        n = len(matrix[0])
3        for row in range(n // 2): # // 表示取整數 (math.floor)
4            for col in range(row, n - row - 1):
5                tmp_val = matrix[n-col-1][row]
6                matrix[n-col-1][row] = matrix[n-row-1][n-col-1]
7                matrix[n-row-1][n-col-1] = matrix[col][n-row-1]
8                matrix[col][n-row-1] = matrix[row][col]
9                matrix[row][col] = tmp_val
```

複雜度分析：雙層迴圈所需的時間複雜度為 O(n²)，而其空間複雜度為 O(1)，因為沒有用到額外的空間。

優化分析：以複雜度來看，其實已經不可能再更低了，而從程式碼的複雜度來看，其實要能夠在短時間找到規律並實作，需要有一定的熟悉度，因此在 simulation 的題型，建議嘗試找到一些新的可能性，以這題為例，這題其實有另一種做法，就是先將二維陣列做斜對角的翻轉，再水平翻轉，如圖 13.2.7 所示，這樣在程式的實作上會變得更容易。

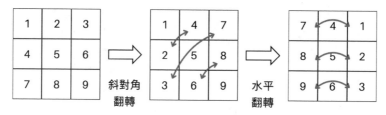

▲ 圖 13.2.7　48. Rotate Image 做法二

程式碼如下，實作起來更簡單，但是要在短時間內能夠想出來這樣的做法，也是非常不容易，非常考驗觀察力。

```
1   def rotate(matrix) -> None:
2       n = len(matrix)
3       # 斜對角翻轉
4       for i in range(n):
5           for j in range(i, n):
6               tmp_val = matrix[i][j]
7               matrix[i][j] = matrix[j][i]
8               matrix[j][i] = tmp_val
9
10      # 水平翻轉
11      for i in range(n):
12          matrix[i].reverse()
```

本題學習：藉由本題學習到陣列的基本操作，並且學習 simluation 題型的解題方式，也學到了用兩種方法來實作同一道題目，而在考量做法時不僅需要考慮時間複雜度與空間複雜度，程式碼本身的複雜度也需要考量。

建議練習題目：

一維陣列

27. Remove Element

283. Move Zeroes

941. Valid Mountain Array

1089. Duplicate Zeros

二維陣列

36. Valid Sudoku

54. Spiral Matrix

240. Search a 2D Matrix II

▍13.2.3 鏈結串列（Linked List）

鏈結串列的題型很明顯，因為題目就會以鏈結串列的形式為輸入，而要是考到鏈結串列，通常都會圍繞著它的特性出發，舉例來說，鏈結串列沒辦法隨機拜訪，只能從頭掃到尾；又或者鏈結串列可以形成一個環路等。因此要對鏈結串列的基本操作非常熟悉，我們可以用下題來練習。

24. Swap Nodes in Pairs

原文

Given a linked list, swap every two adjacent nodes and return its head. You must solve the problem without modifying the values in the list's nodes (i.e., only nodes themselves may be changed.)

中文翻譯

> 給定一個鏈結串列，交換每兩個相鄰的節點並返回其 head 節點。你必須在不修改列表節點中的值的前提下解決這個問題（即，只能更改節點本身）。

輸入、輸出範例

Example 1:

```
Input: head = [1,2,3,4]
Output: [2,1,4,3]
```

限制

- The number of nodes in the list is in the range [0, 100].
- 0 <= Node.val <= 100

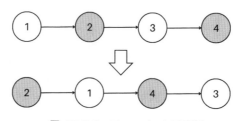

▲ 圖 13.2.8　Example 1 示意圖

思考路徑：在鏈結串列當中，由於不能隨機拜訪，因此會需要透過一些指標的方式，來標記各個節點位置，我們可以透過上面這題來學習標記的方法，以圖 13.2.9 為例，我們可以將鏈結串列的題型視覺化，並且會知道頭部節點為何。

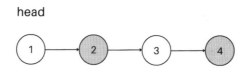

▲ 圖 13.2.9　24. Swap Nodes in Pairs 例題

此時可以學習第一個小技巧，就是利用一個假的頭部節點（dummy head），先指向第一個節點，這樣的好處在於，頭部節點不需要特別處理。如圖 13.2.10 所示，先新增一個假節點，並將其指向頭部節點。

▲ 圖 13.2.10　鏈結串列技巧一

第二個技巧是利用三個指標來管理當前的節點狀況，避免在處理節點的過程當中導致節點丟失的問題。以圖 13.2.11 為例，可以利用 prev、curr、nxt 三個指標（取名叫做 nxt 而非 next，是為了避免和 Python 內建函式混淆），分別指向前一個節點、當下節點、下一個節點。透過這樣的方式可以在切換指標時避免指標丟失。

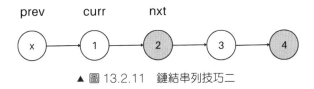

▲ 圖 13.2.11　鏈結串列技巧二

選擇方法：利用一個 while 迴圈，從頭部節點走向最後一個節點，並在走的時候更新指標以及指向，確保在交換節點時指標不丟失。

實際解題：第 6～8 行，先更新每一個節點的指向位置，都更新完成後，再利用 10～12 更新 prev、curr、nxt 三個指標指向的節點位置。這邊是我們的第三個技巧是建議在更新鏈結串列的過程，可以先更新節點的指向，最後再一次更新 prev、curr、nxt 三個的位置，避免最後全部混淆在一起。

```
1   def swapPairs(head: ListNode) -> ListNode:
2       prev = dummy = ListNode(-1, head)
3       curr = head
4       nxt = curr.next if curr != None else None
5       while curr and nxt:
6           # 先調整下一個節點的指向位置
7           prev.next = nxt
8           curr.next = nxt.next
9           nxt.next = curr
10          # 再調整當前指標位置
11          prev = curr
12          curr = curr.next
```

```
13          nxt = curr.next if curr != None else None
14
15      return dummy.next
```

複雜度分析：鏈結串列的題型，複雜度的估算是相對容易的，以本題為例，每一個節點僅需從頭掃到尾一次，因此時間複雜度為 O(n)，而空間上只用到一個假頭部節點，因此空間複雜度為 O(1)。

本題學習：學習到鏈結串列的基本操作，以及三個實作的小技巧，建議可以在練習的過程當中，慢慢練習培養起自己解題的做法和習慣，這樣在白板題測驗的當下，也不用再去思考什麼邊界問題、到底是大於等於還是大於的問題。

建議練習題目：

61. Rotate List

83. Remove Duplicates from Sorted List

86. Partition List

92. Reverse Linked List II

147. Insertion Sort List

160. Intersection of Two Linked Lists

203. Remove Linked List Elements

206. Reverse Linked List

234. Palindrome Linked List

328. Odd Even Linked List

237. Delete Node in a Linked List

▌13.2.4 堆疊（Stack）

堆疊本身的操作並不複雜，難的點在於要判斷本題適合使用堆疊來解題，才是困難的，而堆疊本身有後進先出的特性，因此在試跑時可以隱約感受到一些端倪，我們以下題為例。

20. Valid Parentheses

原文

Given a string s containing just the characters '(', ')', '{', '}', '[' and ']', determine if the input string is valid.

An input string is valid if:

1. Open brackets must be closed by the same type of brackets.

2. Open brackets must be closed in the correct order.

3. Every close bracket has a corresponding open bracket of the same type.

中文翻譯

給定一個只包含字符 '(', ')', '{', '}', '[' 和 ']' 的字符串 s，判斷輸入字符串是否有效。一個輸入字符串有效的條件為：

1. 開括號必須由相同類型的括號閉合。

2. 開括號必須按正確的順序閉合。

3. 每個閉括號都有一個相對應的相同類型開括號。

輸入、輸出範例

Example 1:

```
Input: s = "()[]{}"
Output: true
```

Example 2:

```
Input: s = "(]"
Output: false
```

限制

- 1 <= s.length <= 10^4

- s consists of parentheses only '()[]{}'.

思考路徑：一樣照著我們試跑時的做法，拿起一張紙跟筆，在紙上寫下現在的輸入字串，並且先看第一個字母，如圖 13.2.12 所示，這個時候可以問自己：「請問現在的字串是合法的括弧字串嗎？」而在每一個步驟時（如圖 13.2.13 與圖 13.2.14），都問自己同樣的問題，並試著從中找到規律。

▲ 圖 13.2.12　步驟一　　　▲ 圖 13.2.13　步驟二　　　▲ 圖 13.2.14　步驟三

針對以上的操作，我們可以得到一個結論是，以圖 13.2.15 為例，當我們在試跑時是從左到右掃描，而當檢查右括弧是否合法時是從掃描當下的字符往前掃，看是否有對應合法的左括弧，如果得出這樣結果，此類型的題目就很適合使用堆疊，像是電腦要處理先加減、後乘除等題型，也有類似的特性。

▲ 圖 13.2.15　檢查方向相反示意圖

選擇做法：利用堆疊搭配迴圈從頭掃過字串每一個字母，如果遇到左括弧，就將其放置堆疊當中，而如果遇到右括弧，則從堆疊當中 pop 元素出來，看其括弧是否匹配，若不匹配則回傳 false，直到結束，如果堆疊為空，則回傳 true。

實際解題：第 2～6 行利用雜湊表來協助，讓每一個右括弧能快速找到自己匹配的左括弧；第 8～13 行是執行迴圈裡面的邏輯，邏輯如同上述。

```
1    def isValid(s: str) -> bool:
2        matching_brackets = {
3            ')': '(',
4            ']': '[',
5            '}': '{'
6        }
7        stack = []
8        for bracket in s:
9            if bracket not in matching_brackets:
10               stack.append(bracket)
11           else:
12               # 如果沒有找到匹配的左括弧
13               if not stack or stack.pop() != matching_brackets[bracket]:
14                   return False
15       return not stack
```

複雜度分析：字串當中的每一個字符，最多拜訪兩次，因此其時間複雜度為 O(n)，而空間複雜度雖然有用到雜湊表來協助，但因為括弧的數量是常數，因此空間只需計算堆疊用到的部分即可，而堆疊最糟的狀況是需要將整個字串塞進去，因此複雜度為 O(n)。

本題學習：本題學習到堆疊的題目特徵，這是判斷適合不適合使用堆疊的一個大線索，而通常堆疊的題目都是很困難的，也是白板題當中的愛考題型，因為會需要轉換個腦袋，而且程式碼也不複雜，建議可以針對堆疊的題型多加練習。

建議練習題目：

20. Valid Parentheses

227. Basic Calculator II

844. Backspace String Compare

946. Validate Stack Sequences

1047. Remove All Adjacent Duplicates In String

13.2.5 佇列（Queue）

佇列的題型通常很少單獨考，會出現時通常會搭配一些演算法或其他資料結構一起出題，舉例來說，佇列很常運用在樹的層序遍歷（level-order traversal），或者運用在廣度優先搜尋（breadth first search, BFS）時搭配使用。

102. Binary Tree Level Order Traversal

原文

> Given the root of a binary tree, return the level order traversal of its nodes' values. (i.e., from left to right, level by level).

中文翻譯

> 給定一個二元樹的根節點，返回其節點值的層序遍歷（即，從左到右，一層一層地）。

輸入、輸出範例

Example 1:

```
Input: root = [3,9,20,null,null,15,7]
Output: [[3],[9,20],[15,7]]
```

限制

- The number of nodes in the tree is in the range [0, 2000].
- -1000 <= Node.val <= 1000

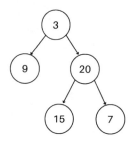

▲ 圖 13.2.16　Example 1 示意圖

思考路徑：層序遍歷有一個明顯的操作特徵，就是需要上往下、並且從左到右，因此在拜訪第一層時，會知道連結的第二層節點；拜訪第二層時，會知道第三層的節點，以此類推，因此它滿足先進先出的特型。

選擇做法：以範例一的輸入為例，先將根節點放入佇列當中，並取出來後（如圖 13.2.17 所示），如圖 13.2.18 所示，將其左子節點與右子節點放入佇列（有順序性，一定要先左在右），接下來再取出 9，並將 9 的左右兩子節點放入佇列當中，照著這樣的規律來實踐。因此可以利用佇列搭配 while 迴圈實作，直到佇列中沒有任何的節點。

▲ 圖 13.2.17　佇列示意圖　　　　▲ 圖 13.2.18　佇列示意圖

實際解題：第 5 行，以 Python 來說，要利用 deque 這個套件來協助建立佇列，而第一次要先預設將根節點 root 放入。接下來要利用 while 迴圈，去不斷地從佇列取出節點，取出來後就可以知道利用 len（queue）就可以知道該層有幾個節點（第 8 行），接下來利用 for 迴圈掃過該層的所有節點，並且去將下一層節點全部放入（第 10～16 行），直到結束。

```python
1   def levelOrder(root: TreeNode) -> List[List[int]]:
2       levels = []
3       if not root:
4           return levels
5       queue = deque([root])      # 先將根節點放入佇列當中
6       while queue:
7           levels.append([])      # 清空每一階層
8           level_length = len(queue)  # 計算每一階層的節點數
9
10          for i in range(level_length):
11              node = queue.popleft() # 將該階層節點放入該階層的陣列中
12              levels[-1].append(node.val)
```

```
13                    # 節點存在左子節點，就放入佇列中
14                    if node.left:
15                        queue.append(node.left)
16                    # 節點存在右子節點，就放入佇列中
17                    if node.right:
18                        queue.append(node.right)
19          return levels
```

複雜度分析：因為每一個節點都需要拜訪一次，所以時間複雜度為 O(n)，而佇列當中最長會需要放入 n 個節點，因此空間複雜度為 O(n)。而本題除了可以用佇列以外，也可以用遞迴法來處理。

本題學習：學習佇列的先進先出概念與 Python 中 deque 的用法，並學習到如何實作層序遍歷。

建議練習題目：

225. Implement Stack using Queues

232. Implement Queue using Stacks

641. Design Circular Deque

622. Design Circular Queue

933. Number of Recent Calls

1352. Product of the Last K Numbers

▎13.2.6 樹（Tree）

樹的考題也會很明顯，因為通常會直接給一棵樹，或者題目要求建立一棵樹，所以不需要特別判斷。樹的操作也很簡單，其操作方式和鏈結串列非常相似。差別在於鏈結串列只有一個指向下一個節點的指標，而樹結構可能會有多個指標指向下一階層的節點。

最常考的樹有幾種：二元樹、二元搜尋樹以及字典樹，而常考的題目包括求樹的高度、路徑總和、遍歷等，並且搭配遞迴法一起使用，一起來看到下面這題。

112. Path Sum

原文

> Given the root of a binary tree and an integer targetSum, return true if the tree has a root-to-leaf path such that adding up all the values along the path equals targetSum. A leaf is a node with no children.

中文翻譯

> 給定一個二叉樹的根節點以及一個整數 targetSum，如果該樹存在一條從根到葉子的路徑，使得該路徑上所有節點的值相加等於 targetSum，則返回 true。葉子是指沒有子節點的節點。

輸入、輸出範例

Example 1:

```
Input: root = [5,4,8,11,null,13,4,7,2,
null,null,null,1], targetSum = 22
Output: true
```

限制

- The number of nodes in the tree is in the range [0, 5000].
- -1000 <= Node.val <= 1000
- -1000 <= targetSum <= 1000

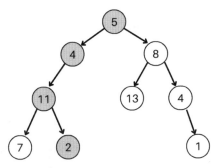

▲ 圖 13.2.19　Example 1 示意圖

思考路徑：拿起一支筆和一張紙，利用輸入與輸出範例一從根節點 root 開始，可以不斷地把數值往下一層傳遞，直到最後葉子節點時，計算其加總是否等於 targetSum，就能夠找到答案，如圖 13.2.20 所示。

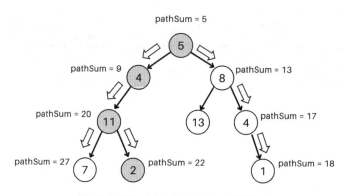

▲ 圖 13.2.20　112. Path Sum 解題示意

選擇做法：利用樹搭配遞迴法，就能夠從上層把數值往下層傳遞，但要注意的事情是，遞迴需要從下層回傳一個值給上一層，因此整個邏輯會反過來，這是在使用遞迴法需要注意的地方，如圖 13.2.21 所示，下層需要回傳是否等於 targetSum 的結果。最後讓根節點可以將左子節點的路徑結果與右子節點的結果做 or 運算。

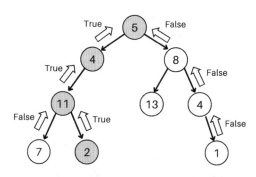

▲ 圖 13.2.21　112. Path Sum 遞迴法回傳

實際解題：第 5～15 行為遞迴的程式碼，而其中第 6～7 為遞迴的終止條件；第 9 行是將上一層傳遞下來的路徑總和再加上自己節點的數值；而實際的邏輯判斷在第 10～11 行，如果是葉子節點了，則判斷總和是否相等。

```
 1    def hasPathSum(root: Optional[TreeNode], targetSum: int):
 2        if not root:
 3            return False
 4
 5        def recursive(root, path_sum):
 6            if not root:
 7                return False
 8
 9            path_sum += root.val    # 將路徑的值做加總
10            # 如果是葉子節點
11            if not root.left and not root.right:
12                return path_sum == self.target_sum
13            # 往左右兩節點繼續做遞迴
14            left_path = recursive(root.left, path_sum)
15            right_path = recursive(root.right, path_sum)
16            return left_path or right_path
17
18        return recursive(root, 0)
```

複雜度分析：本題的時間複雜度 O(n)，因為每一個節點都需要拜訪過，而空間複雜度為遞迴的深度，即為其樹的高度，而由於它是二元樹，所以最糟的狀況會像是傾斜樹，複雜度會到 O(n)，但平均來說為 O(log(n))。

本題學習：大部分樹的題型，都可以利用遞迴法來解，而如果有些題目看似要將樹轉成圖的題型，像是找樹的直徑等，通常都不需要真的做資料結構的轉換，而是可以利用遞迴法來解。

建議練習題目：

100. Same Tree

104. Maximum Depth of Binary Tree

112. Path Sum

617. Merge Two Binary Trees

701. Insert into a Binary Search Tree

13.2.7 堆（Heap）

堆是一種特殊的樹結構，通常用於實作優先佇列（priority queue）。在堆中，節點的值必須滿足一定的順序性條件，這些條件主要分為最大堆和最小堆兩種。

在最大堆中，每個節點的值都大於或等於其子節點的值，因此最大值位於根節點。相對地，在最小堆中，每個節點的值都小於或等於其子節點的值，因此最小值位於根節點。這種結構使得堆特別適合用來實作優先佇列，因為我們可以在對數時間內找到並刪除最大或最小值。

如果題目要求找第 k 大或第 k 小的數，就很適合用堆來處理，因為相比於先排序後再找到第 k 大或第 k 小的數，用堆來處理時間複雜度能夠更低。

215. Kth Largest Element in an Array

原文

Given an integer array nums and an integer k, return the kth largest element in the array.

Note that it is the kth largest element in the sorted order, not the kth distinct element. Can you solve it without sorting?

中文翻譯

> 給定一個整數陣列 nums 和一個整數 k，返回陣列中第 k 大的元素。
>
> 注意，它是排序順序中的第 k 大元素，而不是第 k 個不同的元素。你能在不排序的情況下解決它嗎？

輸入、輸出範例

Example 1:

```
Input: nums = [3,2,1,5,6,4], k = 2
Output: 5
```

Example 2:

```
Input: nums = [3,2,3,1,2,4,5,5,6], k = 4
Output: 4
```

限制

- 1 <= k <= nums.length <= 10^5
- -10^4 <= nums[i] <= 10^4

思考路徑：一個很直觀的做法，是先將輸入的陣列做排序，但題目要求不能利用排序來解題，因此本題可以用兩種常見的做法，第一種是用堆、第二種是用快速選擇（quick select）。

選擇做法：堆的操作有兩種做法，第一種做法，是將陣列中所有的數字建立成堆，再透過 pop 操作進行 k 次（如圖 13.2.22 所示）。這樣做的好處在於程式碼簡單，而且當陣列長度 n 遠大於 k 時，速度會較快，時間複雜度為 O(klog(n))。而第二種做法是，每一次只維護長度為 k 的堆，超出長度的話就將多出來的節點直接 pop 掉，這樣做的好處在於當陣列長度 n 遠小於 k 時速度會較快，時間複雜度為 O(nlog(k))。要用哪一種取決於 k 與 n 的關係，而兩者的差別不大，挑一種學習即可。

如果 nums = [3, 2, 1, 5, 6, 4]

建立 maxHeap

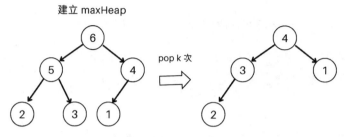

▲ 圖 13.2.22　堆的操作

實際解題：程式碼所採用的版本是第一種，直接將陣列 nums 建立成堆的形式，再 pop k 次得到結果；要注意的地方是，在 Python 中的 heapq 套件在執行 heapify 時，只能建立最小堆（min heap），因此若要建立最大堆（max heap）則需要將所有數字乘上負號後用最小堆來建立。

```
1    def findKthLargest(nums, k):
2        nums = [-n for n in nums] # 每個元素乘上負號
3        heapq.heapify(nums)        # 做最小堆
4        while k > 0:        # 執行 pop k 次
5            min_num = heapq.heappop(nums)
6            k -= 1
7        return -min_num
```

複雜度分析：時間複雜度為 O(klog(n))，因為每一次移除掉一個數字時，堆會需要重新調整，而其調整的時間為樹的高度 log(n)，總共要進行 k 次操作；而其空間複雜度為 O(n)，因為一口氣將 n 個節點建立堆。

優化分析：而除了用堆可以處理第 k 大或第 k 小的數以外，另一個常見的做法為快速選擇，快速選擇的邏輯和快速搜尋很類似，如圖 13.2.23 所示。題目為：「如果有一個長度為 101 的陣列 nums，請問第 60 大的數字為何？」如果今天我們可以知道數字 50 可以將這個陣列一分為二，前半段的數字都比 50 還要大、而後半段的數字都比 50 還要小，那麼第 60 大的數字就一定在後半段。

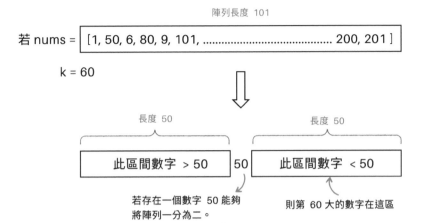

▲ 圖 13.2.23　快速選擇的底層邏輯

程式碼如下，其程式碼分成兩大部分，第一部分為 partition，這部分和快速搜尋
（quick search）相同，隨意挑一個數字作為分割陣列的數字，稱之為 pivot，並比較
每一個數字與 pivot 之間的關係，最後回傳這一分為二的索引值；第二部分為 while
迴圈，直到找到第 k 大的數為止，否則就不斷地將陣列做切分。

```
1    def findKthLargest(nums, k):
2        # 利用 nums[left] 將 nums 來分成兩半，並回傳索引位置
3        def partition(nums, left, right):
4            pivot = nums[left]
5            i, j = left + 1, right
6
7            while i <= j:
8                if nums[i] < pivot and pivot < nums[j]:
9                    nums[i], nums[j] = nums[j], nums[i]
10                   i += 1
11                   j -= 1
12               else:
13                   if nums[i] >= pivot:
14                       i += 1
15                   if pivot >= nums[j]:
16                       j -= 1
17           nums[left], nums[j] = nums[j], nums[left]
```

```
18              return j
19
20      left, right = 0, len(nums) - 1
21      pivot_index = len(nums)
22
23      while pivot_index != k - 1:
24          pivot_index = partition(nums, left, right)
25          # 如果 k 在 pivot 切下去的右半區
26          if pivot_index < k - 1:
27              left = pivot_index + 1
28          # 如果 k 在 pivot 切下去的左半區
29          else:
30              right = pivot_index - 1
31
32      return nums[k - 1]
```

而快速選擇針對以上的程式碼可以知道，每一次都可以縮小一半做運算，實際要運算的量為 n + n/2 + n/4 +... < = 2n，因此複雜度為 O(n)，而其空間複雜度為 O(1)，因為沒有用到其他額外的空間。

本題學習：藉由本題可以知道，求第 k 大或 k 小的數有兩種做法，而通常至少要能實作出用堆的做法，而快速選擇的做法則是盡可能地學起來，畢竟這個方法的複雜度較低，很有可能被要求實作。

建議練習題目：

23. Merge k Sorted Lists

215. Kth Largest Element in an Array

347. Top K Frequent Elements

692. Top K Frequent Words

1229. Meeting Scheduler

13.2.8 圖（Graph）

圖的題型很多元，而且也算是比較複雜的資料結構，而過去我們在資料結構與演算法課本當中，學到了很多知名的演算法，想起來都覺得可怕，但其實實際上在考白板題時，出題的機率比較低。而我們建議準備的方法是，千萬不要死背演算法，而是盡量去理解其底層邏輯，才有辦法在面試當下與面試官侃侃而談。

首先要先了解圖的特性，圖有一個最重要的特性，就是度（degree），因為不像是鏈結串列，一定只有一個指標可以指向節點，或者被指向。圖會有多個節點同時指向同一個節點，也會有一個節點指向多個節點的狀況，如圖 13.2.24 所示。

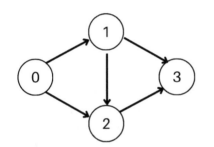

節點編號	In-Degree	Out-Degree
0	0	2
1	1	2
2	2	1
3	2	0

▲ 圖 13.2.24　入度與出度的計算

入度（in-degree）表示有多少個節點指標指向自己，而出度（out-degree）則反過來表示有多少指標指向其他節點，而介紹完「度」的概念後，就能夠看到下面這一題。

207. Course Schedule

原文

There are a total of numCourses courses you have to take, labeled from 0 to numCourses - 1. You are given an array prerequisites where prerequisites[i] = [ai, bi] indicates that you must take course bi first if you want to take course ai.

- For example, the pair [0, 1], indicates that to take course 0 you have to first take course 1.

Return true if you can finish all courses. Otherwise, return false.

中文翻譯

總共有從 0 到 numCourses - 1 標記的 numCourses 個課程需要修讀。你會獲得一個陣列 prerequisites，其中 prerequisites[i] = [ai, bi] 表示如果你想修讀課程 ai，你必須先修讀課程 bi。

- 例如，配對 [0, 1] 表示要修課程 0，你必須先修課程 1。

如果你能修完所有課程，則返回 true；否則，返回 false。

輸入、輸出範例

```
Input: numCourses = 3, prerequisites
= [[1,0],[2,0],[1,2]]
Output: true
```

限制

- 1 <= numCourses <= 2000
- 0 <= prerequisites.length <= 5000
- prerequisites[i].length == 2
- 0 <= ai, bi < numCourses
- All the pairs prerequisites[i] are unique.

思考路徑：面對圖的題型，首先要想的事情是，我要怎麼將圖的資訊存起來。通常會利用雜湊表的方式，去對應每一個節點所連接出去的節點，用雜湊表的好處在於可以用 O(1) 的時間複雜度找到對應的邊，而且也不用像是用二維陣列來儲存邊的資訊，如果邊過少會成為一個稀疏矩陣，導致空間浪費。

而思考完怎麼儲存節點與邊的資訊後，就可以開始執行演算法，而本題如果要能夠把所有課修完，就需要判斷它有沒有環路，而沒有環路的一個前提，就是必定會找到一個入度為零的節點，從該節點開始做拜訪，拜訪完後，將它以及它所連結的邊都刪除，就又可以再找到一個入度為零的邊，如圖 13.2.25 所示，如果所有的節點都能夠被順利拜訪完，代表可以修完所有的課。

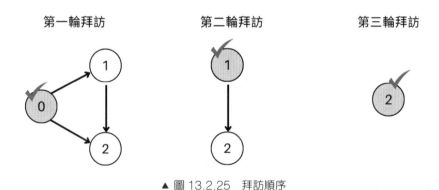

▲ 圖 13.2.25 拜訪順序

選擇做法：以上的做法，是一個經典的演算法，稱為拓撲排序（topological sort），這類型題目需為有向無環圖（directed acyclic graph, DAG），每一次的操作需要先從入度為 0 的節點開始拜訪，直到每一個節點都被拜訪完。

實際解題：其中演算法部分，每一次從佇列中取出節點做拜訪，並將其對應的邊刪除，最後再將入度為零的新節點放入佇列當中。

```
1   def canFinish(numCourses, prerequisites):
2       indegree = collections.defaultdict(int)
3       graph = collections.defaultdict(list)
4       # 利用雜湊表將點與邊的資訊做儲存
5       for (shoot_in, shoot_out) in prerequisites:
```

```
6            graph[shoot_out].append(shoot_in)
7            indegree[shoot_in] += 1
8     # 將入度為零的節點放到佇列當中
9     queue = deque()
10    for i in range(numCourses):
11        if indegree[i] == 0:
12            queue.append(i)
13    # 演算法部分
14    visited_count = 0
15    while queue:
16        node = queue.popleft()
17        visited_count += 1
18        # 將拜訪節點所指向的其他節點，入度減去 1
19        for neighbor in graph[node]:
20            indegree[neighbor] -= 1
21            # 如果又有入度為 0 的節點，代表其可拜訪
22            if indegree[neighbor] == 0:
23                queue.append(neighbor)
24
25    return visited_count == numCourses
```

複雜度分析：時間複雜度為 O(m + n)，其中 m 為所有的邊數量、n 為節點數量；空間複雜度同樣為 O(m + n)，因為需要將所有資訊存入到雜湊表當中。

本題學習：藉由這題了解圖的資訊儲存方法，並且學會拓撲排序的做法，而通常圖的題型都可以搭配 BFS 或 DFS 來解決，因此不用去背那些經典的演算法，而是要去搞懂背後的邏輯即可。

建議練習題目：

133. Clone Graph

210. Course Schedule II

269. Alien Dictionary 886. Possible Bipartition

997. Find the Town Judge

14

演算法

◈ 14.1 演算法的類型

上一章看完資料結構後，我們知道資料結構可以從儲存記憶體的方式來做特性上的區分，而在演算法的底層，我們建議回到使用迭代法或者遞迴法來看，因為一個演算法要能夠成立，除了儲存資料的資料結構以外，還包含了中間的判斷式、迴圈等，這些邏輯性元件扮演了重要的角色。

14.1.1 常考的演算法

1. 深度優先搜尋（Depth First Search, DFS）

- 說明：DFS 是一種用於遍歷、搜索樹或圖的演算法。它從一個節點出發，探索盡可能深的分支，直到達到末端。
- 特點：遞迴或使用堆疊實作、適合搜索深度未知的問題。
- 適用場景：圖的遍歷、判斷路徑是否存在、解決迷宮、連通性問題。

2. 回溯法（Backtracking）

- 說明：回溯法是透過試錯來解決問題的演算法，它嘗試分步解決一個問題，如果發現當前選擇並不是最佳的，則取消上一步甚至是幾步的計算，再透過其他可能的路徑重新嘗試解決問題，通常用於排列、組合、集合等題型。
- 特點：試探性搜索解空間、可以解決所有可能的排列和組合問題。
- 適用場景：八皇后問題、數獨、字符串排列、組合總和、子集生成、解迷問題。

3. 動態規劃（Dynamic Programming）

- 說明：動態規劃是一種透過將問題分解為較小的子問題並儲存已解決的子問題（避免重複計算）來解決問題的方法。
- 特點：適合重複子問題的場景、通常使用表格儲存中間結果。
- 適用場景：最短路徑、最長子序列、背包問題、股票買賣、解析字符串、拼寫檢查。

4. 分治法（Divide and Conquer）

- 說明：分治法會將問題分成幾個小部分，單獨解決每部分問題，然後將解決方案組合起來解決原始問題。
- 特點：遞迴實作、適合問題可以自然分解的場景。
- 適用場景：快速排序、合併排序、最近點對、矩陣乘法、解決大數據問題。

5. 排序（Sorting）

- 說明：排序演算法將元素按指定順序（通常為升冪或降冪）重新排列。常見的排序演算法包括快速排序、合併排序和氣泡排序等。
- 特點：有多種排序的演算法，建議每種演算法都可以稍微了解。
- 適用場景：除了排序的題型以外，通常應用在資料的前處理，像是先將資料排序完後，再做二分法等。

6. 廣度優先搜尋（Breadth First Search, BFS）

- 說明：BFS 是從根節點開始，一層層向外擴展的圖或樹的遍歷演算法，通常用於找到從根節點到目標節點的最短路徑。
- 特點：使用佇列實作、適合搜索最短路徑問題。
- 適用場景：最短路徑搜索、層次遍歷、解決迷宮、社交網路中的最短路徑問題。

7. 雙指針（Two Pointers）

- 說明：使用兩個指針在資料結構（如陣列或鏈結串列）中以不同的策略移動，又可細分成左右型雙指針以及快慢型雙指針。
- 特點：是一個加速的手段，通常可以在 O(n) 的時間複雜度完成。
- 適用場景：查找兩數之和問題、判斷回文串、移動零或排序顏色等問題。

8. 滑動窗口（Sliding Window）

- 說明：滑動窗口是一種用於建立固定大小窗口的技術，透過此窗口在一定範圍的資料結構上滑動，以執行如最大／最小值計算等操作。

- 特點：是雙指針的特殊型，會是將雙指針運用在陣列的類型。通常也可以在 O(n) 的時間複雜度完成。
- 適用場景：最長無重複子串、最小覆蓋子串、最大平均數子陣列等問題。

9. 前綴和（Prefix Sum）

- 說明：前綴和是一種預處理技巧，可以快速計算陣列中任意區間的和。它首先計算一個累加和的陣列，然後可以在常數時間內解答範圍和的查詢。
- 特點：預處理時間複雜度為 O(n)，查詢時間為 O(1)、適合頻繁範圍查詢的場景。
- 適用場景：大量範圍求和問題、子陣列和為定值的問題、2D 範圍求和等問題。

10. 二分法（Binary Search）

- 說明：二分法是一種在有序陣列中查找極值的高效演算法。透過不斷將搜索範圍分成兩半來確定極值的位置。
- 特點：時間複雜度為 O(log n)、要求資料結構有序。
- 適用場景：查找特定元素或插入位置、求數據的平方根、解決各類查找問題，如旋轉排序陣列中的最小值。

11. 貪婪法（Greedy）

- 說明：貪婪法在每一步選擇中都採取當前看起來最好的選擇，希望透過局部最優選擇來達到全局最優。
- 特點：每一步做出局部最優選擇、不保證全局最優，但某些問題可以證明其正確性。
- 適用場景：活動選擇、赫夫曼編碼、最短路徑（如 Dijkstra 演算法）、貨幣找零問題。

雖然說分成以上這些演算法，但演算法彼此之間並不是互斥的，而是為了解決某個問題被發明出來，我們也整理了演算法模板提供大家參考：

https://reurl.cc/A2k3zZ。

14.1.2 演算法的練習路徑

推薦大家練習的順序如圖 14.1.1 所示：

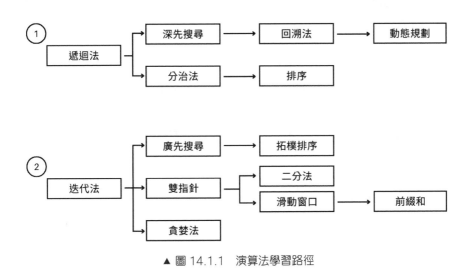

▲ 圖 14.1.1　演算法學習路徑

遞迴法路徑

深度優先搜尋

深度優先搜尋是一種遍歷或搜尋圖或樹的演算法，會沿著樹或圖的某一條分支深入到底，再回到上一層繼續搜尋另一條分支。這通常會利用遞迴法來實作。

學習重點：

- 遞迴的基本應用：理解遞迴如何在圖或樹中進行深入的搜尋。
- 終止條件：學會設置遞迴終止條件，避免無限遞迴。
- 函式輸出要求：根據不同的題目需求，靈活設計輸出的格式，如路徑、訪問順序等。

例題：

> 遍歷二叉樹、解決迷宮問題、尋找所有路徑等。

回溯法

回溯法是一種基於深度優先搜尋的演算法,通常在搜索過程中嘗試各種可能性,並在遇到不合適的解時回溯到上一層進行其他選擇。這種方法適合解決排列、組合、集合等問題。

學習重點:

- 結果累加與撤銷:在遞迴過程中,學會將當前選擇加入結果集,並在遞迴返回時撤銷該選擇。
- 適用場景:理解回溯法如何展開所有可能性,因此特別適合暴力解法。

例題:

解決排列問題、組合問題、集合問題、數獨解法等。

動態規劃

動態規劃是將問題拆解為更小的子問題,並利用遞迴法來解決這些子問題,但與普通遞迴不同的是,它會記錄已經計算過的結果(記憶化),以避免重複計算,從而提高效率;而動態規劃也可以用迭代法來處理,又稱為製表法(tabulation),建議讀者可以先從遞迴法來思考會更加直觀。

學習重點:

- 子問題的重疊性:理解動態規劃如何利用已解決的子問題來加快後續計算。
- 記憶化:學會使用記憶化技術來快取已計算的結果。
- 迭代與製表法:在有些情況下,用迭代法和製表法來實作動態規劃更高效。

例題:

斐波那契數列、背包問題、最短路徑問題、最大子序列和等。

分治法

分治法是一種將問題遞迴地分解成更小的子問題，解決這些子問題後再合併它們的結果來得到最終解答的策略。分治法利用遞迴將問題拆解到最小，然後解決，最後合併結果。

學習重點：

- 問題拆解：理解如何將一個大問題分解成更小的子問題。
- 結果合併：學會將各個子問題的結果整合成最終答案。

例題：

> 快速排序、合併排序、最近點對問題、二分搜尋等。

排序

在遞迴學習路徑中，排序演算法（特別是快速排序和合併排序）是非常重要的，因為它們都運用了分治法的概念。這些排序演算法既是分治法的經典應用，也是遞迴演算法中最常見的題型之一。

學習重點：

- 快速排序：理解如何選擇基準點並將陣列分成小於和大於基準點的兩部分，然後遞迴地排序這兩部分。
- 合併排序：學會將陣列分成兩半，遞迴地對每一半進行排序，最後合併這兩半得到排序好的陣列。

例題：

> 快速排序的實作、合併排序的實作、複雜資料結構中的排序問題。

■ 迭代法路徑

廣度優先搜尋

廣度優先搜尋是一種遍歷或搜尋樹或圖的演算法,會從根節點開始,逐層向外擴展,直到找到目標或遍歷完所有節點。通常會利用迭代法搭配佇列來實作。

學習重點:

- 佇列的應用:理解佇列如何用來實作逐層的節點擴展。
- 搜尋策略:學會如何在每一層遍歷的過程中,將下一層的節點加入佇列,直至所有節點被訪問。
- 適用場景:適用於最短路徑搜索、圖的遍歷、迷宮問題等。

例題:

> 迷宮的最短路徑問題、二叉樹的層序遍歷、圖的遍歷。

拓撲演算法

拓撲排序是一種將圖中的節點進行排序的演算法,通常用於有向無環圖(DAG)。拓撲排序運用廣度優先搜尋(BFS),但多做了一步,必須去計算每個節點的入度(in-degree)。從入度為零的節點開始執行,並逐步移除它及其邊,直到所有節點排序完成。

學習重點:

- 入度計算:學會計算並更新每個節點的入度。
- 排序過程:理解如何在移除節點的同時更新其他節點的入度,並保證拓撲排序的正確性。
- 應用場景:適用於任務調度、依賴解析、課程安排等。

例題:

> 任務調度問題、課程安排問題。

雙指針

雙指針技巧是指在遍歷結構（如陣列或鏈結串列）時，使用兩個指針同時操作。常見的有快慢指針（如在鏈結串列中找中點）和左右指針（如在陣列中進行二分搜索或解決區間問題）。雙指針技術通常利用迭代法來實作，且常用於處理線性結構的問題。

學習重點：

- 快慢指針：理解如何利用快慢指針來解決鏈結串列中的環檢測或找到中點。
- 左右指針：學會如何在排序陣列中使用左右指針來進行二分搜索或雙指針滑動。
- 適用場景：適用於鏈結串列的環檢測問題、二分搜索問題、子序列或區間問題等。

例題：

> 鏈結串列中找中點、陣列中的二分搜索。

二分法

二分搜尋法是一種高效的搜尋演算法，適用於已排序的陣列或序列。透過不斷調整左右指針的位置，找到中心位置，將搜尋範圍一分為二，逐步縮小範圍，直到找到目標或範圍無法再縮小。

學習重點：

- 核心概念：理解每次搜尋如何排除掉一半的資料，從而大大減少搜尋時間。
- 指針移動：學會如何根據中點的比較結果來移動指針，並縮小搜尋範圍。
- 適用場景：適用於搜尋已排序的資料、解決數字範圍問題、求解根號等。

例題：

> 標準二分搜索、查找插入位置、求極值問題。

滑動窗口

滑動窗口是一種在線性結構（如陣列或字串）中進行操作的技術，透過維持一個窗口（由雙指針定義）來檢查或計算其內部元素，並隨著窗口的移動來處理整個資料結構。

學習重點：

- 窗口擴展與收縮：理解何時需要擴大或縮小窗口，並根據題目需求來決定窗口的擴展或收縮條件。
- 狀態維護：學會如何在滑動窗口內部維護狀態（如當前窗口內的總和、最小值或最大值等）。
- 適用場景：適用於最大子陣列問題、最小窗口子字串問題、滑動平均值問題等。

例題：

求解固定大小窗口內的最大值、最長無重複子串問題。

前綴和

前綴和技術是透過預先計算一個前綴和陣列來加速後續查詢的過程。這種技術特別適用於多次查詢或需要快速計算子陣列和的問題。

學習重點：

- 前綴和陣列的建立：理解如何透過累積和來建立前綴和陣列。
- 查詢優化：學會利用前綴和陣列來快速查詢子陣列和，而不需要每次從頭累計。
- 適用場景：適用於多次查詢子陣列和、區間和問題等。

例題：

子陣列和問題、區間查詢問題。

貪婪法

貪婪演算法是一種在每一步都選擇當前最優解的策略，希望透過這些局部最優解來建立全局最優解。貪婪演算法通常利用迭代法來實作，並且可能搭配各種資料結構如堆、堆疊等。

學習重點：

- 局部最優決策：理解如何在每一步選擇局部最優解，以建立整體解決方案。
- 適用性：學會識別哪些問題適合使用貪婪演算法來解決，並了解其侷限性。
- 搭配資料結構：熟悉貪婪演算法常用的資料結構，如堆疊、堆、優先佇列等。

例題：

> 活動選擇問題、最小生成樹、霍夫曼編碼等。

◈ 14.2 演算法的概念與解題

我們這邊會針對每一個演算法介紹一題，而我們都可以藉由這題去了解背後的思考方式，而這些思考方式是可以帶著走的，而且也不僅限於題目本身，建議讀者在閱讀的時候，可以先試著自己思考看看，藉此可以加深印象。

▋ 14.2.1 深度優先搜尋（Depth First Search, DFS）

深度優先搜尋的題型通常都是要遍歷或拜訪完所有節點的題型，而涉及的資料結構從二維陣列、鏈結串列、樹、圖都是有可能的，但它的概念並不困難，其核心在於盡可能地用遞迴往鄰近的節點去做拜訪，可以參考以下模板：

```
1   def dfs(node, visited, graph):
2       if (不滿足拜訪條件) or (node in visited):
3           return  # 如果節點已被訪問，則返回
4
5       visited.add(node)  # 標記此節點為已訪問
```

```
6
7          # 遍歷所有鄰接節點
8          for neighbor in graph[node]:
9              if neighbor not in visited:
10                 dfs(neighbor, visited, graph)
```

深度優先搜尋會將拜訪過的節點做狀態更新，而此**更新會不可逆，表示上層一旦更新狀態，下層看到的節點狀態是更新後的狀態**，這樣的做法可以避免重複拜訪，而可能有些題目像是樹的題型，本身就不會有重複拜訪的狀況，就不需要做狀態管理。接下來，藉由下面這題，來學習深度優先搜尋的概念。

1020. Number of Enclaves

原文

You are given an m x n binary matrix grid, where 0 represents a sea cell and 1 represents a land cell.

A move consists of walking from one land cell to another adjacent (4-directionally) land cell or walking off the boundary of the grid.

Return the number of land cells in grid for which we cannot walk off the boundary of the grid in any number of moves.

中文翻譯

您被給定一個 m x n 的二進制矩陣 grid，其中 0 代表海洋單元格，1 代表陸地單元格。

一次移動包括從一個陸地單元格走到另一個相鄰的（四方向的）陸地單元格，或走出網格的邊界。

返回 grid 中無法在任何次數的移動中走出網格邊界的陸地單元格數量。

輸入、輸出範例

Example 1:

```
Input: grid = [[0,0,0,0],[1,0,1,0],
[0,1,1,0],[0,0,0,0]]
Output: 3
```

限制

- m == grid.length
- n == grid[i].length
- 1 <= m, n <= 500
- grid[i][j] is either 0 or 1.

0	0	0	0
1	0	1	0
0	1	1	0
0	0	0	0

▲ 圖 14.2.1　Example 1 示意圖

看到題目時，可以先大概評估一下它的複雜度，以本題為例，因為每一個索引都需要拜訪過，才能知道答案，所以時間複雜度最低為 $O(n^2)$，而這題難的點在於，在拜訪每一節點時，怎麼知道每個節點之間是否連通。也就是說遞迴在進行的時候，如何不丟失上一層的狀態，是這題的關鍵。

思考路徑：拿起一支筆和一張紙，然後把 input 和 output 畫在上面，這時候看著紙上的輸入，問問看自己這些 1 和輸出 output 之間的關聯為何？如圖所示。我們可能回得到以下兩種結論：

1. 被 0 包圍且不能碰到邊的 1 個數總和，就會得到答案。
2. 把碰到邊的 1 全部轉成 0，最後計算剩下來 1 的總數，就會是答案。

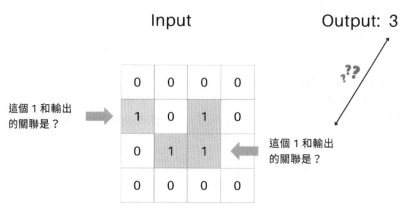

▲ 圖 14.2.2　題目試跑

選擇做法：在思考的過程當中，可能會得到很多種規律或發現，但在挑選時要注意哪一種是比較容易實作的。以上面思考路徑的第一種為例，在腦中可以大概想一下可能做法，像是用掃過二維陣列，如果發現是 1，就以它為中心展開做 DFS，在遞迴的過程如果碰到邊，就要回傳 False，碰到 0 就要回傳 True，如果四個面都回傳 True，則代表示合法，如圖 14.2.3 以及圖 14.2.4 所示。

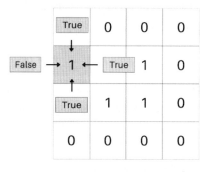

▲ 圖 14.2.3　題目試跑

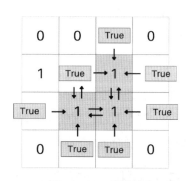

▲ 圖 14.2.4　題目試跑

而這樣做有一個最大的問題，就是遇到 1 的時候，會不知道怎麼處理，而且因為深度優先搜尋會向四個方向展開，因此在兩個 1 之間會有重複性的問題需要做狀態管理，因此腦中想像起來會不容易處理。

因此選擇用第二種做法是更容易的，因為可以從靠近邊為 1 的節點往外做 DFS，並將連接到的節點全都更新為零，就不會有重複的問題，如圖 14.2.5 所示，可以看到四個邊有一個 1 的位置，由它往外去做 DFS，並將自己更新為零，最後再去統計此二維陣列所有 1 的總數即為答案。

若邊為 1 則由它去展開深先搜尋，並將自己更新為 0。 ←

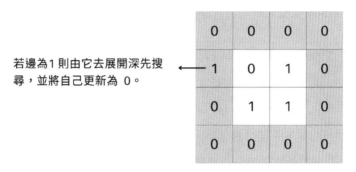

▲ 圖 14.2.5　題目試跑

實際解題：接下來我們可以來看一下方法二的程式碼，dfs 函式（第 2 至 8 行）會往四個方向做探索，如果其數值為 1，則將其改為 0；而剩下的第 10 至 15 行，就是針對靠近邊的索引值做 dfs。這樣就能夠實作剛剛上面的第二種想法，比第一種更為簡單。

```
1   def numEnclaves(grid: List[List[int]]) -> int:
2       def dfs(x, y):
3           # 若超出邊界或為 0 則直接返回
4           if x < 0 or y < 0 or x >= len(grid) or y >=
                    len(grid[0]) or grid[x][y] == 0:
5               return
6
7           grid[x][y] = 0 # 更新狀態
8           # 往四個方向做遞迴
9           for dx, dy in [(-1, 0), (1, 0), (0, 1), (0, -1)]:
10              dfs(x + dx, y + dy)
11
12      m = len(grid)
13      n = len(grid[0])
```

```
14        for i in range(m):
15            for j in range(n):
16                # 如果是在邊上的 1 就去做遞迴
17                if grid[i][j] == 1 and (i == 0 or j == 0 or
                       i == m - 1 or j == n - 1):
18                    dfs(i, j)
19        return sum(sum(row) for row in grid)
```

複雜度分析：本題的時間複雜度為 O(m * n)，其中 m 為長、n 為寬，因為每一個節點均需拜訪，而空間複雜度也為 O(m * n)，因為在最糟的狀況下，遞迴深度有可能來到 m * n 階層（全部都是 1 時）。

本題學習：DFS 在往下一層做探索時，要注意狀態管理的問題，要避免同樣的節點被重複拜訪，而本題剛好利用二維陣列將 1 改為 0 作為狀態管理的手段，否則可能需要額外使用雜湊表來做狀態管理。

建議練習題目：

二維陣列：

130. Surrounded Regions

200. Number of Islands

329. Longest Increasing Path in a Matrix

417. Pacific Atlantic Water Flow

樹：

98. Validate Binary Search Tree

124. Binary Tree Maximum Path Sum

230. Kth Smallest Element in a BST

235. Lowest Common Ancestor of a Binary Search Tree

1245. Tree Diameter

▌14.2.2 回溯法（Backtracking）

回溯法是深度搜尋的延伸，差別在於狀態管理的方式以及最後輸出的結果有所差異，而回溯法的時間複雜度是最糟糕的，盡可能地避免使用此演算法。而此演算法的題目特徵是：「陳列出所有可能性」，所以像是排列、組合、集合的題型，就很適合使用回溯法；而如果是「總共有幾種可能性」，千萬不要用回溯法陳列完所有可能再去算長度，反倒是可以用動態規劃來解決。

在學習回溯法的時候，建議可以從深度優先搜尋開始學習。我們可以比較兩個模板之間的差異，可以從回溯法的模板發現有一個最大的差異，就是狀態更新的差別，在深度搜尋當中，通常每一個節點只能經過一次；而回溯法則可以多次經過，所以狀態更新不能全域的更新，而是只針對下一層做狀態更新的傳遞。

```
1   results = []
2
3   def backtrack(path, choices):
4       if (path 滿足條件):
5           results.append(path)
6           return
7
8       for choice in choices:
9           if is_valid_choice(choice, path):
10              path.append(choice)
11              backtrack(path, choices - {choice})
12              path.pop()   # 回溯
```

如同程式碼的第 8 行狀態更新完後，會在第 9 行往下一層遞迴做傳遞，而第 10 行又把狀態更新回來，確保下一輪迴圈此節點又能夠被使用，我們可以透過下面這題來看實際題目。

46. Permutations

原文

Given an array nums of distinct integers, return all the possible permutations. You can return the answer in any order.

中文翻譯

給定一個包含不重複整數的陣列 nums，返回所有可能的排列。你可以以任何順序返回答案。

輸入、輸出範例

Example 1:

```
Input: nums = [1,2,3]
Output:[[1,2,3],[1,3,2],[2,1,3],
[2,3,1],[3,1,2],[3,2,1]]
```

限制

- 1 <= nums.length <= 6
- -10 <= nums[i] <= 10
- All the integers of nums are unique.

思考路徑：以 3 個數字做排列來看，第一個位置有三種選擇、第二個位置有兩種選擇、第三個位置只剩一個選擇，因此可以進一步的畫成一個決策樹（decision tree）如圖 14.2.6 所示，從根節點來看，一個路徑都還沒選擇時 path 為空陣列；而當下有三種選擇可以選，也就是 choices 有 1、2 或 3 可以選擇。假如選擇了 1，那就會往左邊走，此時 path 為 [1]，而剩下的 choices 選擇剩下 2 或 3 以此類推，直到沒有任何選擇為止。

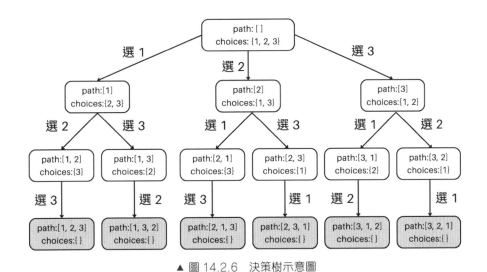

▲ 圖 14.2.6　決策樹示意圖

選擇做法：從圖 14.2.6 可以知道，我們可以利用回溯法來解決類似的問題，因為回溯法可以把所有的可能性全部都展開。

實際解題：可以直接套用模板，但要注意兩件事情，首先第 11 以及第 13 行可以知道，choices 本身是 set，因此可以利用「減」的操作，將選用的數字直接從 choices 當中刪除；再來是第 6 行，要用 path[:] 而非 path 的原因在於，Python 在傳遞陣列時僅只是引用，而非拷貝出來，因此若不用拷貝的方式添加到 results 當中，最後會得到一個空的陣列。

```
1    def permute(self, nums: List[int]) -> List[List[int]]:
2        results = []
3
4        def backtrack(path, choices):
5            if len(path) == len(nums):
6                results.append(path[:])   # 拷貝路徑結果
7                return
8
9        for choice in choices:
10            path.append(choice)      # 更新路徑狀態
11            backtrack(path, choices - {choice})
12            path.pop()               # 回溯
```

```
13        backtrack([], set(nums))
14        return results
```

複雜度分析：從圖 14.2.6 可以知道，回溯法需要去展開所有的可能，因此時間複雜度極高，以本題為例，所有葉子節點有 n! 個，每一個 path 長度為 n，所以拷貝時需要耗時 O(n)，因此時間複雜度為 O(n * n!)，因此再決定選用回溯法時應該要小心，因為是個效率極低的做法；而其空間複雜度如果只計算遞迴的深度為 O(n)。

本題學習：利用決策樹的方式，可以有效地幫助我們視覺化題目，讓我們更能夠知道遞迴之間的關係以及要傳遞哪些變數；此外，我們也學習了回溯法的實踐方法。

建議練習題目：

排列：

47. Permutations II

784. Letter Case Permutation 679. 24 Game

組合：

77. Combinations

Combination Sum

Combination Sum II

216. Combination Sum III

集合：

78. Subsets

90. Subsets II

其他：

22. Generate Parentheses

N-Queens

N-Queens II

▍14.2.3 動態規劃（**Dynamic Programming**）

動態規劃是大家最害怕的題型之一，因為通常很難從題目當中判斷可能是動態規劃的題型，而動態規劃大致可以分成幾種題型：「完全背包問題（可重複取）」、「0/1 背包問題」、「狀態相關問題」、「字串類型」。

動態規劃的題型有以下特徵：

最佳子結構（Optimal Substructure）

- 問題的最優解包含了其子問題的最優解。換句話說，一個問題的最佳解決方案可以從其子問題的最佳解決方案建立出來。例如，在求最短路徑問題中，一條路徑的最短路徑包含了從起點到終點途徑點的最短路徑。

重疊子問題（Overlapping Subproblem）

- 問題可以分解為重複解決的子問題，而不是生成新的子問題。在傳統的遞迴解法中，這些子問題會被重複計算多次，導致效率低下。動態規劃透過儲存這些子問題的解（通常使用一個表格或記憶體結構），避免了重複計算。

我們以費波那契（Fibonacci）數列為例，其公式為 $F(n) = F(n-1) + F(n-2)$，因此如果要計算 $F(10)$ 的話，就需要計算 $F(9)$ 與 $F(8)$ 後再相加，如果是用遞迴法直接做的話，程式碼如下：

```
1  def F(n: int) -> int:
2      if n <= 1:
3          return n
4      return F(n - 1) + F(n - 2)
```

而這樣做的缺點在於，同樣的節點會重複計算到，舉例來說，F(10) = F(9) + F(8)，而 F(9) = F(8) + F(7)，兩邊雖然同時都有 F(8)，但遞迴的過程並不知道別人已經算過了，因此仍需要去個別計算。因此如果我們如果能加入一個快取機制（利用雜湊表來實作），能夠加快運算，如下方程式碼所示，而這樣的做法又稱為記憶法（memoization），它會建立在遞迴之上做快取。

```
5    cache = {0: 0, 1: 1}
6
7    def F(n: int) -> int:
8        if n in cache:
9            return cache[n]
10       cache[n] = F(n - 1) + F(n - 2)
11       return cache[n]
```

另一種思維是，我們從下至上的建立，也就是說如果要算 F(10)，那我們應該要先從 F(2) 開始做，並將結果存在一個表格當中。如圖 14.2.7 所示，讓迴圈從 0 開始跑，i 每一次跑到的索引的數值 F(i) 都可以用 F(i − 1) 和 F(i − 2) 相加得到答案。而這樣的做法又稱為製表法（tabulation）。

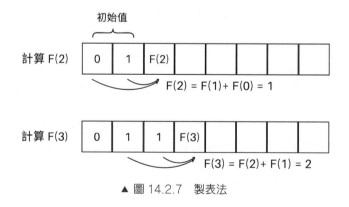

▲ 圖 14.2.7　製表法

從程式碼上來看會寫成如下：

```
1    def F(n: int) -> int:
2        if n <= 1:
```

```
3            return n
4
5        dp = [0] * (n + 1)
6        dp[1] = 1
7        for i in range(2, n + 1):
8            dp[i] = dp[i - 1] + dp[i - 2]
9
10       return dp[n]
```

從上例可以知道，記憶法和製表法都能夠加速和達到目的，但記憶法會有些狀況下
沒辦法輕易地實作，像是記憶法會需要用快取機制去記錄 key 和 value，因此可能
導致在記錄的過程當中導致空間使用量過大。因此通常動態規劃的題型，我們更傾
向於用製表法，但要從題目轉換成製表法，會有一個轉換的過程，也就是我們要找
到它的轉移方程式。

因此，在面對到疑似可能是動態規劃的題型時，需要做以下四個步驟：

1. 判斷題目是不是動態規劃的題型
2. 定義狀態
3. 找到轉移方程式
4. 製表

我們利用以下的題目為範例：

416. Partition Equal Subset Sum

原文

Given an integer array nums, return true if you can partition the array into two
subsets such that the sum of the elements in both subsets is equal or false
otherwise.

中文翻譯

> 給定一個整數陣列 nums，如果你可以將該陣列分割成兩個子集，使得這兩個子集中元素的總和相等，則返回 true，否則返回 false。

輸入、輸出範例

Example 1:

```
Input: nums = [1,5,11,5]
Output: true
Explanation: The array can be partitioned as
[1, 5, 5] and [11].
```

Example 2:

```
Input: nums = [1,2,3,5]
Output: false
Explanation: The array cannot be partitioned
into equal sum subsets.
```

限制

- 1 <= nums.length
  <= 200
- 1 <= nums[i] <= 100

思考路徑：這題用直觀的做法，就是將所有的集合找出來，並去計算是否存在其總和為陣列總和的一半，存在的話就返回 true，但如果是用回溯法的話，其時間複雜度會很高，是一個效率不好的做法；而再觀察一下題目，這題的題型就是 0/1 背包問題的變化版，以輸入輸出的範例一為例，總共長度為 22，則表示有一個背包可以容納 11，如果存在一種組合，可以完全裝滿背包，就代表輸出為 true。

選擇方法：因此可以利用動態規劃，來處理類似的問題，因此我們可以執行動態規劃的四步驟。

- **判斷題目是不是動態規劃的題型**：此問題需要將陣列分割成兩個和相等的子集，這類型的問題具有重疊子問題的特性（重複計算某個和的可能性），而且擁有最優子結構的特性，這是動態規劃解決問題的典型情境。

- **定義狀態**：定義動態規劃表 dp[i] 表示是否可以從陣列中選擇若干數字，使得這些數字的和為 i。因此，dp[subset_sum] 就代表是否可以從陣列中找到一個子集，其元素之和為 subset_sum（即總和的一半）。
- **找到轉移方程式**：遍歷整個陣列，變數為 num，而 dp[i] = dp[i] or dp[i - num] 表示如果選擇 num，則需要回去看 dp[i - num] 的狀態，或者不選擇 num，就必須要看 dp[i] 的狀況。
- **製表**：從陣列的第一個元素開始，逐一更新 dp 表的值。初始化 dp[0] = true（即和為 0 的子集是存在的，就是空集），然後使用兩層迴圈，外層迭代陣列元素，內層從 subset_sum 倒序至 num（這樣可以確保每個數字只被使用一次），根據轉移方程更新 dp 表。

實際解題：將以上的過程寫成程式碼，第 4～5 行能夠優先將總和為奇數的狀況做排除；第 9～10 行會需要將我們的表做初始化，而 dp[0] 為 true，表示空集合的狀況是有可能發生的；第 12～14 行，是在執行製表法從下至上的執行過程。

```python
1    def canPartition(self, nums: List[int]) -> bool:
2        target_sum = sum(nums)
3
4        if target_sum % 2 != 0:
5            return False
6
7    subset_sum = target_sum // 2
8
9    dp =[False] * (subset_sum + 1)
10   dp[0] = True
11
12   for num in nums:
13       for j in range(subset_sum, num - 1, -1):
14           dp[j] = dp[j] or dp[j - num]
15       return dp[-1]
```

複雜度分析：程式碼當中有兩層迴圈，外層為陣列的長度，內層和陣列的總和有關，所以其時間複雜度為 O(n * m)，其中 m 為陣列元素總和；而空間複雜度跟總和有關為 O(m)。

本題學習：動態規劃的題型十分多元與複雜，建議都可以先從基礎的背包問題開始練習，可以利用本題的四步驟，去分析每一道題目，也可以知道自己卡在哪一步再近一步多加練習。

建議練習題目：

完全背包：

62. Unique Paths

63. Unique Paths II

64. Minimum Path Sum

70. Climbing Stairs

91. Decode Ways

322. Coin Change

518. Coin Change II

746. Min Cost Climbing Stairs

0/1 背包：

416. Partition Equal Subset Sum

474. Ones and Zeroes

494. Target Sum

1049. Last Stone Weight II

狀態相關：

152. Maximum Product Subarray

198. House Robber Easy

213. House Robber II

121. Best Time to Buy and Sell Stock

714. Best Time to Buy and Sell Stock with Transaction Fee

字串相關：

16. Longest Palindromic Subsequence

44. Wildcard Matching

72. Edit Distance

97. Interleaving String

115. Distinct Subsequences

1143. Longest Common Subsequence

14.2.4 分治法（Divide and Conquer）

分治法基礎的邏輯就是把題目拆小後一一擊破，最後再合併成大問題的解，而經典的考題就是合併排序法。而基本上 LeetCode 也比較少一定要用分治法來解題的狀況。

148. Sort List

原文

Given the head of a linked list, return the list after sorting it in ascending order.

中文翻譯

給定一個鏈結串列的 head 節點，將其按升序排序後返回該鏈結串列。

輸入、輸出範例

Example 1:

```
Input: head = [4,2,1,3]
Output: [1,2,3,4]
```

Example 2:

```
Input: head = [-1,5,3,4,0]
Output: [-1,0,3,4,5]
```

限制

- The number of nodes in the list is in the range [0, 5 * 10^4].
- -10^5 <= Node.val <= 10^5

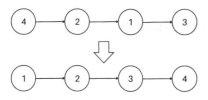

▲ 圖 14.2.8　Example 1 示意圖

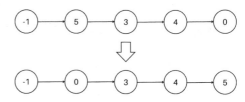

▲ 圖 14.2.9　Example 2 示意圖

思考路徑：這題不僅在考排序而同時考驗對鏈結串列的熟悉程度，因此不能將鏈結串列的值取出來放陣列，再利用 sort 函式來處理。而如果不能這樣處理，就要回到底層的排序算法，而排序中時間複雜度較佳的做法有快速排序和合併排序。

選擇方法：由於鏈結串列會有斷鏈的問題（可能導致指標丟失），要穿插或交換節點也不容易，因此可以選用合併排序，因為合併排序是將鄰近的節點做交換。

實際解題：分治法主要會分成兩個部分，第一部分在於分割，如程式碼第 24～30 行，利用遞迴法不斷地分割鏈結串列，直到終止條件；第二部分是合併，當問題拆到最小時（例如：只剩兩個節點排序），就可以很輕易地比大小做排序。

```
1    class Solution:
2        # 每一次將鏈結串列分一半
3        def get_mid(self, head) -> ListNode:
4            slow = fast = head
5            while fast.next and fast.next.next:
6                slow = slow.next
```

```
7              fast = fast.next.next
8          mid, slow.next = slow.next, None
9          return mid
10     # 將兩鏈結串列做合併排序
11     def merge(self, head1, head2) -> ListNode:
12         curr = dummy = ListNode(-1)
13         while head1 and head2:
14             if head1.val < head2.val:
15                 curr.next = head1
16                 head1.next, head1 = None, head1.next
17             else:
18                 curr.next = head2
19                 head2.next, head2 = None, head2.next
20             curr = curr.next
21         curr.next = head1 or head2
22         return dummy.next
23
24     def sortList(self, head: ListNode) -> ListNode:
25         if not head or not head.next:
26             return head
27         mid = self.get_mid(head)
28         left = self.sortList(head)
29         right = self.sortList(mid)
30         return self.merge(left, right)
```

複雜度分析：在分割時每一次都對半切，因此最多會有 log(n) 層，而每一層在做合併時，需要花費 O(n) 的時間做合併，因此時間複雜度為 O(nlog(n))；而空間複雜度會看到遞迴的深度，也就是層數，因此空間複雜度為 O(log(n))。

本題學習：分治法最難的步驟在於合併，因為分割到最小僅需不斷地遞迴到只剩下一個元素，但是合併就必須依照不同的題目、資料結構另外做處理，而通常也不是這麼容易能夠想到合併的方式。

> **陣列：**
>
> 53. Maximum Subarray
>
> 169. Majority Element
>
> 932. Beautiful Array
>
> 973. K Closest Points to Origin
>
> **樹：**
>
> 108. Convert Sorted Array to Binary Search Tree
>
> 109. Convert Sorted List to Binary Search Tree
>
> 1008. Construct Binary Search Tree from Preorder Traversal

▌14.2.5 排序（Sorting）

直接考排序的狀況並不多，而排序通常也不算是一個演算法，而比較是演算法延伸出來的特例，但這邊會特別拉出來討論，是因為有些排序的演算法有固定的做法，如果沒聽過的話很有可能在白板題會愣在當下。

氣泡排序（Bubble Sort）

- **原理**：透過重複遍歷要排序的數列，每次比較兩個相鄰元素，如果它們的順序錯誤就把它們交換過來。這樣，每遍歷一次，最大的元素就會交換到數列的末端。
- **時間複雜度**：平均和最壞情況下是 $O(n^2)$。
- **優點**：實作簡單。
- **缺點**：效率低，不適合資料量大的情況。

選擇排序（Selection Sort）

- **原理**：選擇排序每次從未排序的部分選取最小（或最大）的元素，放到已排序的序列的末尾。
- **時間複雜度**：不管資料的順序如何，都是 $O(n^2)$。
- **優點**：不依賴於資料的初始排列狀態。

- **缺點**：同樣效率不高，適用於小資料量。

插入排序（Insertion Sort）

- **原理**：每次將一個待排序的元素，插入到已經排序的序列中的適當位置，使得排序後的序列仍然有序。
- **時間複雜度**：平均和最壞情況 $O(n^2)$。
- **優點**：對幾乎已經排序好的資料操作效率高。
- **缺點**：同樣不適合資料量大的情況。

快速排序（Quick Sort）

- **原理**：選擇一個基準值（pivot），將數列分為比基準值小的部分和比基準值大的部分，然後分別對這兩部分繼續進行快速排序。
- **時間複雜度**：平均情況 $O(n\log(n))$，最壞情況 $O(n^2)$。
- **優點**：在平均情況下速度非常快。
- **缺點**：最壞情況下效率不高，且對於小資料集來說可能不如其他簡單的排序演算法。

合併排序（Merge Sort）

- **原理**：採用分治法（divide and conquer）的一種實作。將數列分割成若干子序列，先讓每個子序列有序，再將有序子序列合併。
- **時間複雜度**：所有情況下均為 $O(n\log(n))$。
- **優點**：效率高，穩定性好。
- **缺點**：需要額外的記憶空間。

桶排序（Bucket Sort）

- **原理**：桶排序是一種分布式排序算法，它將元素分布到有限數量的桶子裡。每個桶子再個別排序（通常使用其他排序演算法或以遞迴方式繼續使用桶排序進行排序）。最後，桶內的元素按順序合併成一個有序的數列。
- **時間複雜度**：在最佳情況下，桶排序可以達到 $O(n+k)$ 的時間複雜度，其中 k 是桶的數量。平均和最壞的時間複雜度為 $O(n^2)$，這取決於資料的分布和桶之間分配的均勻性。

- **優點**：當元素均勻分布時，排序非常快。適用於資料範圍不大且易於分割的場景。
- **缺點**：需要額外的記憶空間來存放桶。如果元素分布極端不均，其效率會大大降低，因為某些桶可能會遠比其他桶擁有更多的元素。

建議練習題目：

23. Merge k Sorted Lists

148. Sort List

912. Sort an Array

▍14.2.6 廣度優先搜尋（Breadth First Search, BFS）

廣度優先搜尋的題型通常需要搭配佇列一起使用，因為佇列有先進先出的特性，因此廣度優先搜尋就可以讓先被看到的節點優先被拜訪。廣度優先搜尋的題目很常應用在樹的層序遍歷、圖的搜尋等。

743. Network Delay Time

原文

You are given a network of n nodes, labeled from 1 to n. You are also given times, a list of travel times as directed edges times[i] = (ui, vi, wi), where ui is the source node, vi is the target node, and wi is the time it takes for a signal to travel from source to target.

We will send a signal from a given node k. Return the minimum time it takes for all the n nodes to receive the signal. If it is impossible for all the n nodes to receive the signal, return -1.

中文翻譯

> 給定一個有 n 個節點的網絡，節點從 1 到 n 標記。您還獲得了 times，一個旅行時間列表，表示為有向邊 times[i] =（ui, vi, wi），其中 ui 是源節點，vi 是目標節點，wi 是信號從源到目標的傳播時間。
>
> 我們將從指定的節點 k 發送信號，返回所有 n 個節點接收信號的最短時間。如果所有 n 個節點都無法接收到信號，則返回 -1。

輸入、輸出範例

Example 1:

```
Input: times = [[2,1,1],[2,3,1],
[3,4,1]], n = 4, k = 2
Output: 2
```

限制

- 1 <= k <= n <= 100
- 1 <= times.length <= 6000
- times[i].length == 3
- 1 <= ui, vi <= n
- ui != vi
- 0 <= wi <= 100
- All the pairs (ui, vi) are unique.
  (i.e., no multiple edges.)

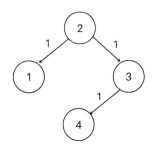

▲ 圖 14.2.10　Example 1 示意圖

思考路徑：從根節點開始拜訪其他節點，每一條路徑拜訪到節點時，都去更新當下的 delay 時間，記錄較小的那條路徑，以圖 14.2.11 為例，左邊為當前的輸入，而右邊是用人類肉眼找出來的各節點 delay 時間，我們可以看到 C 節點的部分，C 節點可以從 A 過來需要花費四個單位時間，而若從 A 往 B 再往 C 走的話，僅需三個單位時間，因此對 C 而言，應該選擇時間較短的，而 delay 時間一旦被更新，其他原本計算的節點都要重新計算。

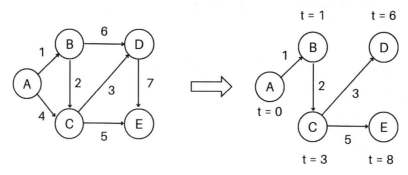

▲ 圖 14.2.11　題目試跑

選擇方法：因為要遍歷所有節點，因此剩下 BFS 或 DFS 可以選擇，而對本題而言 BFS 比 DFS 更適合，因為 DFS 會需要跑過所有的可能路徑，才能找到最佳解，而 BFS 會在邊拜訪的時候，就一邊判斷最佳解可能為何，避免不必要的計算。

實際解題：首先將圖的資訊利用雜湊表來做儲存（第 6～7 行），第 10～19 行是利用佇列來實作 BFS，每一次從佇列當中找到當前節點（第 11 行），並判斷其 delay 時間是否更短（第 14 行），若更短則需要更新以他為出發的其他路徑（第 18～19 行）。

```
1   def networkDelayTime(times: List[List[int]], n: int, k: int) -> int:
2       graph = defaultdict(list)
3       q = deque([(0, k)])
4       results = [0] + [float("inf")] * n
5       # 將圖的資訊儲存至雜湊表中
6       for source, dest, time in times:
7           graph[source].append((dest, time))
```

```
8
9        # 若佇列仍有節點，則表示尚未更新完畢
10       while q:
11           received_at, node = q.popleft()
12
13           # 若有更短路徑則更新
14           if received_at < results[node]:
15               results[node] = received_at
16               # 此節點延伸出去的其他節點要重新計算
17               for dest, time in graph[node]:
18                   q.append((received_at + time, dest))
19       max_delay_time = max(results)
20       return max_delay_time if max_delay_time < float("inf") else -1
```

複雜度分析：每一個節點以及路徑都至少要走過一次，因此其時間複雜度為 O(V * E)，其中 V 為節點數量、E 為邊的數量；空間複雜度為 O(V * E)，因為需要先建立每一個節點與其相鄰節點的對應表。

優化分析：利用 BFS 來解這題，可以發現如果找到更短的 delay 時間，則後續的路徑都要重新計算，因此會導致效率不佳，而更好的做法可以利用堆（Heap），它擁有優先佇列的特性，也就是 delay 短的應該要先被拜訪，而不是單純先進先出，而這樣的做法就稱之為 Dijkstra 演算法，程式碼如下。一樣先將圖的資訊儲存在雜湊表當中（第 7~8 行），接下來就是每一次從最小堆當中取出一個節點，而最小堆取出來的節點一定是當下最需要優先拜訪考慮的，而因為最小堆的特性，即使同樣的節點都在最小堆當中等待被拜訪，但是 delay 時間小的會被優先拜訪到，因此 delay 時間比較長的狀態會在第 15 行的時候被排除掉。

```
1    def networkDelayTime(times: List[List[int]], n: int, k: int) -> int:
2        graph = defaultdict(list)
3        q = [(0, k)]
4        results = {}
5
6        # 將圖的資訊儲存至雜湊表中
7        for source, dest, time in times:
```

```
8              graph[source].append((dest, time))
9
10     while q:
11         # 每一次從 heap 取出 delay 時間最小的節點
12         received_at, node = heapq.heappop(q)
13
14         # 如果節點尚未拜訪
15         if node not in results:
16             results[node] = received_at
17             # 此節點延伸出去的其他節點要加入 heap 中
18             for dest, time in graph[node]:
19                 heapq.heappush(q, (received_at + time, dest))
20     return max(results.values()) if len(results) == n else -1
```

利用堆的做法，時間複雜度為 O(N + Elog(N))，其中 N 為節點數量、E 為邊的數量，最糟的狀況會需要將所有的邊 E 放入堆中，而堆在調整時需要耗費 log 的時間，因此為 O(Elog(E))，而 E 最糟狀況為 N^2，因此其結果為 O(Elog(N))，而最後在找最大的 delay 時間需要掃過所有節點，因此耗費 O(N)；而空間複雜度為 O(N + E)，堆最糟的狀況就是把所有邊放進去需要 O(E)，而記錄每一個節點的 delay 時間則為 O(N)。

本題學習：藉由這題可以知道，BFS 時常搭佇列一起使用，而在面對到圖的題型，也不用去背誦程式碼，而是可以從 BFS 和 DFS 去推演，藉由其他資料結構的方法去做優化，以這題為例，可以利用堆的方式來取代佇列，以加快其時間複雜度。

建議練習題目：

二維陣列：

286. Walls and Gates

695. Max Area of Island

733. Flood Fill

1020. Number of Enclaves

樹：

102. Binary Tree Level Order Traversal

116. Populating Next Right Pointers in Each Node

199. Binary Tree Right Side View

429. N-ary Tree Level Order Traversal

513. Find Bottom Left Tree Value

515. Find Largest Value in Each Tree Row

圖：

127. Word Ladder

207. Course Schedule

269. Alien Dictionary

444. Sequence Reconstruction

743. Network Delay Time

787. Cheapest Flights Within K Stops

934. Shortest Bridge

▌ 14.2.7 雙指針（Two Pointers）

雙指針的題型又可以分成快慢型雙指針以及左右型雙指針，雙指針的題型是很常考的題目，因為題目可能不是這麼容易看得出來，而且時間複雜度通常不高，是很考驗基本實作能力的類型。

而快慢型雙指針通常都會搭配鏈結串列一起考，而左右型雙指針則通常會應用在陣列之上，在判斷是不是雙指針的題型時，要注意一件事情，就是指針前進的規則是什麼，如果找不到指針前進的規則，就不太適合使用雙指針做法。

11. Container With Most Water

原文

You are given an integer array height of length n. There are n vertical lines drawn such that the two endpoints of the ith line are (i, 0) and (i, height[i]).

Find two lines that together with the x-axis form a container, such that the container contains the most water.

Return the maximum amount of water a container can store.

Notice that you may not slant the container.

中文翻譯

您獲得了一個長度為 n 的整數陣列 height。有 n 條垂直線被繪製出來，第 i 條線的兩個端點分別是 (i, 0) 和 (i, height[i])。

找到兩條線，這兩條線與 x 軸一起形成一個容器，使得該容器能包含最多的水。

返回容器可以儲存的最大水量。

請注意，容器不能傾斜。

輸入、輸出範例

Example 1:

```
Input: height = [1,8,6,2,5,4,8,3,7]
Output: 49
```

限制

- n == height.length
- 2 <= n <= 10^5
- 0 <= height[i] <= 10^4

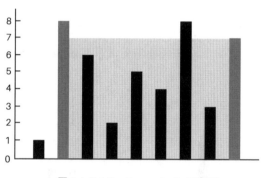

▲ 圖 14.2.12　Example 1 示意圖

思考路徑：如果題目可以圖像化，則我們人類通常可以很快的去找到答案，但要回到演算法的思維來看，意思是只能按照某個規則或方式一一地檢視，以本題為例，我們可以用暴力解，也就是長度為 n 的高度當中任選兩個做乘積，最後挑出面積最大的解，但這樣的做法效率不佳。因此我們可以去思考，那可能代表我們計算了一些不必要的解，舉例來說，以圖 14.2.13 為例，其狀況就是不必要的計算，因為在它的左邊有一個寬度更寬，且高度沒有比右邊的高度低，所以面積一定更大，如圖 14.2.14 所示。

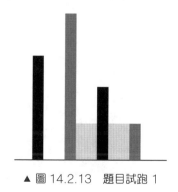

▲ 圖 14.2.13　題目試跑 1

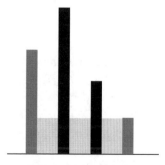

▲ 圖 14.2.14　題目試跑 2

因此，如果我們有一個辦法能夠把不必要的計算都排除，那就可以找到更快的演算法。

選擇方法：從上一個步驟可以知道，此面積的高度會取決於矮的那一根柱子，因此我們嘗試利用左右型雙指針，就有了指針移動的依據。左、右指針一開始個別在陣列的頭跟尾（如圖 14.2.15 所示），而要往中間靠攏的依據，就是數值較小的指標要往中間靠攏，因為如圖 14.2.13 以及圖 14.2.14 一樣，柱子越矮的在寬度最寬的狀況下（因為指標從頭和尾往中間靠攏，因此寬度只會越來越短），就已經把此高度最大的可能面積計算過了，因此無須再考量其他狀況，就可以往下一根柱子做計算（如圖 14.2.16 所示）。

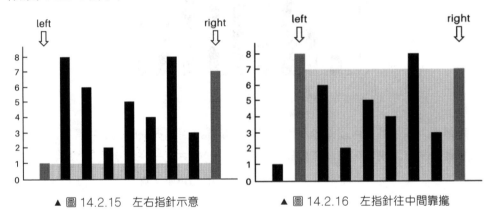

▲ 圖 14.2.15　左右指針示意　　　　▲ 圖 14.2.16　左指針往中間靠攏

實際解題：首先要將左、右指針做初始化，一個放頭、一個放尾（第 3～4 行），而直到兩指針重疊為止，都需要一直去計算兩指針之間的面積，而雙指針題目最重要的就是在左、右指針移動的依據，以本題為例，高度低的指針需要往中間靠攏（第 14～17 行）。

```
1   def maxArea(height: List[int]) -> int:
2       # 初始化左指針與右指針
3       left = 0
4       right = len(height) - 1
5       max_amount_water = 0
6
7       # 直到兩根重疊為止
```

```
8       while left < right:
9           # 計算水的面積
10          water = min(height[left], height[right]) * (right - left)
11          max_amount_water = max(max_amount_water, water)
12
13          # 左右指針移動的依據
14          if height[left] < height[right]:
15              left += 1
16          else:
17              right -= 1
18      return max_amount_water
```

複雜度分析：時間複雜度為 O(n)，因為每一個索引最多拜訪一次，而空間複雜度則為 O(1)，因為沒有用到額外的空間。而這也是為什麼雙指針的題型常常考，因為程式碼簡單複雜度又好，而且會很考驗觀察力，因此建議多加練習。

本題學習：左、右型雙指針在應用時，要注意左、右指針移動的規則，如果找不到移動的規則，很有可能就無法使用雙指針。而雙指針通常都是解決無效運算導致效率差的問題。

建議練習題目：

快慢型：

19. Remove Nth Node From End of List

61. Rotate List

141. Linked List Cycle

234. Palindrome Linked List

287. Find the Duplicate Number

左右型：

11. Container With Most Water

15. 3Sum

31. Next Permutation

14.2.8 滑動窗口（Sliding Window）

滑動窗口是雙指針的一個特殊型，而通常是快慢型雙指針應用在陣列上，因此和雙指針一樣，要找到快、慢雙指針的移動規則。通常滑動窗口會需要在窗口內（快、慢指針之間）做運算，如果滿足某些條件則窗口變大、或縮小，就會成為它移動的條件。而通常滑動窗口的題型，慢指針是不會往回走的，它一旦往後走，就不再回頭。

424. Longest Repeating Character Replacement

原文

You are given a string s and an integer k. You can choose any character of the string and change it to any other uppercase English character. You can perform this operation at most k times.

Return the length of the longest substring containing the same letter you can get after performing the above operations.

中文翻譯

您獲得了一個字符串 s 和一個整數 k。您可以選擇字符串的任何字符並將其更改為任何其他的大寫英文字母，最多可以執行這個操作 k 次。

返回在執行上述操作後，您可以獲得的包含相同字母的最長子串的長度。

Example 1:

```
Input: s = "ABAB", k = 2
Output: 4
Explanation: Replace the two 'A's with
two 'B's or vice versa.
```

限制

- 1 <= s.length <= 10^5
- s consists of only uppercase English letters.
- 0 <= k <= s.length

思考路徑：子字串（substring）本身擁有連續的特性，也就是說需要在一個連續的字母當中才能稱之為子字串。回到本題，以暴力解來解題的話，會需要找到所有區間，並計算每一個區間相異的字母數量。而這樣的做法會有很多不必要的運算，如圖 14.2.17 所示，方框裡面的連續子字串是不必要的計算，因為比它更小的連續子字串已經不滿足了，因此再多加一個字母進來也會不滿足，如圖 14.2.18 所示。

如果 s = "AABABBA", k = 1

如果 s = "AABABBA", k = 1

A A B A B B A

A A B A B B A

▲ 圖 14.2.17 窗口示意圖 1

▲ 圖 14.2.18 窗口示意圖 2

選擇方法：從上一個步驟可以知道，這個方框窗口的大小是存在某些規律，如果方框裡面的子字串滿足條件，那麼窗口就會變大，嘗試找到更長的窗口；而如果窗口不滿足條件，則窗口就會縮小，直到它滿足條件，而這樣的做法是滑動窗口經典的題型。

實際解題：首先需要將快指針與慢指針做初始化，通常一起從頭開始往尾巴走（第 5 行），而快指針會優先往尾巴走（第 10 行），走的過程去計算快慢指針之間的窗口狀況，如果窗口不滿足題目要求時，慢指針就會開始移動（第 16～18 行）。

```
1    def characterReplacement(s: str, k: int) -> int:
2        freq_map = collections.defaultdict(int)
3
4        # 初始化快指針與慢指針
```

```
5        slow, fast = 0, 0
6        max_length = 0
7        max_freq = 0
8
9        # 快指針從頭走到尾，一次走一格（也可以用 for loop）
10       while fast < len(s):
11           # 將快指針指到的字母頻率加一
12           freq_map[s[fast]] += 1
13           # 計算當前出現頻率較高的數值
14           max_freq = max(max_freq, freq_map[s[fast]])
15           # 如果窗口不滿足時
16           if (fast - slow + 1 - max_freq) > k:
17               freq_map[s[slow]] -= 1
18               slow += 1                    # 慢指針移動
19           max_length = max(max_length, fast - slow + 1)
20           fast += 1
21       return max_length
```

複雜度分析：時間複雜度為 O(n)，因為 slow 跟 fast 指標最多拜訪兩次元素，而空間複雜度則為 O(1)，因為 26 個字母做頻率的計算，是一個常數。

本題學習：滑動窗口需要建立在題目擁有連續性上，如果沒有連續性則無法使用滑動窗口、而倘若找不出快慢指針移動的規則，則也不適合使用滑動窗口。

建議練習題目：

3. Longest Substring Without Repeating Characters

76. Minimum Window Substring

82. Remove Duplicates from Sorted List II

283. Move Zeroes

438. Find All Anagrams in a String

719. Find K-th Smallest Pair Distance

795. Number of Subarrays with Bounded Maximum

▌ 14.2.9　前綴和（Prefix Sum）

前綴和（prefix sum）是一種重要的資料結構技巧，常用於快速計算陣列中一段區間的和。這種技術可以大幅降低陣列區間查詢和更新操作的時間複雜度，特別是在需要重複計算多個區間和的情況下非常有效，我們可以以下題為例。

560. Subarray Sum Equals K

原文

Given an array of integers nums and an integer k, return the total number of subarrays whose sum equals to k.

A subarray is a contiguous non-empty sequence of elements within an array.

中文翻譯

給定一個整數陣列 nums 和一個整數 k，返回總和等於 k 的子陣列的總數。

子陣列是陣列內連續非空序列的元素。

輸入、輸出範例

Example 1:

```
Input: nums = [1,1,1], k = 2
Output: 2
```

Example 2:

```
Input: nums = [1,2,3], k = 3
Output: 2
```

限制

- $1 <= nums.length <= 2 * 10^4$
- $-1000 <= nums[i] <= 1000$
- $-10^7 <= k <= 10^7$

思考路徑：暴力解的做法是將所有子陣列找出來，並計算其總和否等於 k，是的話就加一，就能夠計算出答案，而這樣做可能會需要到 O(n³) 的時間複雜度，而通常是不能被接受的，因此我們需要思考一個更快的做法。而暴力解的地方在於，每一次都要重新計算區間的總和，這將耗時 O(n)，因此如果區間總和能避免重新計算，那就可以加快運算。

選擇方法：如圖 14.2.19 所示，索引 2 到 6 之間的總和，可以拆成 0 到 6 的總和減去 0 到 2 的總和，而這就是前綴和的基本邏輯，可以先將所有從 0 為起點的子陣列總和都先計算好，以便後續計算區間總合時可以直接做加減。

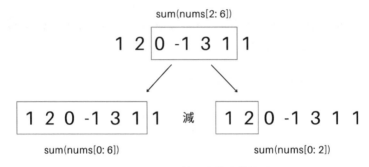

▲ 圖 14.2.19　前綴和的演算邏輯

實際解題：首先計算每一個前綴區間的和（第 7~8 行），而第 10~14 行是利用兩個指標，分別指向區間的左邊以及右邊，而區間的總和可以透過前綴和相減來判斷是否等於 k（第 13 行）。

```
1    def subarraySum(nums: List[int], k: int) -> int:
2        count = 0
3        sum = [0] * (len(nums) + 1)
4        sum[0] = 0
5
6        # 計算前綴和
7        for i in range(1, len(nums) + 1):
8            sum[i] = sum[i - 1] + nums[i - 1]
9        # 利用雙層迴圈，掃過區間所有可能
10       for start in range(len(nums)):
11           for end in range(start + 1, len(nums) + 1):
```

```
12              # 如果區間總和為 k
13              if sum[end] - sum[start] == k:
14                  count += 1
15      return count
```

複雜度分析：時間複雜度為 O(n²)，因為需要掃過每一個區間，而前綴和只是加速了計算總和的部分。而空間複雜度為 O(n)，因為需要先將每一個前綴和做記錄，其長度為陣列長度 n。

優化分析：如果拿著上方的程式碼放到 LeetCode 去執行，會超出規定的時間內做完，也就是 time limit exceeded，因此我們需要進一步去優化，通常很多人也都會卡在不知道怎麼優化，因為需要進一步的去觀察題目。而本題可以優化的方式是，其實區間窗口左邊的指標是不需要的，因為在計算前綴和的時候，就已經把這件事考量進去。意思是：「若當下前綴和為 x，而若先前存在某一前綴和為 x - k，則代表存在某一區間和為 k。」如圖 14.2.20 所示。

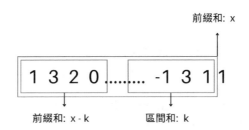

前綴和: x

```
1 3 2 0 ........ -1 3 1 1
```

前綴和: x - k   區間和: k

▲ 圖 14.2.20　前綴和提高效率做法

舉例來説，如果輸入 nums = [1, 3, 2, 0, -1]，而 k = 5，因此從頭開始跑演算法時，每掃到一個數值後計算其總合（即為前綴和），爾後繼續往後掃的過程，如果能在 sum_to_count 這個雜湊表找到（前綴和 - k）的 key 值，表示過去在掃的過程中存在該數值，因此存在某區間和為 k，整體來説可以參考圖 14.2.21，會比較容易懂。

如果 nums = [1, 3, 2, 0, -1], k = 5

		sum_to_count	count
		初始化 ←	
當 i = 0	(1,)3, 2, 0, -1]	{0: 1, 1: 1}	0
當 i = 1	[1,(3,)2, 0, -1]	{0: 1, 1: 1, 4: 1}	0
當 i = 2	[1, 3,(2,)0, -1]	{0: 1, 1: 1, 4: 1, 6: 1}	1
當 i = 3	[1, 3, 2,(0,)-1]	{0: 1, 1: 1, 4: 1, 6: 2}	2
當 i = 4	[1, 3, 2, 0,(-1)]	{0: 1, 1: 1, 4: 1, 6: 2, 5: 1}	3

▲ 圖 14.2.21　前綴和演算法過程

可以直接看到程式碼，首先需要先給雜湊表一個初始值（第 5 行），接下來就是從頭掃到尾（第 8~14 行），前綴和不斷地做加總（第 9 行），當存在 current_sum - k 在雜湊表中，則將 count 做加總（第 11~13 行），最後再回傳 count 結果（第 15 行）。

```python
def subarraySum(nums: List[int], k: int) -> int:
    count = 0
    current_sum = 0
    # 利用雜湊表來記錄總和出現的次數
    sum_to_count = {0: 1}

    # 頭到尾掃過陣列
    for num in nums:
        current_sum += num   # 前綴和
        # 如果 current_sum - k 存在
        if (current_sum - k) in sum_to_count:
            # 次數加上 current_sum - k 的次數。
            count += sum_to_count[current_sum - k]
        sum_to_count[current_sum] =
            sum_to_count.get(current_sum, 0) + 1
    return count
```

利用雜湊表搭配前綴和，其時間複雜度可以降低到 O(n)，而空間複雜度則維持不變，同樣為 O(n)。

本題學習：學習前綴和的基本邏輯與實作方式，前綴和可以省去不斷地重新計算總和的時間，而利用雜湊表還可以優化時間複雜度。

<u>建議練習題目：</u>

363. Max Sum of Rectangle No Larger Than K
560. Subarray Sum Equals K
930. Binary Subarrays With Sum
974. Subarray Sums Divisible by K

▌14.2.10　二分法（Binary Search）

二分法的核心邏輯在於每一輪去除掉一半不可能的數值，避免無效的搜尋導致效率變差，而為了要能夠去除掉一半不可能的解，因此被搜尋的數列本身要是有序的。二分法也通常用於找極值或者搜尋數值。我們可以利用下面這題來學習：

875. Koko Eating Bananas

<u>原文</u>

Koko loves to eat bananas. There are n piles of bananas, the ith pile has piles[i] bananas. The guards have gone and will come back in h hours.

Koko can decide her bananas-per-hour eating speed of k. Each hour, she chooses some pile of bananas and eats k bananas from that pile. If the pile has less than k bananas, she eats all of them instead and will not eat any more bananas during this hour.

Koko likes to eat slowly but still wants to finish eating all the bananas before the guards return.

Return the minimum integer k such that she can eat all the bananas within h hours.

中文翻譯

Koko 喜歡吃香蕉。有 n 堆香蕉，第 i 堆有 piles[i] 香蕉。警衛已經離開，將在 h 小時後回來。

Koko 可以決定她每小時吃香蕉的速度 k。每個小時，她選擇某一堆香蕉並從中吃掉 k 根香蕉。如果該堆香蕉少於 k 根，她就吃掉所有的香蕉，而在這個小時內不會再吃更多的香蕉。

Koko 喜歡慢慢吃，但她仍然希望在警衛返回之前吃完所有的香蕉。

返回最小的整數 k，以便她可以在 h 小時內吃完所有的香蕉。

輸入、輸出範例

Example 1:

```
Input: piles = [3,6,7,11], h = 8
Output: 4
```

Example 2:

```
Input: piles = [30,11,23,4,20], h = 5
Output: 30
```

Example 3:

```
Input: piles = [30,11,23,4,20], h = 6
Output: 23
```

限制

- $1 <= piles.length <= 10^4$
- $piles.length <= h <= 10^9$
- $1 <= piles[i] <= 10^9$

思考路徑：這題用暴力解的思維，可以想像 Koko 可以從每一叢的一根香蕉開始吃，並計算其吃完的總時間和 h 的關係；下一輪可以改成每小時吃兩根香蕉、每小時吃三根香蕉…等，最後可以找出一個極值。而這樣做的時間複雜度為 O(nm)，其中 n 為陣列長度、m 為陣列中最大的數值。而這樣的時間複雜度是不被允許的，因此我們需要去思考優化的方向，首先我們透過暴力解可以知道，所需的時間會隨著每小時吃的根數做遞減，因此如果不要從第 1 根吃到第 11 根這樣的方式去找，而是從中間 6 根開始吃，就可以知道下一輪要比 6 大去找、還是比 6 小去找，就可以避免做無效的運算。

如果 piles = [3, 6, 7, 11], h = 8

▲ 圖 14.2.22　題目試跑

選擇方法：而從中間剖一半開始找，就是二分法的精髓所在，可以用對數的方式把時間複雜度壓下來，因此可以加快運算，但有一個前提，搜尋的數列要呈現有序的狀況，也就是圖 14.2.22 中，每小時吃的根數以及所需時間要呈現正序或者倒序才可以使用二分法。

實際解題：首先要先明確定義搜尋的上下限（第 3 行）；而有上、下限之後，就可以找到中間的數值（程式碼第 6 行），第 7 行則是用來計算所需的時間，如果大於題目給的 h 則代表吃得根數太少，應該要再吃更多（往右半邊搜尋）（第 10~11 行）。

```
1   def minEatingSpeed(piles: List[int], h: int) -> int:
2       # 設定搜尋範圍上下限
3       low, high = 1, max(piles)
4       while low < high:
5           # 二分法取上、下限的中間
6           mid = (low + high) // 2
```

```
7              hours = sum((pile + mid - 1) // mid for pile in piles)
8          if hours <= h:
9              high = mid
10         else: # 若花費的時間大於 h，則代表吃得根數可以在更多
11             low = mid + 1
12     return low
```

複雜度分析：這樣做的時間複雜度為 O(nlog(n))，其中二分法需要 O(log(n))、而計算所需時間 hours 為 O(n)；而空間複雜度為 O(1) 因為沒有用到額外的空間。

本題學習：二分法需要建立在有序的狀態之上，不管是搜尋的陣列、或者是最後計算出的結果。而若題目需要找極值就很適合使用二分法來解決。

建議練習題目：

基本型：

33. Search in Rotated Sorted Array

34. Find First and Last Position of Element in Sorted Array

35. Search Insert Position

153. Find Minimum in Rotated Sorted Array

變化型：

69. Sqrt(x)

410. Split Array Largest Sum

668. Kth Smallest Number in Multiplication Table

719. Find K-th Smallest Pair Distance

875. Koko Eating Bananas

1482. Minimum Number of Days to Make m Bouquets

14.2.11 貪婪法（Greedy）

貪婪法（greedy algorithm）是一種在每個決策點選擇當前看似最佳的選擇，從而希望導致全局最優解的算法策略。貪婪演算法在解決一些最優化問題時非常有效，特別是在問題滿足「貪婪選擇性質」的情況下，即局部最優選擇能導致全局最優解。而要判斷題目能不能使用貪婪法，可以看看能不能有一連串的決策選擇，而每一次的選擇當下最優的做法，並且同時也是全局最優解。

402. Remove K Digits

原文

Given string num representing a non-negative integer num, and an integer k, return the smallest possible integer after removing k digits from num.

中文翻譯

給定一個表示非負整數 num 的字符串 num，以及一個整數 k，返回從 num 中移除 k 個數字後可能得到的最小整數。

輸入、輸出範例

Example 1:

```
Input: num = "1432219", k = 3
Output: "1219"
Explanation: Remove the three digits 4, 3, and 2 to form the new
number 1219 which is the smallest.
```

Example 2:

```
Input: num = "10200", k = 1
Output: "200"
```

Explanation: Remove the leading 1 and the number is 200. Note that the output must not contain leading zeroes.

限制

- 1 <= k <= num.length <= 10^5
- num consists of only digits.
- num does not have any leading zeros except for the zero itself.

思考路徑：要移除 k 個數字，代表此數字的位數最長會是長度 - k，因此越靠近左邊位數的數字要越小越好，以輸入輸出範例一為例，索引 0（數值為 1）是否該被移除呢？其實不確定，因為不確定它後面有沒有比它大的數字，如果後面的數字比較大，就應該丟棄較大的數值，而保留較小的數值，以圖 14.2.24 為例，當索引 1（數值為 4），它的數值比索引 0（數值為 1）還大，因此需要被刪除。

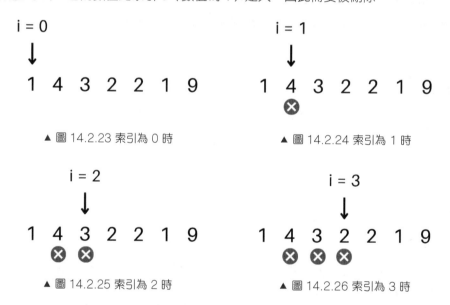

▲ 圖 14.2.23 索引為 0 時   ▲ 圖 14.2.24 索引為 1 時

▲ 圖 14.2.25 索引為 2 時   ▲ 圖 14.2.26 索引為 3 時

選擇方法：如果能夠移除的量 k 已經用盡，則就無需考量位數較小（字串越右邊位數越低）的狀況，因此僅需要考量較高位數（字串越左邊位數越高），因此很適合使用貪婪法，因為僅需要考量局部當下的狀況就好。而要去比較前後數值誰大、誰小，就適合搭配堆疊來使用。

實際解題：這題會需要利用堆疊來暫存數值（第 3 行），而每一次掃過數值時，都與堆疊的頂部做比較，如果當下數值比堆疊的頂部還小，則表示堆疊的頂部應該要被移除（第 6~8 行），最後將自己放入堆疊當中。

```python
 1  def removeKdigits(num: str, k: int) -> str:
 2      # 利用堆疊暫存數值
 3      stack = []
 4      for n in num:
 5          # 如果後面的數字比前面大
 6          while stack and n < stack[-1] and k > 0:
 7              stack.pop()
 8              k -= 1
 9          if stack or not n == '0':
10              stack.append(n)
11
12      if k > 0:
13          stack = stack[:-k]
14
15      return "".join(stack) or '0'
```

複雜度分析：時間複雜度為 O(n)，因為每一個數字最多被拜訪兩次，而空間複雜度為 O(n)，因為堆疊的長度最長會需要 n。

本題學習：在使用貪婪法的時候，需要去考量當下的最優選擇，是否也是全局的最優解，如果不是的話則不能使用貪婪法。而貪婪法並沒有一個明確的模板或流程，而是需要程式開發者自行實作邏輯。

建議練習題目：

45. Jump Game II

53. Maximum Subarray

55. Jump Game

316. Remove Duplicate Letters

334. Increasing Triplet Subsequence

402. Remove K Digits

406. Queue Reconstruction by Height

455. Assign Cookies

680. Valid Palindrome II

763. Partition Labels

15

綜合實戰

Designed by pikisuperstar / Freepik

⇨ 15.1 複雜度整理

我們之所以沒辦法有架構的學習以及分析題目,很有可能是因為我們過往的學習方式,都是以每種演算法分開來看、每種資料結構分開學,所以只要全部混在一起的時候,就會陷入一種很慌張的狀況,並且腦中一片空白。其實是因為我們腦中可能沒有這個複雜度的地圖,如表 15.1.1 所示:

表 15.1.1　複雜度整理

複雜度	可能有關的演算法或資料結構
O(1)	• Hashmap 找到 key 所對應的 value 操作 • Hashset 判斷 key 是否重複 • 數學相關的操作(加減乘除)
O(log(n))	• 二分搜尋法,找極值題型
O(n)	• 雙指針題型 • 二元樹遍歷 • n 次的 O(1) 操作(例如:做 n 次 hashmap 操作) • 枚舉法(enumerate) • 單調堆疊(monotonic stack)
O(nlog(n))	• 排序演算法(例如:快速排序、合併排序) • n 次 log(n) 的操作(例如:做 n 次二分法)
O(klog(n))	• k 次 log(n) 的操作(例如:利用 n 個節點建立堆,找出第 k 大的數)
O(nlog(k))	• n 次 log(k) 的操作(例如:維護 k 個節點的堆,執行 n 次)
O(n + m)	• 廣度優先搜尋(例如:拜訪所有邊與點,複雜度可能會 $O(n^2)$)
$O(n^2)$	• n 次 O(n) 的操作(例如:n 次枚舉法) • 動態規劃題型
$O(2^n)$	• 回溯法(例如:組合相關的題型)
O(n!)	• 回溯法(例如:排列相關的題型)

我們先將以上的表記在心中,接下來我們來看一些題目,去了解這張表的用法可能為何。

◈ **15.2** 例題練習

我們藉由以下這題，可以運用複雜度的特性，體驗從較差的複雜度往上優化的思考路徑，而也建議讀者可以用相同的方式去練習每一題，如同我們前面說的，每一題是練習到精，而不是去衝刷題的量。

594. Longest Harmonious Subsequence

原文

We define a harmonious array as an array where the difference between its maximum value and its minimum value is exactly 1.

Given an integer array nums, return the length of its longest harmonious subsequence among all its possible subsequences.

A subsequence of array is a sequence that can be derived from the array by deleting some or no elements without changing the order of the remaining elements.

中文翻譯

我們先定義一個矩陣，Harmonious 陣列代表這個陣列中，最大值減去最小值剛好是 1。

接下來，我們給一個整數陣列 nums，返回其所有可能的子序列中，最長的 Harmonious 子序列長度。

補充：陣列的子序列是可以透過刪除一些或不刪除元素而得到的序列，同時不改變剩餘元素的順序。

輸入、輸出範例

Example 1:

```
Input: nums = [1,3,2,2,5,2,3,7]
Output: 5
Explanation: The longest harmonious
subsequence is [3,2,2,2,3].
```

Example 2:

```
Input: nums = [1,2,3,4]
Output: 2
```

限制

- 1 <= nums.length <= 2 * 10^4
- -10^9 <= nums[i] <= 10^9

看完以上的題目後,腦中有什麼想法呢?接下來我們一一來拆解這道題目:

15.2.1 方法 1—回溯法

首先我們可以先從暴力解開始想,也就是說,題目要求要找出「最長的 Harmonious 子序列」,那就將題目拆解成:「找出所有子序列 → 挑出符合 Harmonious 定義的子序列,並計算長度 → 回傳最大的長度作為答案。」

而如果要嘗試用暴力解的話,我們就可以輕易的去計算每一個步驟的複雜度,如下:

- 找出所有子序列:每一個元素有挑和不挑 2 種選擇,而長度為 n 所以會有 2^n 種可能,所以這一步驟會需要運用到回溯法來完成,時間複雜度為 $O(2^n)$。
- 挑出符合 Harmonious 定義的子序列,並計算長度:每一個序列只要利用 Max、Min 以及陣列長度函式,就能夠找出其最大、最小值以及長度,此步驟僅需 $O(n)$ 的時間複雜度。
- 回傳最長的長度作為答案:利用擂台賽的方式,去記錄當前的最大值,並且跟當下的長度值做比較,取較大值,此步驟僅需 $O(1)$。

而以上三個步驟綜合起來,可以得到總共 2^n 種可能,每一種可能要 $O(n)$ 來判斷其是否為 Harmonious 子序列,過程中再去比較最大值 $O(1)$,因此總共至少需要

O(n x 2^n) 的時間複雜度。而可以透過一些實作的方法，在每一次將新的元素加入序列時，不需要重新計算最大、最小值，因此最快可以將複雜度降低到 O(2^n)，而實際上的展開方式可以參考圖 15.2.1 利用決策樹的做法（虛線為略過不展開，由讀者自行練習）。

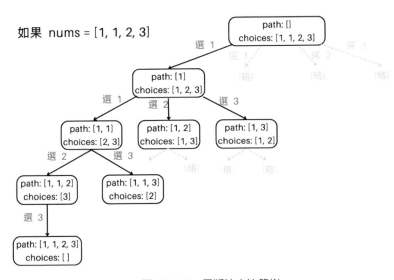

▲ 圖 15.2.1　回溯法之決策樹

為了能夠使其更有效率，通常會在運用「剪支」和「去重複」來優化，「剪支」意思是去除掉已經確定不符合要求的節點，後面不用再展開，舉例來說，當有一個子序列為 [1, 3] 時，已經不符合 Harmonious 子序列的要求，後續就不必展開；而「去重複」的意思在於，若此節點的狀況已經計算過，就直接拿計算過的答案作為結果，而無需再次計算，如圖 15.2.2 所示，打叉的兩個節點代表其已經不符合題目要求，就不必展開；而圈起來的兩個節點表示其結果是一樣的，也無需再進一步展開。

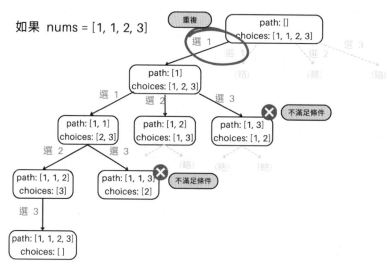

▲ 圖 15.2.2 提升效率作法

接下來，我們不能因此滿足，因為通常只要時間複雜度是大於 n 的 3 次方，都會是不太有效率的做法，我們要再更進一步的優化其時間複雜度，透過表 15.1.1 我們可以知道，要比 $O(2^n)$ 更快的演算法是 n 的次方數，而 n 的次方數可能是用枚舉法、也有可能是用動態規劃，我們接下來都來嘗試看看。

15.2.2 方法 2—動態規劃

如果要利用動態規劃來解題，需要滿足以下條件：

- 重疊子問題：透過儲存已解決的子問題的解來避免重複計算。
- 最佳子結構：一個問題的最優解可以透過其子問題的最優解組合而成。
- 全局最優解：即使問題的規模變得非常大，也能找到全局最優解。

動態規劃的核心在於：「能不能從第 n 個節點狀態，推導出第 n + 1 個節點狀態，而且找出來的解會是全局最佳解。」這也是大家在解動態規劃題型時，最苦惱的地方。以本題為例，如圖 15.2.3 所示，我們先用上帝視角，知道當索引為 3 時（灰色底方格），其最長子序列長度 3，我們可以去思考此數字，該如何從前面的子序列長度推導出來呢？

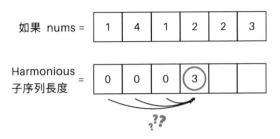

▲ 圖 15.2.3　動態規劃嘗試 1

再往下一個索引去看，如圖 15.2.4 所示，Harmonious 子序列長度索引 4（灰色底方格）能不能從索引 3 推導出來呢？答案是「不行」，因為 Harmonious 本身的定義，會需要看到一整個區間的最大值與最小值，不能單獨只看 nums[3] 的狀態來決定，所以看似擁有重疊子問題的架構，但實質上並沒有，因此不適合使用動態規劃來解題。

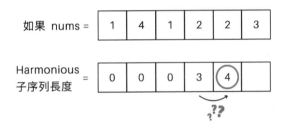

▲ 圖 15.2.4　動態規劃嘗試 2

15.2.3 方法 3—枚舉法

枚舉法是我們最常運用的做法，他的核心在於，藉由從頭掃到尾的方式，找出答案，而倘若掃一次不夠就掃兩次。以本題為例，當我們要計算 i = 3 時，其最長的子序列長度，就可以再利用一個迴圈，去計算陣列中所有數字為 1 的個數，以及數字為 2 的個數，將其做加總，並在過程中不斷地去記錄當前的最長長度，最後將該數字輸出就可以得到解答。

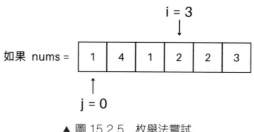

▲ 圖 15.2.5　枚舉法嘗試

本題枚舉法的時間複雜度為 $O(n^2)$，空間複雜度為 $O(1)$，枚舉法通常是大家最熟悉且最會實作的一種做法，所以建議在 Dry Run 時，都可以先從枚舉法開始想，可能會是更容易的。

我們再來嘗試有沒有可能比 $O(n^2)$ 在更好的做法，透過表 15.1.1 可以知道，要比 $O(n^2)$ 更好的做法有三種，利用堆達到 $O(k\log(n))$、利用 n 次二分法達到 $O(n\log(n))$ 或利用排序演算法。

其中，堆適合用於取第 k 大或第 k 小的數字，而二分法適合用在取極值，因此這兩個做法都不適合，接下來我們來試試看排序。

15.2.4 方法 4—排序

這題的題目是求「最長的 Harmonious 子序列（longest harmonious subsequence）」，而子序列本身有一個限制，就是不能隨意的調換順序、但可以不連續，舉例來說：陣列 [1, 2, 3, 4] 中，[1, 2] 以及 [1, 3] 皆為其子序列，但是 [3, 2] 就不是。

相比於子序列，另一個很常看到類似的詞是子陣列（subarray），子陣列的要求為順序不變且需要連續，舉例來說：陣列 [1, 2, 3, 4] 中，[1, 2] 以及 [2, 3] 皆為其子陣列，但是 [1, 3] 和 [3, 2] 都不是子陣列。

再回到這題，如果先將輸入做排序，則代表破壞了子序列的要求，因此本題照理來說不適合先將題目排序在做操作，但是，回到 Harmonious 的定義來看：「序列當中的最大值減去最小值為 1」，而取最大值與最小值本身就是不管順序性的，因此，這題可以先排序後做處理是可行的。

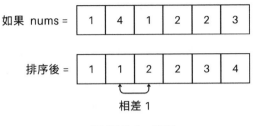

▲ 圖 15.2.6　排序

排序完後，發現同樣數值的元素會相鄰，因此當利用迴圈掃過陣列時，就可以將同樣元素的個數加總，直到遇到不同的元素時，再近一步判斷兩數是否差 1，掃完後就可以知道答案。整體的時間複雜度如果採用快速排序法，則為 O(nlog(n))，空間複雜度為 O(log(n))，會比單純用枚舉法更快。

如果要找到比 O(nlog(n)) 更快的做法，時間複雜度則為 O(n)，O(n) 的演算法有很多種可能性，唯一最有可能的做法為枚舉法，但我們剛剛已經試過枚舉法了，該如何在做優化呢？

▌ 15.2.5　方法 5—枚舉法 + 雜湊表

在嘗試 3 枚舉法，可以發現我們在運用雙層迴圈時，內層迴圈會需要整個陣列計算一遍，即使是相同的數字，他仍然會在計算一次，這導致整體速度變慢。因此，我們可以先利用雜湊表，將每一個數字出現的次數記錄起來，再用枚舉法掃過陣列的時候，就可以透過雜湊表知道每一個數字出現的次數，如圖 15.2.7 所示，當 i = 3 時，就可以去雜湊表當中搜尋 1 出現的次數，以及 2 出現的次數做加總，及為其 Harmonious 子序列長度。

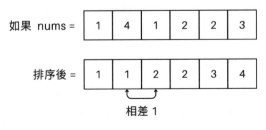

▲ 圖 15.2.7　枚舉法 + 雜湊表

搭配雜湊表時間複雜度可以從原本 $O(n^2)$ 降低到 $O(n)$，而代價是空間複雜度從原本 $O(1)$ 變成 $O(n)$，所以我們很常聽到可以利用空間去換取時間，就如同此例一樣，因此，如果未來要嘗試降低時間複雜度時，可以從增加空間的角度來思考。

而我們還能找到比 $O(n)$ 更有效率的做法嗎？答案是不行，因為陣列中的每一個數字一定要看過一次，才能找到答案，所以至少需要 $O(n)$，因此不可能找到一種可能比 $O(n)$ 更快。

我們藉由這題學習到了多種演算法，而且也演示了如何從複雜度高慢慢優化至複雜度低的過程，其中表 15.1.1 扮演了重要的角色，因為我們已經預先知道了每一個複雜度可能背後的做法，會讓我們更快找到可能性。當然表 15.1.1 不能涵蓋所有的可能，但卻給了我們分析解決題目的框架。

⇨ 15.3 結論

資料結構與演算法的學習和應用對於許多工程師來說確實是相當具挑戰性的領域。許多人在面對白板題時感到困難和壓力，以至於不敢嘗試新的工作機會或面試挑戰。然而，這些困難往往來自於對資料結構和演算法的核心邏輯理解不夠深入。如果能夠花費一些時間，系統地學習這些概念並掌握其背後的原理，便能夠在面試中應對自如，不僅不會再感到畏懼，還能展現出紮實的基礎知識和解題能力。

除了短期的面試準備，學習資料結構和演算法對於長期職業發展也有深遠的影響。通過反覆練習和實際應用，能夠逐漸培養出一種「演算法思維」，這種思維方式將幫助你在日常寫程式中更自然地考慮效能問題，從而寫出更加高效的程式碼。隨著時間的推移，這種能力會在處理複雜問題和優化現有解法時顯得尤為重要，進一步提升你的專業技能和職業競爭力。

而前面章節，我們挑選了具有代表性的題目進行示範，這些題目旨在幫助你理解各種資料結構和演算法的應用場景和操作方法。然而，真正的進步來自於你對這些概念的深入理解和反覆練習。我們強烈建議你針對我們推薦的題目進行更深入的練

習，並且在練習的過程中，要不斷問自己兩個重要的問題：「為什麼要使用這個演算法？」以及「這個演算法的時間和空間複雜度是如何計算的？」

熟悉這些問題的答案將大大提高你對演算法的掌握程度。每道題目的解法背後都有其特定的限制和條件，透過認真分析這些限制，你將能夠更靈活地應用不同的資料結構和演算法，並在實際問題中選擇最優解法。這種深入思考和實踐的過程，不僅會提升你的解題能力，也將為你的職業生涯奠定堅實的基礎。最終，透過系統的學習和持續的練習，你將發現資料結構與演算法不再是障礙，而是你解決複雜問題時的強大工具。

Note